职业教育"十四五"规划教材

财会专业课证岗一体化教材·校企合作系列

财务管理实务

（第二版）

主编　周平欢　吕亭锦

立信会计出版社

LIXIN ACCOUNTING PUBLISHING HOUSE

图书在版编目（CIP）数据

财务管理实务 / 周平欢，吕亭锦主编. -- 2 版.
上海：立信会计出版社，2025. 3. -- ISBN 978-7-5429-
7884-4

Ⅰ. F275

中国国家版本馆 CIP 数据核字第 2025AD4247 号

策划编辑　　余　榕
责任编辑　　孙　勇
助理编辑　　战小雨
美术编辑　　北京任燕飞工作室

财务管理实务（第二版）

CAIWU GUANLI SHIWU

出版发行	立信会计出版社		
地　　址	上海市中山西路 2230 号	邮政编码	200235
电　　话	(021)64411389	传　　真	(021)64411325
网　　址	www. lixinaph. com	电子邮箱	lixinaph2019@126. com
网上书店	http://lixin. jd. com		http://lxkjcbs. tmall. com
经　　销	各地新华书店		

印　　刷	常熟市人民印刷有限公司	
开　　本	787 毫米×1092 毫米	1/16
印　　张	13.5	
字　　数	330 千字	
版　　次	2025 年 3 月第 2 版	
印　　次	2025 年 3 月第 1 次	
书　　号	ISBN 978 - 7 - 5429 - 7884 - 4 / F	
定　　价	46.00 元	

如有印订差错，请与本社联系调换

职业教育"十四五"规划教材
财会专业课证岗一体化教材·校企合作系列
编委会名单

主 任 张红梅 广西金融职业技术学院(广西银行学校)教授

副 主 任 徐建宁 北京东大正保科技有限公司

          (中华会计网校)高级会计师

参编行业专家 (排名不分先后)

    农初勤 广西南宁海翔会计师事务所所长

        高级会计师

    蒋海娟 广西安驰财务管理有限责任公司 董事长

    黄河景 新道科技股份有限公司 工程师

    李 昕 中联集团教育有限公司 工程师

    李高齐 浙江衡信教育有限责任公司 工程师

主要编写人员 (排名不分先后)

    张 祺 陈 园 吴 瑶 苏 梅 李思静

    李 燕 陈苗苗 周平欢 蒙环宁 玉秋兰

    马靖杰 刘 喆 陈 添 陈素萍 蒙丽容

GENERAL PREFACE 总　序

　　随着"互联网＋"的快速发展,《教育信息化"十四五"规划》提出了职业教育信息化建设的目标任务和重点措施,在线教育、数字化教学已经成为传统教育行业转型的重要方向。开发适应"互联网＋"教育的教材,以教育信息化全面推动教育现代化,促进教育公平,提升教育质量,为培养现代化建设所需要的高素质人才提供保障,已成为当前教材建设和改革的重中之重。

　　广西金融职业技术学院(广西银行学校)作为广西唯一的专门培养财经人才的全日制高等职业教育学校,享有"广西金融人才培养的摇篮"之美誉。其会计专业实力雄厚,有一支业务水平高、教学能力强、专兼结合、双师型结构的优秀教学团队。近年来,学校在大力推进教育教学改革的基础上,在专业建设方面取得明显成效,毕业生就业率达到95％以上,毕业生双证(毕业证＋相关资格证书)率达到99％以上,地域品牌效应显著,已经成为广西职业院校中会计专业学生规模最大的学校。为了更好地开展教育教学工作,学校专任教师依据教学改革成果,结合职业教育人才培养目标和大数据与会计专业特点,与用友、新道、中联、百望、浙江衡信、厦门网中网等龙头企业合作,带动兄弟学校,在校会计专业委员会的指导下,联合行业、企业专家,推出一套基于"互联网＋"教育教学改革理念的课证岗融合的高质量职业教育"十四五"规划教材。

本套教材由校企共同研发，着重体现课证岗融合和产学合作的特点：

（1）从职业岗位能力培养出发，注重学生职业能力的养成。职业能力培养是职业院校的人才培养目标，会计职业能力培养围绕学生的职业道德素养养成和职业技能训练来开展。本套教材从会计职业能力入手，在每个模块中将"基础知识""岗位技能""职业素养"等教学内容有机结合，按任务和活动设置职业能力目标，明确工作任务，引导学生高效学习。

（2）关注学生职业资格证书考试的需求，立体化特色鲜明。本套教材注重对会计专业资格考试相关知识的规划和整合，文字通俗易懂，配备归纳、比较、总结知识点的图表，以及大量形象化的案例和典型考点等内容，让学生边思边学，边做边学；对于重要事项和考点列有"温馨提示"和"特别提醒"等内容，并配备二维码链接，将教材学习和实训、测试、互动等辅助教学资源紧密结合，实现资源立体化，为教师和学生提供全面的教学支持。

（3）注重学生可持续发展和继续教育的需求。本套教材在突出培养学生动手能力的同时，充分考虑职业院校学生的职业发展需求和综合能力培养；在融合会计专业理论知识的同时兼顾学生继续教育和终身学习的要求，丰富教学资源的内容及其呈现途径，引导学生持续学习。

（4）校企合作。为了更好地融合课证岗的知识内容，本套教材由我校与中华会计网校共同组织专业老师编写，融合了学校专职任课教师丰富的教学经验以及中华会计网校老师所提供的大量的题库资源和资深的证书考试指导经验。校企双方共同确定教材大纲和编写内容，既满足了学生职业岗位能力培养的需要，又满足了证书考试的需求。

本套教材根据我国现行的企业会计准则体系和最新的税收政策法规编写，不论是课程标准的开发，还是项目载体的设计、教学方法的改革和创新，都凝结了编写队伍在会计示范特色专业及实训基地建设中的心血和多年的教学经验。本套教材的出版，将会为财会专业职业教育教材建设的不断发展提供新的助力。

张红梅

在这个日新月异的时代,财务管理作为企业运营的核心环节,不仅承载着资金运作与资源配置的重任,而且需紧跟国家政策导向与时代需求,不断创新与发展。随着我国经济的持续增长和全球经济一体化的深入,财务管理领域面临着前所未有的挑战与机遇。

近年来,国家不断推出了一系列旨在优化营商环境、促进经济高质量发展的政策,如减税降费、金融支持实体经济、加强金融监管等,这些政策都对财务管理实践产生了深远的影响。同时,数字经济、绿色金融、可持续发展等新时代的关键词,也对财务管理提出了新的要求。在本教材修订过程中,编者充分吸收了这些国家政策与时代特色的精髓,力求让学生在掌握基础知识的同时,能够紧跟时代步伐,洞察未来趋势。

根据培养社会主义现代化建设的高素质劳动者和技术技能人才的需求,本教材的改版中力求体现以下特色:

(1)结构合理,体系规范。作为教科书,本教材在保持第一版经典内容的基础上,编者对其结构进行了全面优化,确保了理论体系的完整性和逻辑性。每一模块都紧扣财务管理实务的核心问题,从基本概念到实践应用,层层递进,有助于学生构建清晰的知识框架。

(2)与时俱进,紧跟新规。针对近年来财务管理领域的新政策、新法规,编者进行了详尽的更新和补充。无论是会计准则的修订、税法的调整,还是金融市场的创新举措,编者都力求在第一时间将其融入教

材,确保学生掌握最前沿的知识。

（3）"课证融合，双证融通"。为了更好地服务学生的职业发展，在本教材编写过程中，编者充分考虑了职业资格证书考试的要求，将考试内容与教材内容有机结合，实现了"课证融合、双证融通"。这不仅有助于提升学生的专业技能，而且能为他们未来的就业和职业发展奠定坚实的基础。

（4）资源丰富，便于教学。为了方便教师教学和学生学习，编者为本教材配套了丰富的教学资源，包括动画视频、微课视频、案例库、习题集、多媒体课件等。这些资源既有助于学生加深对知识的理解，体会理论知识在实际工作中的应用，又能提升学生的实践能力和解决问题的能力，进而提升其综合素质。

（5）适合不同层次的读者。本教材内容深入浅出，既适合初学者入门，也适合有一定财务管理基础的读者进一步提升。本教材的语言通俗易懂，避免使用晦涩难懂的专业术语，降低了学习难度。

本教材第二版的变化有以下几点：第一，每个模块新增素养目标、思政案例和教学案例，重新修订配套习题，帮助学生巩固所学内容；第二，本教材配有智慧树平台课程，平台中的微课视频、动画视频等资源以二维码形式融入教材对应的章节，便于学生利用碎片化时间学习；第三，编者对部分模块的内容、例题、讨论等进行了更新，使其更符合新时代的要求。

本次修订工作分工如下：本教材由周平欢和吕亭锦主编；全书由周平欢负责总纂；模块1的内容修订和案例编写由徐爱菲负责，微课视频和动画视频制作由王迪负责；模块2的内容修订和案例编写由罗颖负责，微课视频和动画视频制作由李燕和韦昕晨负责；模块3的内容修订和案例编写由张佳彦负责，微课视频和动画视频制作由周平欢负责；

模块 4 的内容修订和案例编写由倪妮负责,微课视频和动画视频制作由吕亭锦负责;模块 5 和模块 7 的内容修订和案例编写由李日旺负责,微课视频和动画视频制作由王迪负责;模块 6 的内容修订由吕亭锦、冯婧、刘欣林负责,案例编写、微课视频和动画视频制作由吕亭锦负责。本教材适用于高等职业教育大数据与会计专业、财务管理专业教学,也可作为财务管理从业人员自学用书。

在本教材编写过程中,编者参阅了大量的文献资料和相关教材,还得到了广西路桥工程集团有限公司财务金融部部长罗英伟(高级会计师)的指点帮助,在此一并致谢。

《财务管理实务》(第二版)是编者多年教学经验和研究成果的结晶,更是编者对国家政策和时代特色的积极响应。编者衷心希望本教材能够成为广大师生的良师益友,为培养更多具有国际视野、创新精神和实践能力的财务管理人才贡献一份力量。同时,编者也期待在未来的教学实践中,能够不断收到来自各方的宝贵意见和建议,共同推动财务管理教育事业的蓬勃发展。您的宝贵建议可以发送至此邮箱:956266211@qq.com。

编　　者

2025 年 2 月

模拟试题一

模拟试题二

模拟试题一
参考答案

模拟试题二
参考答案

CONTENTS **目　录**

财务管理概论

[考核目标]

1. 掌握财务管理的概念、内容和财务关系。
2. 掌握财务管理的目标。
3. 熟悉财务管理的环境。
4. 了解财务管理的环节。
5. 掌握资金时间价值的含义。
6. 掌握资金时间价值常用的基本概念。
7. 了解资金时间价值的表现形式。
8. 掌握风险价值的含义和分类。

[实践目标]

1. 掌握资金时间价值的计算方法。
2. 掌握风险程度的计量方法。

[素质目标]

1. 培养学生高尚的道德品质和职业素养。
2. 倡导学生理性消费，共建节约型社会。
3. 引导学生树立风险识别和风险防范意识。

[知识点思维导图]

```
              ┌ 财务管理的概念、内容和财务关系
              │ 财务管理的目标——利润最大化、每股收益最大化、股东财富最大化、
              │                  企业价值最大化、企业相关者利益最大化
        财务管理活动分析┤
              │ 财务管理的环境——经济环境、法律环境、金融环境
              └ 财务管理的环节——预测、计划与预算，决策与控制，分析与考核

财务                ┌ 资金时间价值的认知——资金时间价值的含义、常用的基本概念、资金时间
管理                │                      价值的表现形式
概论      资金时间价值┤
                    └ 资金时间价值的计算┌一次性收付款项的终值和现值
                                        └年金的终值和现值

              ┌ 风险价值的认知——风险价值的含义、风险的分类
        风险价值分析┤
              └ 风险程度计量——确定概率分布、风险衡量指标、风险和收益的关系
```

任务 1.1 财务管理活动分析

一、财务管理的概念、内容和财务关系

1-1 动画
财务管理
基本概念

（一）财务管理的概念

　　财务管理是指企业为实现良好的经济效益,在组织企业的财务活动、处理财务关系过程中所进行的科学预测、决策、计划、控制、协调、核算、分析和考核等一系列企业经济活动过程中管理工作的总称。其主要特点是对企业生产和再生产过程中的价值运动进行管理,是一项综合性很强的管理工作。

（二）财务管理的内容

1-2 微课视频
财务管理
基本概念

　　1. 筹资管理

　　筹资管理是指企业根据其生产经营、对外投资和调整资本结构的需要,通过筹资渠道和资本市场,运用筹资方式,经济、有效地筹集企业所需的资本的财务行为。筹资的方式主要有筹措股权资金和筹措债务资金。筹资管理的目的是满足公司资金需求,降低资金成本,增加企业的利益,减少相关风险。

　　2. 投资管理

　　投资管理是一项针对证券及资产的金融服务,从投资者利益出发并达到投资目标。投资是指为获取未来收益而向一定对象投放资金的经济行为。投资有广义的投资和狭义的投资之分。广义的投资包括企业对内投资和对外投资。对内投资是指企业把资金投放在企业内部,购置各种生产经营用资产的投资。对外投资是指企业以现金、实物、无形资产等方式或者以购买股票、债券等有价证券方式向其他单位的投资。狭义的投资仅指对外投资。

　　3. 分配管理

　　分配管理是指对企业收益与分配活动及其形成的财务关系的组织与调节,是企业将一定时期内所创造的经营成果合理地在企业内、外部各利益相关者之间进行有效分配的过程。

 **考一考**

　　(单项选择题)财务管理的基本内容是指(　　　)。

　　A. 筹资、投资与用资　　　　　　　　B. 预测、决策、预算、控制与分析

　　C. 资产、负债和所有者权益　　　　　D. 筹资管理、投资管理与分配管理

　　【正确答案】　D

　　【答案解析】　财务管理的基本内容是指筹资管理、投资管理与分配管理。资产、负债和所有者权益是企业的会计要素。预测、决策、预算、控制与分析是财务管理的环节。

（三）财务关系

　　(1)企业与国家之间的财务关系,体现为强制与无偿的分配关系。

　　(2)企业与投资者之间的财务关系,体现为受资与投资的关系。

　　(3)企业与被投资者之间的财务关系,体现为投资与受资的关系。

（4）企业与债权人之间的财务关系,体现为债务与债权的关系。

（5）企业与债务人之间的财务关系,体现为债权与债务的关系。

（6）企业内部各单位之间的财务关系,体现为企业内部的利益分配关系。

（7）企业与职工之间的财务关系,体现为职工个人与企业在劳动成果上的分配关系。

（单项选择题）下列经济活动中,能够体现企业与投资者之间财务关系的是（　　）。

A. 企业向国有资产投资公司交付利润　　　B. 企业向国家税务机关缴纳税款

C. 企业向其他企业支付货款　　　D. 企业向职工支付工资

【正确答案】　A

【答案解析】　国有资产投资公司是企业的投资者。企业向国有资产投资公司交付利润,体现了企业与国家之间的财务关系;企业向其他企业支付货款,体现了企业与债权人之间的财务关系;企业向职工支付工资,体现了企业与职工之间的财务关系。

二、财务管理的目标

（一）利润最大化

利润最大化是指企业将追求最大的利润作为企业财务管理的目标,即企业利润总额越大越好。

以利润最大化作为企业财务管理的目标,其优点是:企业追求利润最大化,就必须讲求经济核算、加强管理、改进技术、提高劳动生产率、降低产品成本,这些有利于企业资源的合理配置,有利于企业整体经济效益的提高。而且利润这一指标比较直观,数据比较容易获取。因此,这一目标容易为企业的管理者和职工所接受。

但是,以利润最大化作为财务管理目标,在实践中存在以下缺点:

（1）没有考虑利润实现时间和资金时间价值。

（2）没有考虑风险问题。

（3）没有反映利润创造与资本投入之间的关系。

（4）可能导致企业短期财务决策倾向,不利于企业长远发展。

（判断题）企业追求利润最大化,能优化资源配置,实现企业资产保值、增值的目的。（　　）

【正确答案】　×

【答案解析】　企业追求利润最大化,能优化资源配置,但没有考虑资金的时间价值,没有考虑风险问题,可能导致企业出现短期财务决策倾向,不利于企业长远发展,即不利于企业资产的增值、保值。

（二）每股收益最大化

每股收益最大化目标即企业以追求每股收益最大化作为财务管理目标。每股收益是指普通股股东每持有一股所能享有的企业净利润或需承担的企业净亏损。它的大小反映了投资者投入资本的回报水平的高低。

企业每股收益最大化目标在一定程度上克服了利润最大化的缺点。具体来看,以每股收益最大化作为财务管理的目标,其优点是:将企业的利润与投入的资本进行比较,可以实现不同企业不同时期之间或不同规模的企业之间的比较。但是,该指标的缺点与利润最大化目标一样,没有考虑资金的时间价值,没有考虑风险问题,也不能避免企业的短期行为。

 **考一考**

(单项选择题)以每股收益最大化作为财务管理的目标,其优点是( )。

A. 考虑了资金的时间价值　　　　　B. 考虑了投资的风险价值

C. 有利于企业克服短期行为　　　　D. 反映了投入资本与收益的对比关系

【正确答案】 D

【答案解析】 每股收益与利润最大化目标一样,没有考虑资金的时间价值,没有考虑风险问题,也不能避免企业的短期行为。

(三) 股东财富最大化

股东财富最大化是指企业通过财务上的合理经营,为股东带来最多的财富。持这种观点的学者认为,股东创办企业的目的是增长财富。他们是企业的所有者,是企业资本的提供者,其投资的价值在于它能给所有者带来未来报酬,包括获得股利和出售股权获取现金。因此,股东财富最大化也最终体现为股票价格最大化。

与利润最大化、每股收益最大化相比,股东财富最大化的主要优点有:

(1) 考虑了风险因素。

(2) 在一定程度上能避免企业的短期行为。

(3) 对上市公司而言,股东财富最大化目标比较容易量化,便于考核和奖惩。

以股东财富最大化作为财务管理的目标,其存在以下缺点:

(1) 通常只适用于上市公司,非上市公司难以应用。

(2) 股价受众多因素影响,特别是企业外部的因素,有些还可能是非正常因素。

(3) 它更强调股东利益,对其他相关者的利益则不够重视。

 **考一考**

(判断题)就上市公司而言,将股东财富最大化作为财务管理的目标,其缺点之一是不容易被量化。
( )

【正确答案】 ×

【答案解析】 本题考核股东财富最大化目标的优点和缺点。对上市公司而言,股东财富最大化目标比较容易量化,便于考核和奖惩。本题将其优点说成了缺点,故是错误的。

(四) 企业价值最大化

企业价值最大化即企业以追求企业价值的最大化作为财务管理目标。企业价值不是指企业资产的总价值,而是指企业未来收益的现值之和,它反映了企业潜在的或预期的获利能力。一般来说,如果企业是股份有限公司,则其股票价格被市场接受是其企业价值的体现,可以用股票价格来衡量企业价值的大小。

企业价值最大化要在保证企业长期稳定发展的基础上使企业总价值达到最大。以企业价值最大化作为财务管理目标具有以下优点：

（1）考虑了取得报酬的时间，并用时间价值的原理进行了计量。

（2）考虑了风险与报酬的关系。

（3）将企业长期、稳定的发展和持续的获利能力放在首位，能克服企业在追求高利润上的短期行为。

（4）用价值代替价格，可避免企业过多地受外界市场因素的干扰，有效地规避企业的短期行为。

企业价值最大化目标弥补了利润最大化目标及每股收益最大化目标的缺点，但也存在以下缺点：

（1）企业的价值过于理论化，不易衡量。尽管对于上市公司而言，股票价格的变动在一定程度上揭示了企业价值的变化，但是，股价是多种因素共同作用的结果，特别是在资本市场效率低下的情况下，即期股价不一定能直接反映企业的获利能力，股票价格很难反映企业的价值。

（2）对于非上市公司而言，只有对其进行专业的评估才能确定其企业价值，而在评估企业的资产时，由于受评估标准和评估方式的影响，很难做到客观和准确。

 考一考

（单项选择题）以企业价值最大化作为财务管理目标，其存在的问题是（　　）。

A. 没有考虑资金的时间价值　　　　B. 没有考虑投资的风险价值

C. 企业的价值难以评定　　　　　　D. 容易引起企业的短期行为

【正确答案】　C

【答案解析】　以企业价值最大化作为财务管理的目标，其优点是考虑了资金的时间价值、考虑了投资的风险价值、有效地规避了短期行为。

（五）企业相关者利益最大化

企业相关者利益最大化目标的基本思想是在保证企业长期稳定发展的基础上，强调在企业价值增值中满足以股东为首的各利益群体的利益。

以企业相关者利益最大化作为财务管理目标具有以下优点：

（1）有利于企业长期、稳定地发展。

（2）体现了合作共赢的价值理念，有利于实现企业经济效益和社会效益的统一。

（3）这一目标本身是一个多元化、多层次的目标体系，较好地兼顾了各利益主体的利益。

（4）体现了前瞻性和现实性的统一。

以企业相关者利益最大化目标的缺点是过于理想化，且无法操作。

 考一考

（单项选择题）根据企业相关者利益最大化的财务管理目标理论，承担最大风险并可能获得最大报酬的是（　　）。

A. 股东　　　　　B. 债权人　　　　　C. 经营者　　　　　D. 供应商

【正确答案】　A

【答案解析】　本题考核企业利益相关者。股东作为企业的所有者，在企业中拥有最大的

权利,同时承担着最大的义务、风险和报酬,所以选项 A 正确。

(多项选择题)在某公司财务目标研讨会上,张经理主张"贯彻合作共赢的价值理念,做大企业的财富蛋糕";李经理认为"既然企业的绩效按年度考核,财务目标就应当集中体现当年利润指标";王经理提出"应将企业长期、稳定的发展放在首位,以便创造更多的价值"。上述观点涉及的财务管理目标有(   )。

A. 利润最大化   B. 企业规模最大化

C. 企业价值最大化   D. 相关者利益最大化

【正确答案】 ACD

【答案解析】 本题考核企业财务管理目标的理论知识。本题中,张经理的主张体现了合作共赢的理念,涉及的是企业相关者利益最大化目标;李经理的主张强调的是利润最大化目标;王经理的主张强调的是价值的创造,涉及的是企业价值最大化目标。

三、财务管理的环境

(一) 经济环境

经济环境包括经济体制、经济周期、经济发展水平、宏观经济政策、通货膨胀水平等。

(1) 经济体制。经济体制是制约企业财务管理的重要环境因素之一。

(2) 经济周期。经济周期是经济复苏、繁荣、衰退和萧条几个阶段的周而复始的循环。

(3) 经济发展水平。财务管理的发展水平是和经济发展水平密切相关的,经济发展水平越高,财务管理水平越高。财务管理水平的提高,也有利于经济发展水平的进一步提高。

(4) 宏观经济政策。不同的宏观经济政策对企业财务管理的影响不同。金融政策中的货币发行量、信贷规模会影响企业投资的资金来源和投资的预期收益;财税政策会影响企业的资金结构和投资项目的选择等;价格政策会影响企业资金的投向和投资的回收期及预期收益;会计准则、制度的改革会影响企业会计要素的确认和计量,进而对企业财务活动的事前预测、决策及事后的评价产生影响等。

(5) 通货膨胀水平。通货膨胀对企业财务活动的影响是多方面的,企业应当采取措施对其予以防范。在通货膨胀初期,企业应进行投资以避免风险,实现资本保值;应与客户签订长期购货合同,以减少物价上涨造成的损失;应取得长期负债,以保持资本成本的稳定。在通货膨胀持续期,企业应采用比较严格的信用条件,以减少企业债权;应调整财务政策,以防止和减少企业资本流失等。

 考一考

(判断题)为了防范通货膨胀风险,企业应当签订固定价格的长期销售合同。   (   )

【正确答案】 ×

【答案解析】 本题考核通货膨胀的应对措施。在通货膨胀时期,企业签订长期购货合同,可以减少物价上涨造成的损失。本题是站在销售方的角度来说的,签订固定价格的长期销售合同,会降低在通货膨胀时期的现金流入,增加企业资本的流失,损失物价上涨带来的收益,因此本题的说法错误。

（二）法律环境

（1）企业组织法规：如《中华人民共和国个人独资企业法》《中华人民共和国合伙企业法》《中华人民共和国公司法》等。

（2）税务法规：广义的税务法规等同于税法，是国家机关制定颁发的一切规范性税收文件的总称。其具体包括税收法律、法令、条例、税则、实施细则、征收办法及其他有关税收的规定等。狭义的税务法规是指国家权力机关以外的国家机关制定并颁布的一切规范性税收文件。其具体包括行政性税收法规和地方性税收法规。

（3）财务法规：如《企业财务通则》和企业内部财务制度。

（三）金融环境

1. 金融机构、金融工具与金融市场

金融机构主要是指银行和非银行金融机构。金融工具是指融通资金的双方在金融市场上进行资金交易、转让的工具。其具体分为基本金融工具和衍生金融工具两大类。金融市场是指资金供应者和资金需求者双方通过一定的金融工具进行交易而融通资金的场所。

2. 金融市场的分类

金融市场可以按照不同的标准进行分类，如按期限、功能、融资对象、所交易金融工具的性质、地理范围等标准分类，具体如表 1-1 所示。

表 1-1　金融市场的分类

分类标准	分类结果	含义
期限	货币市场	1 年以下的短期资金的融通市场，如同业拆借、票据贴现、短期债券及可转让存单买卖的市场
	资本市场	主要供应 1 年以上的中长期资金，如股票与长期债券的发行与流通
功能	发行市场（一级市场）	新证券发行的市场
	流通市场（二级市场）	已经发行、处在流通中的证券的买卖市场
融资对象	资本市场	以货币和资本为交易对象
	外汇市场	以各种外汇金融工具为交易对象
	黄金市场	集中进行黄金买卖和金币兑换
所交易金融工具的性质	基础性金融市场	以基础金融产品（如商业票据、企业债券、企业股票）为交易对象
	金融衍生品市场	以金融衍生产品〔如远期、期货、掉期（互换）、期权，以及具有远期、期货、掉期（互换）、期权中一种或多种特征的结构化金融工具〕为交易对象
地理范围	地方性金融市场	（略）
	全国性金融市场	（略）
	国际性金融市场	（略）

3. 货币市场

货币市场主要有拆借市场、票据市场、大额定期存单市场和短期债券市场等。

4. 资本市场

资本市场上的交易对象是1年以上的长期证券。资本市场主要包括债券市场、股票市场和融资租赁市场等。

 **考一考**

（多项选择题）下列金融市场类型中，能够为企业提供中长期资金来源的有（　　）。

A. 拆借市场　　　　B. 股票市场　　　　C. 融资租赁市场　　　D. 票据贴现市场

【正确答案】　BC

【答案解析】　本题考核金融市场的分类。选项B和选项C属于资本市场。资本市场又称长期金融市场，包括股票市场、债券市场和融资租赁市场等，其能为企业提供中长期资金来源。选项A和选项D属于货币市场，其资金借贷期限在1年以下，不能为企业提供中长期资金来源。

四、财务管理的环节

财务管理环节是企业财务管理的工作步骤与一般工作程序。一般而言，企业财务管理包括以下主要环节。

（一）预测、计划与预算

1. 财务预测

财务预测是指根据企业财务活动的历史资料，考虑现实的要求和条件，对企业未来的财务活动做出较为具体的预计和测算的过程。财务预测的方法主要有定性预测和定量预测两类。

2. 财务计划

财务计划是指根据企业整体战略目标和规划，结合财务预测的结果，对财务活动进行规划，并以指标形式落实到每一计划期间的过程。确定财务计划指标的方法一般有平衡法、因素法、比例法和定额法等。

3. 财务预算

财务预算是根据财务战略、财务计划和各种预测信息，确定预算期内各种预算指标的过程。财务预算的编制方法主要包括：固定预算法与弹性预算法，增量预算法与零基预算法，定期预算法和滚动预算法等。

（二）决策与控制

1. 财务决策

财务决策是指按照财务战略目标的总体要求，利用专门的方法对各种备选方案进行比较和分析，从中选出最佳方案的过程。财务决策的方法主要有经验判断法和定量分析方法。

2. 财务控制

财务控制是指利用有关信息和特定手段，对企业的财务活动施加影响或调节，以便实现计划所规定的财务目标的过程。财务控制的方法主要有前馈控制法、过程控制法、反馈控制法。

 **考一考**

（单项选择题）利用专门的方法对各种备选方案进行比较和分析，从中选出最佳方案的过程是（　　）。

A. 财务计划　　　B. 财务决策　　　C. 财务控制　　　D. 财务分析

【正确答案】 B

【答案解析】 本题考核财务决策的含义。财务决策是指利用专门的方法对各种备选方案进行比较和分析，从中选出最佳方案的过程。

（三）分析与考核

1. 财务分析

财务分析是指根据企业财务会计报告等信息资料，采用专门方法，系统分析和评价企业财务状况、经营成果及未来趋势的过程。财务分析的方法主要有比较分析法、比率分析法、因素分析法。

2. 财务考核

财务考核是指将报告期实际完成数与规定的考核指标进行对比，确定有关责任单位和个人是否完成任务的过程。其可以用绝对指标、相对指标、完成百分比考核，也可用各种财务指标进行综合评价考核。

此外，企业财务管理的各个环节，都要在遵循企业内部控制规范体系关于全面性、重要性、制衡性、适应性、成本效益五项原则的基础上，合理保证企业经营管理合法合规、资产安全、财务会计报告及相关信息真实完整，提高经营效率和效果，促进企业实现财务管理的五大目标。

任务 1.2　资金时间价值

一、资金时间价值的认知

（一）资金时间价值的含义

资金时间价值又称货币的时间价值，是指一定量货币资本在不同时点上的价值量差额。其有终值和现值两种。在财务估值中，我们一般按复利方式计算货币的时间价值。

1-3-1　思政案例
拿破仑"玫瑰花的承诺"（案例内容、案例讨论）

例如，银行存款年利率为 5%，我们现在将 1 000 元存入银行，1 年后可得到 1 050 元，那么这增值的 50 元就是原始资金 1 000 元经过 1 年的时间价值。

（二）常用的基本概念

1. 终值

终值又称将来值或本利和，是指现在一定量的现金在将来某一时点上的价值，通常记作 F。

1-4　微课视频
资金时间价值及应用

2. 现值

现值又称本金，是指未来某一时点上的一定量现金折算到现在的价值，通常记作 P。

3. 单利

单利是指本金生息、利息不生息的计息方式。也就是说，每期都按初始投入资金额计算利息，当期所获利息即使不取出也不计入下期本金，计息基础不改变。

4. 复利

复利是指本金生息、利息也生息的计息方式，即俗称的"利滚利"。也就是说，每期期末都按当时的本利和计算利息，各期计算利息的基础在变动。

5. 一次性收付款项

一次性收付款项是指在某一特定时点上一次性收取或支付,经过一段时间后再相应地一次性收取或支付的款项。例如,我们现在将2 000元存入银行,3年后一次性取出所有本利。

6. 年金

年金是指每隔一定相同时期收入或支出的相等金额的款项,即等额系列收付款项。在现实经济生活中,很多时候我们是在一定时期内多次收付款项的,如果每次收付的金额相等,这样的系列收付款项便称为年金,通常记为A。如折旧、利息、租金、保险费、养老金等通常表现为年金的形式。年金按付款的方式可以分为普通年金(后付年金)、预付年金(先付年金或即付年金)、递延年金、永续年金四种。

(单项选择题)在利率、现值相同的情况下,若计息期数n＝1,则复利终值和单利终值的数量关系是( )。

A. 前者大于后者　　　　　　　　　　B. 前者等于后者

C. 前者小于后者　　　　　　　　　　D. 前者大于或小于后者

【正确答案】 B

【答案解析】 由于计息期数只有1期,不管是在单利还是复利情况下,其终值都是相等的。

(三) 资金时间价值的表现形式

资金时间价值的表示形式有绝对数形式和相对数形式两种。

(1) 绝对数形式即时间价值额,是指资金在生产经营过程中带来的真实增值额。

(2) 相对数形式即资金时间价值率,是指不考虑风险报酬和通货膨胀的社会平均资金利润率或平均报酬率。

(单项选择题)下列指标中,可以用来表示货币的时间价值的是( )。

A. 社会平均利润率　　　　　　　　　B. 企业债券利率

C. 无风险报酬率　　　　　　　　　　D. 在通货膨胀率极低情况下的国债利率

【正确答案】 D

【答案解析】 本题考核资金时间价值的表现形式。在通常情况下,资金时间价值是指在没有风险、没有通货膨胀情况下的社会平均利润率。选项A,社会平均利润率可能会有风险和通货膨胀。选项B,企业债券利率既可能有风险也可能有通货膨胀。选项C,无风险报酬率也可能会有通货膨胀。上述三个选项都不能用来表示资金的时间价值。选项D,国债利率基本没有风险,而通货膨胀率极低可忽略不计,因此,本题正确答案为选项D。

二、资金时间价值的计算

(一) 一次性收付款项的终值和现值

1. 单利终值和现值的计算

通常现值用P表示,终值用F表示,利率用i表示,计算利息的期数用n表示,利息用

1-3-2 思政案例
拿破仑"玫瑰花的承诺"(案例解析)

I 表示。

（1）单利终值的计算。单利终值的计算公式为：

$$F = P + P \times i \times n = P \times (1 + i \times n)$$

其中，n 期的利息总额的计算公式为：

$$I = P \times i \times n$$

> **【例 1-1】** 某人现存入银行 100 万元，假设银行存款利率为 4％，采用单利计算利息。试计算此笔款项 4 年后的本利和，以及其中的利息总额。
>
> **解** $F = P \times (1 + i \times n) = 100 \times (1 + 4\% \times 4) = 116$（万元）
>
> 其中，4 年的利息总额 $I = P \times i \times n = 100 \times 4\% \times 4 = 16$（万元）

（2）单利现值的计算。在单利计息方式下，单利终值与单利现值是互逆的，所以，单利现值的计算公式为：

$$P = F \div (1 + i \times n)$$

> **【例 1-2】** 某人想在 5 年后从银行拿到 150 万元，假设银行存款利率为 5％，采用单利计算利息。试计算此人现在应该存入银行的金额。
>
> **解** $P = F \div (1 + i \times n) = 150 \div (1 + 5\% \times 5) = 120$（万元）

2. 复利终值与现值的计算

（1）复利终值的计算。复利终值的计算公式为：

$$F = P \times (1 + i)^n = P \times (F/P, i, n)$$

其中，$(1+i)^n$ 称为复利终值系数，可以用 $(F/P, i, n)$ 表示，该系数通过查阅复利终值系数表（附表 1）可直接求得。例如，$(F/P, 5\%, 5)$ 表示年利率为 5％时，5 年期的复利终值系数。查表时，行表示利率，列表示期数，纵横交叉之处为所求值。$(F/P, 5\%, 5)$ 查表为 1.276 3。

> **【例 1-3】** 某人购入面值为 1 000 元的国库券 5 张，期限为 5 年，票面利率为 5％，采用复利计算利息。试计算该国库券到期时的本利和。
>
> **解** $F = 1\,000 \times 5 \times (1 + 5\%)^5 = 5\,000 \times (F/P, 5\%, 5) = 5\,000 \times 1.276\,3$
>
> $= 6\,381.5$（元）

 考一考

（单项选择题）某人现在存入银行 1 000 元，利率为 10％，采用复利计算利息，5 年后的本利和为（   ）元。

A. 1 610.5   B. 2 434.5   C. 2 416.5   D. 5 000

【正确答案】 A

【答案解析】 $F = P \times (1 + i)^n = P \times (F/P, i, n) = 1\,000 \times (1 + 10\%)^5$

  $= 1\,000 \times (F/P, 10\%, 5) = 1\,000 \times 1.610\,5 = 1\,610.5$（元）

(2) 复利现值的计算。在复利计息方式下,复利终值与复利现值是互逆的,所以复利现值的计算公式为:

$$P = F \div (1+i)^n = F \times (1+i)^{-n} = F \times (P/F, i, n)$$

其中,$(1+i)^{-n}$ 称为复利现值系数,可以用 $(P/F, i, n)$ 表示,该系数通过查阅复利现值系数表(附表2)可直接求得。例如,$(P/F, 10\%, 5)$ 表示年利率为 10% 时,5 年期的复利现值系数。查表方法同复利终值系数,经查表,$(P/F, 10\%, 5)$ 为 0.620 9。

> **【例 1-4】** 假设某人计划在 5 年后用按揭方式购买一套房子,首付 60 000 元,如果利率为 10%,采用复利计算利息。试计算此人现在需要向银行存入的金额。
>
> **解** $P = 60\,000 \div (1+10\%)^5 = 60\,000 \times (1+10\%)^{-5} = 60\,000 \times (P/F, 10\%, 5)$
> $= 60\,000 \times 0.620\,9 = 37\,254$(元)

 **考一考**

(单项选择题)某人准备 5 年后为子女筹集 20 000 元的教育基金,年利率为 5%。此人现在应存入银行( )元,才能实现此愿望。

A. 25 526   B. 15 670   C. 16 000   D. 15 000

【正确答案】 B

【答案解析】 $P = 20\,000 \times (1+5\%)^{-5} = 20\,000 \times (P/F, 5\%, 5)$
$= 20\,000 \times 0.783\,5 = 15\,670$(元)

1-5　微课视频
年金——
普通年金

(二) 年金的终值和现值

1. 普通年金终值与现值的计算

普通年金是指在每期的期末,间隔相等时间,收入或支出相等金额的系列款项。

(1) 普通年金终值的计算。普通年金终值是指一定时期内每期期末收付款项的复利终值之和。它犹如零存整取的本利和。

普通年金终值是在复利终值的基础上推算的,其推导过程(公式的推导采用了等比数列求和方法,此处从略)如图 1-1 所示。

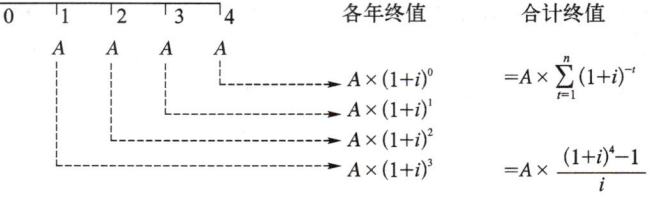

图 1-1　普通年金终值的推导过程

从图 1-1 可看出,普通年金终值的计算公式为:

$$F = A \times \frac{(1+i)^n - 1}{i} = A \times (F/A, i, n)$$

其中，$\dfrac{(1+i)^n-1}{i}$ 被称为年金终值系数，可以用 $(F/A, i, n)$ 表示。该系数可以通过查年金终值系数表（附表3）直接求得。

> **【例 1-5】** 某人连续 8 年于每年年末存入银行 20 000 元，银行存款年利率为 5%。试计算在第 8 年年末此人可以一次取出的本利和。
>
> **解** $F = 20\,000 \times (F/A, 5\%, 8) = 20\,000 \times 9.549\,1 = 190\,982$（元）

 **考一考**

（单项选择题）某企业年初一次性投资 500 000 元生产一种新产品，预计每年年末可得净收益 100 000 元，投资年限为 10 年，年利率为 5%。该投资项目年收益的终值为（　　）元。

A. 6 289 000　　　　B. 814 450　　　　C. 162 890　　　　D. 1 257 790

【正确答案】 D

【答案解析】 $F = 100\,000 \times (F/A, 5\%, 10) = 100\,000 \times 12.577\,9 = 1\,257\,790$（元）

（2）普通年金现值的计算。普通年金现值是指一定期间内每期期末等额的系列收付款项的现值之和。普通年金现值是在复利现值的基础上推算的，其推导过程（公式的推导采用了等比数列求和方法，此处从略）如图 1-2 所示。

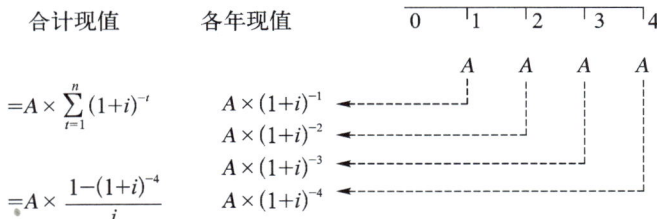

图 1-2 普通年金现值的推导过程

从图 1-2 可看出，普通年金现值的计算公式为：

$$P = A \times \frac{1-(1+i)^{-n}}{i} = A \times (P/A, i, n)$$

其中，$\dfrac{1-(1+i)^{-n}}{i}$ 被称为年金现值系数，可以用 $(P/A, i, n)$ 表示。该系数可以通过查年金现值系数表（附表4）直接求得。

> **【例 1-6】** 假定某人打算连续 10 年于每年年末从银行取出 1 000 元，若年利率为 4%。试计算此人第 1 年年初应存入的金额。
>
> **解** $P = 1\,000 \times \dfrac{1-(1+4\%)^{-10}}{4\%} = 1\,000 \times (P/A, 4\%, 10) = 1\,000 \times 8.110\,9$
>
> $\qquad = 8\,110.9$（元）

 **考一考**

（单项选择题）某企业于年初一次性投资 500 000 元,用于生产一种新产品,预计每年年末可得净收益 100 000 元,投资年限为 10 年,年利率为 5%。该投资项目年收益的现值为(　　)元。

A. 500 000　　　　B. 772 170　　　　C. 162 890　　　　D. 814 450

【正确答案】　B

【答案解析】　$P = 100\,000 \times (P/A, 5\%, 10) = 100\,000 \times 7.721\,7 = 772\,170(元)$

(3) 偿债基金的计算。偿债基金是指为了在约定的未来某一时点清偿某笔债务或积累一定的资金,而应分次等额存入的存款备用金。这里应分次等额存入的存款准备金实际上是年金,需要未来清偿的债务或积累的资金总额实际上是年金终值。也就是说,偿债基金的计算就是已知年金终值 F 和年金终值系数 $(F/A, i, n)$,倒求年金 A 的计算。显然,在年金终值计算公式的基础上,我们就可以推算出偿债基金。偿债基金的计算公式为:

$$A = \frac{年金终值}{年金终值系数} = \frac{F}{(F/A, i, n)} = F \times \frac{i}{(1+i)^n - 1} = F \times (A/F, i, n)$$

其中,$\frac{i}{(1+i)^n - 1}$ 被称为偿债基金系数,可以用 $(A/F, i, n)$ 表示。

【例 1-7】　假定某企业有一笔 5 年后到期的借款,数额为 100 万元,为了偿还这笔借款,该企业设立偿债基金,假定年存款利率为 5%。试计算该企业每年年末应存入的资金数额。

解　$A = \frac{100}{(F/A, 5\%, 5)} = \frac{100}{5.525\,6} = 18.097\,6(万元)$

 **考一考**

1-6　动画
年偿债基金的计算

（单项选择题）某人拟在 5 年后偿还 10 000 元债务,为此需设置偿债基金。假设银行存款利率为 10%,到期一次还清借款,则此人每年需存入(　　)元。

A. 2 000　　B. 1 638　　　　C. 1 500　　　　D. 1 700

【正确答案】　B

【答案解析】　$A = \frac{10\,000}{(F/A, 10\%, 5)} = \frac{10\,000}{6.105} \approx 1\,638(元)$

(4) 资本回收额的计算。资本回收额是指在约定年限内,等额回收初始投入资本或清偿所欠债务的资金额。这里每期等额回收的初始投入资本或清偿所欠的债务实际上是年金;而初始投入资本或所欠债务总额实际上是年金现值。也就是说,资本回收额的计算就是已知年金现值 P 和年金现值系数 $(P/A, i, n)$,倒求年金 A 的计算。显然,在年金现值计算公式的基础上,我们就可以推算出资本回收额。资本回收额的计算公式为:

$$A = \frac{年金现值}{年金现值系数} = \frac{P}{(P/A, i, n)} = P \times \frac{i}{1-(1+i)^{-n}} = P \times (A/P, i, n)$$

其中,$\frac{i}{1-(1+i)^{-n}}$ 被称为资本回收系数,可以用 $(A/P, i, n)$ 表示。

【例 1-8】　假定某企业借款 1 000 万元,在 8 年内以年利率 8% 等额偿还。试计算该企业每年应付的金额。

解　$A = \dfrac{1\,000}{(P/A,\,8\%,\,8)} = \dfrac{1\,000}{5.746\,6} = 174.015\,9$(万元)

 **考一考**

(单项选择题)某人以 10% 的利率借款 20 000 元,投资于某个寿命为 10 年的项目。此人每年至少要回收(　　)元资金,才能回收全部投资。

A. 3 255　　　　　B. 3 000　　　　　C. 2 000　　　　　D. 4 000

【正确答案】　A

【答案解析】　$A = \dfrac{20\,000}{(P/A,\,10\%,\,10)} = \dfrac{20\,000}{6.144\,6} = 3\,254.89 \approx 3\,255$(元)

2. 预付年金终值与现值的计算

预付年金是指每期期初发生的年金形式,也称为先付年金。预付年金与普通年金的区别在于付款的时间不同,如图 1-3 所示。

1-7　微课视频
年金——
预付年金

普通年金(后付年金)

```
0     1     2     3    …    n-1    n
|_____|_____|_____|_____|_____|
      A     A     A         A     A
```

预付年金(先付年金)

```
0     1     2     3    …    n-1    n
|_____|_____|_____|_____|_____|
A     A     A     A         A
```

图 1-3　预付年金与普通年金的区别

预付年金终值与现值的计算公式可以分别通过普通年金终值与现值的计算公式调整得出。

(1)预付年金终值的计算。预付年金终值是指一定时期内每期期初收付款项的复利终值之和。

方法一:分段法。n 期预付年金与 n 期普通年金的付款次数相同,但由于付款时间不同,预付年金终值比普通年金终值多一个计息期,计算时可以先求出在“$n-1$”这个时点的普通年金终值,然后把这个终值再复利计息一期,即乘以 $(1+i)$,便可求出 n 期预付年金终值,如图 1-4 所示(以 4 期预付年金为例推导计算公式):

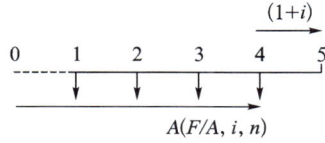

图 1-4　预付年金终值的推导过程(方法一)

从图 1-4 可以看出,预付年金终值的计算公式为:

$$F = A \times (F/A, i, n) \times (1+i)$$

方法二:将补缺法。把预付年金转换成普通年金,假设最后一期期末有一笔等额款项的收付,这样就有 $(n+1)$ 期等额收付款 A,按照普通年金终值公式计算终值,然后扣除实际并未收付的最后一期 A,即可得预付年金终值,如图 1-5 所示(以 4 期预付年金为例推导计算公式)。

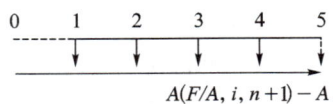

图 1-5 预付年金终值的推导过程(方法二)

从图 1-5 可以看出,预付年金终值的计算公式为:

$$F = A \times (F/A, i, n+1) - A = A \times [(F/A, i, n+1) - 1]$$

【例 1-9】 某企业有一基建项目,分 6 次投资,于每年年初投资 100 万元,预计第 6 年年末完工,假设该企业的投资款均向银行借款取得,银行存款利率为 10%。试计算该项目的投资总额。

解 该项目的投资总额,实际是求 6 年投资的终值。

方法一:$F = 100 \times (F/A, 10\%, 6) \times (1+10\%) = 100 \times 7.715\,6 \times 1.1$
$= 848.716$(万元)

方法二:$F = 100 \times [(F/A, 10\%, 6+1) - 1] = 100 \times (9.487\,2 - 1)$
$= 848.72$(万元)

 考一考

(单项选择题)某人每年年初存入银行 100 元,年利率为 5%,则第 3 年年末本利和应为( )元。

A. 300   B. 331.01   C. 315   D. 315.25

【正确答案】 B

【答案解析】 $F = 100 \times (F/A, 5\%, 3) \times (1+5\%) = 331.01$(元)

(2) 预付年金现值的计算。预付年金现值是指一定时期内每期期初收付款项的复利现值之和。

方法一:n 期预付年金与 n 期普通年金的付款次数相同,但由于付款时间不同,n 期预付年金现值比 n 期普通年金现值少 1 个贴现期。把预付年金转换成普通年金,假设第 1 年年初收付款为第 1 年年末收付款,即往前虚增 1 个贴现期,按普通年金现值公式计算现值,然后通过复利计算 1 期,即乘以 $(1+i)$,还原真实贴现期,便可求出 n 期预付年金现值,如图 1-6 所示(以 4 期预付年金为例推导计算公式)。

从图 1-6 可以看出,预付年金现值的计算公式为:

$$P = A \times (P/A, i, n) \times (1+i)$$

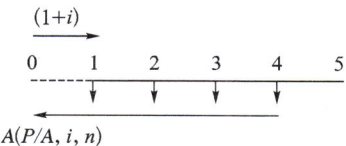

图 1-6 预付年金现值的推导过程(方法一)

方法二:将预付年金转换成普通年金,先扣除第 1 期期初收付款 A,这样就剩下 $(n-1)$ 期等额收付款 A,按照普通年金现值公式计算现值,然后加上之前扣除的第 1 年年初收付款 A,即可得预付年金现值,如图 1-7 所示(以 5 期预付年金为例推导计算公式):

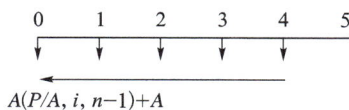

图 1-7 预付年金现值的推导过程(方法二)

从图 1-7 可以看出,其计算公式为:

$$P = A \times (P/A, i, n-1) + A = A \times [(P/A, i, n-1) + 1]$$

【例 1-10】 某公司拟购买一套设备,供应商有两套付款方案。方案一,采用分期付款方式,每年年初付款 10 万元,分 8 年付完。方案二,一次性付款 60 万元。若目前银行贷款利率是 8%。试通过现值的计算来确定该公司应选择哪个方案。

解 方案一现值 $P = 10 \times (P/A, 8\%, 8) \times (1 + 8\%) = 10 \times 5.7466 \times 1.08$
$= 62.0633(万元)$

或: $P = 10 \times [(P/A, 8\%, 8-1) + 1] = 10 \times (5.2064 + 1)$
$= 62.0640(万元)$

方案二现值 $P = 60(万元)$

应选择方案二。

(单项选择题)某企业用 6 年分期付款购入设备,每年年初付款 20 000 元。若银行利率为 8%,该项分期付款相当于一次现金支付的购价是( )元。

A. 92 458　　　　B. 79 854　　　　C. 120 000　　　　D. 99 854.64

【正确答案】 D

【答案解析】 $P = 20\,000 \times (P/A, 8\%, 6) \times (1 + 8\%) = 20\,000 \times 4.6229 \times 1.08$
$= 99\,854.64(元)$

3. 递延年金终值与现值的计算

递延年金是指第一次收付款发生在第 2 期或以后各期的年金。递延年金是普通年金的特殊形式。凡是不在第 1 期开始收付款的年金都是递延年金。

递延年金与普通年金的关系如图 1-8 所示。

1-8 微课视频
年金——
递延年金

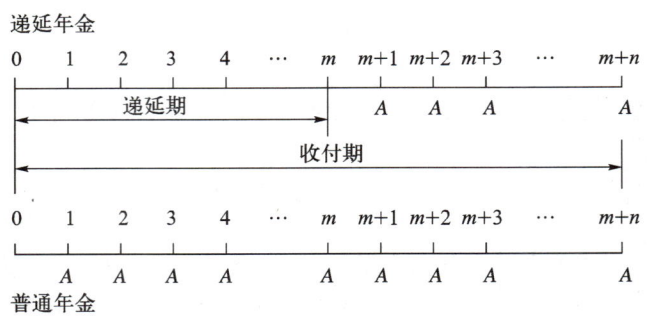

图 1-8　递延年金与普通年金的关系

（1）递延年金终值的计算。递延年金终值只与连续收付期 n 有关，与递延期 m 无关。其计算公式与 n 期普通年金终值的计算公式相同。计算公式为：

$$F = A \times (F/A, i, n)$$

【例 1-11】 某公司拟一次性投资开发某旅游项目，预计该项目能存续 15 年，但是前 5 年不会产生净收益，从第 6 年开始，每年年末产生净收益 6 万元。若年利率为 10%，试计算该项目投资收益的终值。

解　求该旅游项目投资收益终值，实际上就是求递延年金终值，如图 1-9 所示。

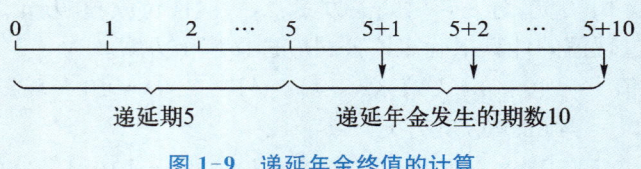

图 1-9　递延年金终值的计算

$$F = 6 \times (F/A, 10\%, 10) = 6 \times 15.937\,4 = 95.624\,4(万元)$$

（2）递延年金现值的计算。递延年金的现值与递延期数相关，递延的期数越长，其现值越低。

递延年金的现值计算有两种方法：

方法一：先把递延期以后的年金套用普通年金公式求递延期末现值，然后再向前折现，如图 1-10 所示。

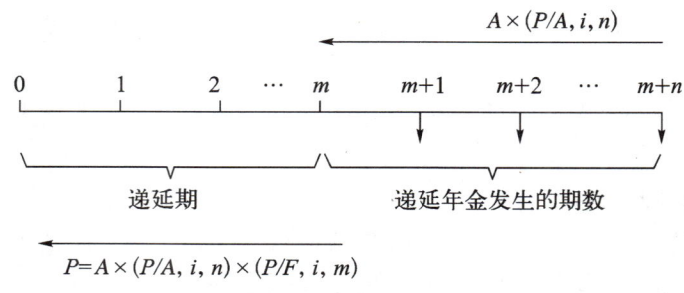

$$P = A \times (P/A, i, n) \times (P/F, i, m)$$

图 1-10　递延年金现值的推导过程（方法一）

从图 1-10 可以看出，递延年金现值的计算公式为：

$$P = A \times (P/A, i, n) \times (P/F, i, m)$$

方法二：假设递延期每期期末都有等额的年金收付 A，把递延期和以后各期看成是一个普通年金，计算出这个普通年金的现值，再把递延期虚增的年金现值减掉即可，如图 1-11 所示。

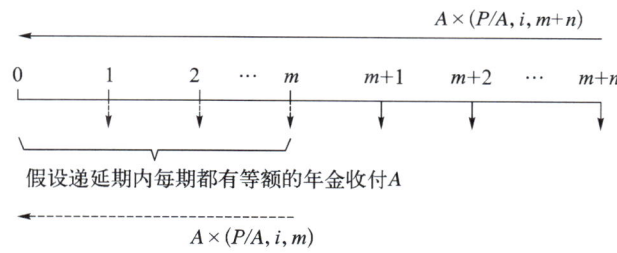

图 1-11　递延年金现值的推导过程(方法二)

从图 1-11 可以看出，递延年金现值的计算公式为：

$$P = A \times [(P/A, i, m+n) - (P/A, i, m)]$$

【例 1-12】　承[例 1-11]，假设该公司决定投资开发该旅游项目，根据其收益情况，试计算该项目收益的现值。

解　该项目收益现值的计算如图 1-12 所示。

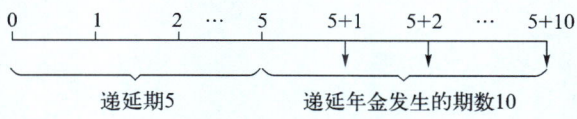

图 1-12　递延年金现值的计算

方法一：$P = 6 \times (P/A, 10\%, 10) \times (P/F, 10\%, 5) = 6 \times 6.144\,6 \times 0.620\,9$
　　　　$= 22.891\,1(万元)$

方法二：$P = 6 \times [(P/A, 10\%, 5+10) - (P/A, 10\%, 5)] = 6 \times 7.606\,1 - 6 \times 3.790\,8$
　　　　$= 22.891\,8(万元)$

(单项选择题)某企业借入一笔款项，年利率为 8%，前 5 年不用还本付息，从第 6 年开始至第 10 年每年年末偿还本息 4 000 元，则这笔款项的现值为(　　)元。

A. 10 869.73　　　　　B. 268 404　　　　　C. 20 000　　　　　D. 15 970.8

【正确答案】　A

【答案解析】　$P = 4\,000 \times (P/A, 8\%, 5) \times (P/F, 8\%, 5)$
　　　　　　　$= 4\,000 \times 3.992\,7 \times 0.680\,6$
　　　　　　　$\approx 10\,869.73(元)$

1-9　教学案例
资金的时间
价值运用

1-10　微课视频
年金——
永续年金

4. 永续年金终值与现值的计算

（1）永续年金终值的计算。永续年金持续期无限，没有终止的时间，因此没有终值。

（2）永续年金现值的计算。永续年金现值的计算公式可以通过普通年金的计算公式导出：

$$P = A \times \frac{1-(1+i)^{-n}}{i}$$

当 $n \to \infty$ 时，$(1+i)^{-n} \to 0$，则：

$$P = \frac{A}{i}$$

1-11　动画
永久性奖学
金的设置

> 【例1-13】　某公司要建立一项永久性爱心基金，计划每年拿出6万元帮助家庭困难儿童上学，假设年利率为6%。试计算该公司现应筹集的资金数额。
>
> **解**　$P = \dfrac{A}{i} = \dfrac{6}{6\%} = 100$（万元）

考一考

（单项选择题）某学校准备建立一项奖学金，每年年末发放1万元，年利率为5%，该学校现在应在银行一次性存入（　　）万元的款项。

A. 10　　　　　　　　B. 20　　　　　　　　C. 30　　　　　　　　D. 40

【正确答案】　B

【答案解析】　$P = 1 \div 5\% = 20$（万元）

（三）利率的确定

前述资金时间价值的计算是在已知利率和期数的前提下进行的，但在实际工作中，有时我们需要单独计算利率或期数。这里主要介绍利率的计算，期数与利率的思考和计算方法相同，可以以此类推。

1. 单利条件下的利率确定

如果已知单利的终值 F、现值 P 和期数 n，要计算利率 i，依据单利终值公式，可推导出 i 的计算公式为：

$$i = (F/P - 1) \div n$$

2. 复利条件下利率的确定

如果已知复利的终值 F、现值 P 和期数 n，要计算利率 i，依据复利终值公式，可推导出 i 的计算公式为：

$$i = \sqrt[n]{\frac{F}{P}} - 1$$

3. 年金条件下利率的确定

如果已知年金现值 P、年金 A 和期数 n，要计算利率，则可根据以下方法计算。

（1）利用年金现值系数表反查利率。根据已知条件，先计算出年金现值系数：$(P/A, i,$

$n)=\dfrac{P}{A}$,假设 $\dfrac{P}{A}=C$,通过查年金现值系数表可知,当系数值等于 C 时,恰有一个利率与其对应,则该利率为所求利率。

假设某公司现在存入银行 20 万元,以后 10 年,每年年末取出 2.980 6 万元。试计算相应的利率。

【答案解析】　计算年金现值系数:

$$(P/A,i,n)=\dfrac{20}{2.980\ 6}\approx 6.710\ 1\,(万元)$$

查 10 年期的年金现值系数表,找到系数为 6.710 1 时相对应的利率(8%),则 8% 为所求利率。

(2)利用插值法计算利率。在实际应用中,常常不存在与其恰好对应的利率,这时就需要采用插值法来计算利率。所谓插值法,是指以两个临界点坐标倒求出所需值的一种方法。利用插值法,我们可以通过查年金现值系数表找到临界点 $1(i_1,C_1>C)$ 和临界点 $2(i_2,C_2<C)$。也就是说,C 介于 C_1 和 C_2 之间,则所求利率 i 介于 i_1 和 i_2 之间。将两个临界点的值代入以下计算公式,就可以求得利率 i:

$$i=i_1+\dfrac{C_1-C}{C_1-C_2}\times(i_2-i_1)$$

假设某公司现在存入银行 20 万元,以后 10 年每年取出 4 万元。试计算相应的利率。

【答案解析】　计算年金现值系数:

$$(P/A,i,n)=\dfrac{20}{4}=5$$

查 10 年期的年金现值系数表,找到系数为 5 时相对应的利率,如果此时没有对应的利率,那么就需要找最接近系数 5 的两个临界点,临界点 1 是(15%,5.018 8),临界点 2 是(16%,4.833 2),将两个临界点的值代入插值法公式进行计算,则所求利率为:

$$i=15\%+\dfrac{5.018\ 8-5}{5.018\ 8-4.833\ 2}\times(16\%-15\%)\approx 15.10\%$$

4. 名义利率与实际利率的换算

在以上分析中,始终假定利率是年利率,每年复利一次。但在实际生活中经常会发生如下情况:有些款项在 1 年内不只复利一次,如每月计息一次,或每季计息一次,或每半年计息一次。凡每年复利次数超过一次的年利率称为名义利率,用 r 表示,而每年只复利一次的年利率称为实际利率,用 i 表示。

1-12　微课视频
名义利率与
实际利率

从理论上讲,按实际利率每年复利一次计算的利息应该与按名义利率每年多次复利计算的利息相等。从这一观点出发,如果名义利率 r 在 1 年内复利了 m 次,在这种情况下,可以采用以下公式计算实际利率 i:

$$i=\left(1+\dfrac{r}{m}\right)^{m}-1$$

在财务管理中,如果要在名义利率的基础上计算终值或现值,一般不必将名义利率转换为实际利率,而是在名义利率的基础上直接对其进行调整,并计算终值或现值。以终值为例列示其调整计算公式为:

$$F = P \times \left(1 + \frac{r}{m}\right)^{mn}$$

假如某公司用 50 万元购买了年利率 10%、期限为 5 年的公司债券,该债券每半年复利一次。试计算该公司债券的实际利率,并确定公司债券到期时该公司可以获得的金额。

【答案解析】 (1)公司债券的实际利率 i 为:

$$i = \left(1 + \frac{10\%}{2}\right)^2 - 1 = 10.25\%$$

(2)公司债券到期时企业可以获得的金额为:

$$F = 500\,000 \times \left(1 + \frac{10\%}{2}\right)^{2 \times 5} = 500\,000 \times (F/P, 5\%, 10)$$

$$= 500\,000 \times 1.628\,9 = 814\,450(元)$$

(单项选择题)某公司向银行借款 1 000 万元,年利率为 4%,按季度付息,期限为 1 年,则该借款的实际利率为( )。

A. −2.01% B. 4% C. 4.04% D. 4.06%

【正确答案】 D

【答案解析】 实际利率 $i = \left(1 + \frac{4\%}{4}\right)^4 - 1 = 4.06\%$

任务 1.3 风险价值分析

一、风险价值的认知

(一)风险价值的含义

风险价值是指在一定的置信水平下,某一金融资产(或证券组合)在未来特定的一段时间内的最大可能损失。其具体度量值定义为:在足够长的一个计划期内,在一种可能的市场条件变化之下某一金融资产(或证券组合)市场价值变动的最大可能性。它是在市场正常波动情形下对资产组合可能损失的一种统计测度。也可以说,风险价值是投资者冒风险进行投资而获得的超过资金时间价值的额外报酬。

(二)风险的分类

根据风险影响范围不同,风险可分为系统风险和企业特有风险。

1. 系统风险

系统风险又称市场风险,也称不可分散风险,是指影响所有企业的、不能通过分散投资来消除的风险。这部分风险是由那些影响整个市场的风险因素(如宏观经济形势的变动、国家经济政策的变动、自然灾害、战争、经济周期的变化、通货膨胀等)所引起的。

2. 企业特有风险

企业特有风险是指发生于个别企业的特有事件造成的风险,如罢工、诉讼失败、新产品开发失败、失去销售市场等。这类风险只涉及个别企业和个别投资项目,不对所有企业或投资项目产生普遍的影响,可以通过多角化投资来分散,因而其又称可分散风险或非系统风险。

企业特有风险包括经营风险、投资风险、筹资风险。

(1)经营风险。经营风险是指由于企业的外部经营环境和条件以及内部经营管理方面的问题造成企业收益变动的不确定性风险。来源于企业外部的经营风险主要有市场供求关系、原材料价格、运输方式、竞争格局、行业政策等的变动;来源于企业内部的经营风险主要有生产技术、产品质量、生产成本、设备利用率、劳动生产率等因素。

(2)投资风险。投资风险是指对未来投资收益的不确定性,在投资中可能会遭受收益损失甚至本金损失的风险。企业投资包括对内投资和对外投资两种形式。对内投资风险其实就是一种经营风险;对外投资风险通常是指企业投资于有价证券的风险。

(3)筹资风险。筹资风险又称财务风险,是指利用负债筹资或发行股票筹资而给企业财务收益带来的不确定性风险。在市场经济条件下,市场行情瞬息万变,企业之间的激烈竞争,可能导致企业管理者决策失误、管理措施失当,筹集资金的使用效益因此具有很大的不确定性,企业因此面临筹资风险。

(多项选择题)下列风险中,属于系统风险的有(　　　　)。

A. 战争　　　　　　B. 自然灾害　　　　C. 罢工　　　　D. 利率变化

E. 经济衰退

【正确答案】　ABDE

【答案解析】　系统风险又称市场风险,也称不可分散风险,是指影响所有企业的、不能通过分散投资来消除的风险,这部分风险是由那些影响整个市场的风险因素(如宏观经济形势的变动、国家经济政策的变动、自然灾害、战争、经济周期的变化、通货膨胀等)引起的。

二、风险程度计量

(一)确定概率分布

衡量风险必须先预计投资项目的收益率及其对应的概率,这是风险计量的前提。

通常,评价投资项目收益情况的指标有资产报酬率、投资收益率、净现值、内部收益率、权益净利率等。在进行风险计量时,我们用随机变量(K_i)来表示投资项目收益变动趋势值。

概率又称机会率,表示一个事件发生的可能性大小的数,即该事件的概率。它是随机事件出现的可能性的量度,同时也是概率论最基本的概念之一。人们常说,某人有百分之多少的把握能通过这次考试,某件事发生的可能性是多少,这些都是概率的实例。假设事件发生有 n

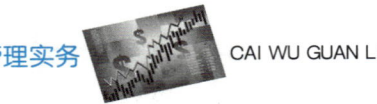

种可能结果,每一种结果发生的可能性为 P_i ,那么 $\sum_{i=1}^{n} P_i = 1$,其中 $0 \leqslant P_i \leqslant 1$ 。 通常,我们将必然发生事件的概率定为 1,把不可能发生事件的概率定为 0,一般随机变量的不同结果的概率介于 0 与 1 之间,概率越大,该事件发生的可能性就越大。

(二)风险衡量指标

1. 期望报酬率

期望报酬率是指各种可能的报酬率按其概率进行加权平均得到的报酬率。期望报酬率的计算公式为:

$$\overline{K} = \sum_{i=1}^{n} K_i P_i$$

式中: $\overline{K}$ ——期望报酬率;

K_i ——第 i 种结果的预期报酬率;

P_i ——第 i 种结果出现的概率;

n ——所有可能结果的数目。

> 【例 1-14】　中泰公司甲、乙两个投资方案的报酬率及其概率分布情况如表 1-2 所示。试计算甲、乙两个方案的期望报酬率。
>
> 表 1-2　甲、乙两个投资方案的报酬率及概率分布情况
>
> | 经济情况 | 概率(P_i) | 报酬率(K_i) | |
> | :---: | :---: | :---: | :---: |
> | | | 甲方案 | 乙方案 |
> | 繁荣 | 0.2 | 40% | 70% |
> | 正常 | 0.6 | 20% | 20% |
> | 衰退 | 0.2 | 0 | −30% |
>
> **解**　根据以上计算公式,代入表格数据求得:
>
> 甲方案的期望报酬率=40%×0.2+20%×0.6+0×0.2=20%
> 乙方案的期望报酬率=70%×0.2+20%×0.6−30%×0.2=20%

期望报酬率仅代表一个投资项目的获利水平的高低,反映预计收益的平均化,在各种不确定因素的影响下,它代表着投资者的合理预期,但不能反映投资项目的风险程度。在[例 1-14]中,甲、乙两个投资方案的期望报酬率虽然相同,但它们的概率分布不同,还需要通过标准离差、标准离差率来衡量甲、乙两个投资方案的风险程度。

2. 标准方差和离差

评价风险高低,常用的指标有方差和标准离差。方差和标准离差两个指标都反映了随机变量与期望值之间的离散程度,不过两者的表现形式不一样,标准离差是方差的开平方。

方差的计算公式为:

$$方差(\sigma^2) = \sum_{i=1}^{n} (K_i - \overline{K})^2 \times P_i$$

标准离差的计算公式为：

$$标准离差(\sigma) = \sqrt{\sum_{i=1}^{n}(K_i - \overline{K})^2 \times P_i}$$

方差和标准离差均以绝对数形式来衡量决策方案的风险程度，这两个指标只适用于期望值相同的不同决策方案的比较。在期望值相同的情况下，方差或标准离差越大，项目的风险越大；反之，方差或标准离差越小，项目的风险则越小。

> **【例 1-15】** 承[例 1-14]，试计算甲、乙两个投资方案的标准离差，并判断甲、乙两个投资方案的风险大小。
>
> **解**　中泰公司甲、乙两个投资方案的风险为：
>
> $$\sigma_{甲} = \sqrt{(40\% - 20\%)^2 \times 0.2 + (20\% - 20\%)^2 \times 0.6 + (0 - 20\%)^2 \times 0.2} = 12.65\%$$
>
> $$\sigma_{乙} = \sqrt{(70\% - 20\%)^2 \times 0.2 + (20\% - 20\%)^2 \times 0.6 + (-30\% - 20\%)^2 \times 0.2}$$
> $$= 31.62\%$$
>
> 从标准离差来看，乙方案的风险比甲方案的风险大。

3. 标准离差率

标准离差率也称标准离差系数或离散系数，其是指标准离差与期望值的比值。标准离差率是一个相对数，常用于多个方案的比较和选择。在期望值不同时，标准离差率越大，表明可能值与期望值偏离程度越大，结果的不确定性越大，风险也越大。标准离差率用 V 表示，其计算公式为：

$$V = \frac{\sigma}{K}$$

在[例 1-14]中，中泰公司甲、乙两个方案的标准离差率为：

$$V_{甲} = \frac{12.65\%}{20\%} = 63.25\%$$

$$V_{乙} = \frac{31.62\%}{20\%} = 158.1\%$$

从标准离差率来看，乙方案的风险比甲方案大。

ABC 公司有甲、乙两个投资项目，假设未来的经济情况有三种：繁荣、正常与衰退，有关的概率分布和预期报酬率如表 1-3 所示。

表 1-3　ABC 公司项目投资未来收益状态分布表

经济情况	发生概率	甲项目预期报酬率	乙项目预期报酬率
繁荣	0.3	90%	20%
正常	0.4	15%	15%
衰退	0.3	−60%	10%

要求：

(1) 试计算甲、乙项目的期望报酬率。

(2) 试计算甲、乙项目报酬率的标准离差。

(3) 试计算甲、乙项目报酬率的标准离差率，并判断哪个项目的风险更高？

【答案解析】

(1) $\overline{K}_{甲} = 90\% \times 0.3 + 15\% \times 0.4 + (-60\%) \times 0.3 = 15\%$

　　$\overline{K}_{乙} = 20\% \times 0.3 + 15\% \times 0.4 + 10\% \times 0.3 = 15\%$

(2) $\sigma_{甲} = \sqrt{(90\% - 15\%)^2 \times 0.3 + (15\% - 15\%)^2 \times 0.4 + (-60\% - 15\%)^2 \times 0.3}$

　　$= 58.09\%$

　　$\sigma_{乙} = \sqrt{(20\% - 15\%)^2 \times 0.3 + (15\% - 15\%)^2 \times 0.4 + (10\% - 15\%)^2 \times 0.3}$

　　$= 3.87\%$

(3) $V_{甲} = \dfrac{58.09\%}{15\%} = 3.87$

　　$V_{乙} = \dfrac{3.87\%}{15\%} = 0.258$

甲方案投资风险比乙方案投资风险高。

(三) 风险和收益的关系

1. 风险报酬的概念

风险报酬也称风险收益，其是指投资者因冒风险进行投资而要求的，超过无风险报酬的额外收益。投资项目的风险和收益的基本关系是投资项目的风险越大，投资者要求的投资收益率越高。

2. 风险报酬率

风险报酬率是相对数的形式，其是指投资者因冒风险进行投资而获得的超过时间价值的那部分额外报酬率（用 R_R 表示）。要计算风险报酬率，还必须借助一个系数——风险报酬系数（又称风险报酬斜率，用 b 来表示）。风险报酬率、风险报酬系数和标准离差率之间的关系为：

$$风险报酬率 = 风险报酬系数 \times 标准离差率$$

即：$R_R = b \times V$

> **【例 1-16】**　承[例 1-14]，假设中泰公司甲、乙两个投资方案中，甲方案的风险报酬系数为 4%，乙方案的风险报酬系数为 5%。请计算甲、乙两个方案的风险报酬率。
>
> **解**　甲方案风险报酬率 $R_R = b \times V = 4\% \times 63.25\% = 2.53\%$
>
> 　　乙方案风险报酬率 $R_R = b \times V = 5\% \times 158.1\% = 7.9\%$
>
> 可见，乙方案投资风险高，其要求的额外报酬率也高。

3. 期望投资报酬率

期望投资报酬率是指无风险报酬率和风险报酬率之和。其中，无风险报酬率是加上通货膨胀贴水后的货币时间价值。西方一般把投资于国库券的报酬率视为无风险报酬率，用 R_F 表示。期望投资报酬率（用 K 表示）的计算公式为：

期望投资报酬率 ＝ 无风险报酬率 ＋ 风险报酬率

即：$K = R_F + R_R = R_F + b \times V$

【例 1-17】 承［例 1-16］，如果无风险报酬率为 6％，试计算中泰公司甲、乙两个投资方案的期望投资报酬率。

解　甲方案的期望投资报酬率 $K_甲 = 6％ + 2.53％ = 8.53％$

乙方案的期望投资报酬率 $K_乙 = 6％ + 7.9％ = 13.9％$

可见，乙方案投资风险高，期望投资报酬率也高。

W 公司某投资项目有 A、B 两个方案：A 方案的风险报酬系数为 3％，标准离差率为 50％；B 方案的风险报酬系数为 4％，标准离差率为 80％。若该投资项目的无风险报酬率为 6％，试计算两个方案的风险报酬率和期望投资报酬率。

【答案解析】

A 方案的风险报酬率 $R_R = b \times V = 3％ \times 50％ = 1.5％$

B 方案的风险报酬率 $R_R = b \times V = 4％ \times 80％ = 3.2％$

A 方案的期望投资报酬率 $K_甲 = 6％ + 1.5％ = 7.5％$

B 方案的期望投资报酬率 $K_乙 = 6％ + 3.2％ = 9.2％$

4. 风险的控制

风险的控制是指对已经识别的风险进行定性分析、定量分析和风险排序，制定相应的策略来有效规避风险，保护目标免受风险的影响。风险控制并不意味着完全消除风险，而是要规避风险可能给投资者造成的损失。

在通常情况下，对风险进行控制可采用以下几种策略：

（1）风险规避策略。风险规避策略即通过放弃或拒绝合作、停止业务活动来消除特定风险事件的威胁，虽然潜在的或不确定的损失能就此避免，但获得利益的机会也会因此丧失的一种财务风险应对策略。例如，企业拒绝与不守信用的客户业务往来，放弃可能明显导致亏损的投资项目，停止生产已经过时的滞销产品等。

（2）风险降低策略。风险降低策略是对风险损失的控制，即通过减少损失发生的概率来降低损失发生的程度，使风险降低到一个可以接受的范围的一种财务风险应对策略。例如，企业在项目投资前进行科学的市场预测与分析，采取多品种投资以分散风险等。

（3）风险转移策略。风险转移策略是指将投资项目可能发生的风险转移给第三方的一种财务风险应对策略。风险转移一般分为财务保险转移和财务非保险转移。其中，财务保险转移是指通过订立保险合同，将项目部分风险损失转移给保险公司承担；财务非保险转移是指通过订立经济合同，将风险以及与风险有关的财务结果转移给别人。在经济生活中，常见的财务非保险风险转移有承包、租赁、互助保证、基金制度等。

（4）风险接受策略。风险接受策略是由企业自己承担风险事故所致损失的一种财务风险应对策略。在一定条件下，它是一种积极、有效、合理的风险应对策略。例如，我国财务会计中，企业为防范应收账款不能收回风险（即信用风险）所提取的坏账准备金，即是企业主动接受风险的一种方式。

（单项选择题）下列风险应对措施中，能够转移风险的是（　　）。

A. 业务外包　　　　B. 多元化投资　　　C. 放弃亏损项目　　D. 计提资产减值准备

【正确答案】　A

【答案解析】　本题考核风险的控制对策。选项 A，业务外包属于转移风险的对策；选项 B，多元化投资属于减少风险的对策；选项 C，放弃亏损项目属于规避风险的对策，选项 D，计提资产减值准备属于接受风险对策中的风险自保。

模 块 测 试

一、单项选择题

1. 财务管理的基本内容是指（　　）。

A. 组织财务活动和处理财务关系

B. 预测、决策、预算、控制和分析

C. 资产、负债和所有者权益

D. 筹资管理、投资管理、营运资金管理和收益分配管理

2. 现代财务管理的最终目标是（　　）。

A. 产值最大化　　　　　　　　　B. 利润最大化

C. 每股收益最大化　　　　　　　D. 企业价值最大化

3. 下列各项中，充分考虑资金时间价值和投资风险价值的理财目标是（　　）。

A. 利润最大化　　　　　　　　　B. 资金利润率最大化

C. 每股收益最大化　　　　　　　D. 企业价值最大化

4. 财务管理的核心工作环节是（　　）。

A. 财务预测　　　B. 财务决策　　　C. 财务预算　　　D. 财务分析

5. 企业与政府之间的财务关系体现在（　　）。

A. 债权债务关系　　　　　　　　B. 强制和无偿的分配关系

C. 资金结算关系　　　　　　　　D. 风险收益对等的关系

6. 没有风险和没有通货膨胀情况下的平均利息率是（　　）。

A. 基准利率　　　B. 固定利率　　　C. 纯利率　　　D. 名义利率

7. 金融市场是以（　　）为交易对象的市场。

A. 货币　　　　　B. 资本　　　　　C. 资金　　　　　D. 货物

8. 一定数量的货币资金一定时期后的价值，称为（　　）。

A. 复利终值　　　B. 复利现值　　　C. 年金终值　　　D. 年金现值

9. 每年年末存款 100 元，求第 5 年年末的价值总额，应用（　　）来计算。

A. 复利终值系数　　　　　　　　B. 复利现值系数

C. 年金终值系数　　　　　　　　D. 年金现值系数

10. 某大学决定建立科学奖金,现准备存入一笔资金,预计以后无限期地在每年年末支取利息 20 000 元用来发放奖金。在存款年利率为 10% 的条件下,该大学现在应存入(   )元。

    A. 250 000   B. 200 000   C. 215 000   D. 160 000

11. 某人将现金 1 000 元存入银行,存期为 5 年,按照单利计算,年利率为 10%,5 年到期时此人可得本利和为(   )元。

    A. 1 500   B. 1 250   C. 1 100   D. 1 050

12. 假设企业按照 12% 的年利率取得贷款 200 000 元,要求在 5 年内每年年末等额偿还,每年的偿还额应为(   )元。

    A. 40 000   B. 52 000   C. 55 482   D. 65 400

13. 下列关于年金的说法中,正确的是(   )。

    A. 期末年金的现值大于期初年金的现值

    B. 期初年金的现值大于期末年金的现值

    C. 期末年金的终值大于期初年金的终值

    D. A 和 C 都正确

14. 企业打算在未来 3 年每年年初存入 2 000 元,年利率为 2%,单利计息,则在第 3 年年末存款的终值是(   )元。

    A. 6 120.8   B. 6 243.2   C. 6 240   D. 6 606.6

15. A 方案在 3 年中每年年初付款 100 元,B 方案在 3 年中每年年末付款 100 元,若利率为 10%,则两者在第 3 年年末时的终值之差为(   )元。

    A. 33.1   B. 31.3   C. 133.1   D. 13.31

16. 甲方案的标准离差是 1.42,乙方案的标准离差是 1.06,如甲、乙两个方案的期望值相同,则两方案的风险关系为(   )。

    A. 甲大于乙   B. 甲小于乙   C. 甲、乙相等   D. 无法确定

17. 某项目的风险系数为 0.8,标准离差率为 16%,风险收益率为(   )。

    A. 16%   B. 10%   C. 12.8%   D. 24%

18. 对于筹集资金的企业来讲,普通股股票相对银行贷款的筹资风险与资金成本的关系是(   )。

    A. 风险高,资金成本低   B. 风险高,资金成本高

    C. 风险低,资金成本低   D. 风险低,资金成本高

二、多项选择题

1. 利润最大化财务管理目标的缺陷有(   )。

    A. 没有考虑货币的时间价值   B. 没有考虑风险因素

    C. 只考虑近期收益而没有考虑远期收益   D. 没有考虑投入资本和获利之间的关系

2. 对企业财务管理而言,下列因素中,只能加以适应和利用,但不能改变它的有(   )。

    A. 金融市场环境   B. 国家的经济政策

    C. 国家的财务法规   D. 企业经营规模

3. 下列各项中,属于财务管理环节的有(   )。

    A. 财务预测   B. 财务决策   C. 财务预算   D. 财务控制

4. 金融市场的基本构成要素有(　　)。

A. 交易对象　　　　B. 交易主体　　　　C 交易工具　　　　D. 交易价格

5. 下列各项中,属于利率组成因素的有(　　)。

A. 纯利率　　　　　　　　　　　B. 通货膨胀补偿率

C. 风险报酬率　　　　　　　　　D. 社会累计率

6. 在利率一定的条件下,随着期限的增加,下述表达中,不正确的有(　　)。

A. 复利现值系数变大　　　　　　B. 复利终值系数变大

C. 普通年金现值系数变小　　　　D. 普通年金终值系数变大

7. 下列说法中,正确的有(　　)。

A. 普通年金终值系数和偿债基金系数互为倒数

B. 复利终值系数和复利现值系数互为倒数

C. 普通年金终值系数和普通年金现值系数互为倒数

D. 普通年金现值系数和资本回收系数互为倒数

8. 影响资金时间价值大小的因素主要包括(　　)。

A. 单利　　　　　　B. 复利　　　　　　C. 资金额　　　　　　D. 利率和期限

9. 递延年金的特点有(　　)。

A. 年金的第一次支付发生在若干期之后　B. 没有终值

C. 年金的现值与递延期无关　　　　　　D. 年金的终值与递延期无关

10. 企业的财务风险主要来自(　　)。

A. 市场销售带来的风险　　　　　B. 生产成本带来的风险

C. 借款筹资增加的风险　　　　　D. 筹资决策带来的风险

11. 在财务管理中,经常用来衡量风险大小的指标有(　　)。

A. 标准离差　　　　B. 边际成本　　　　C. 风险报酬率　　　　D. 标准离差率

12. 对风险进行衡量时,一般使用的指标有(　　)。

A. 概率分布　　　　B. 期望值　　　　　C. 标准离差　　　　　D. 标准离差率

E. 无风险报酬率

13. 风险控制对策包括(　　)。

A. 规避风险　　　　B. 减少风险　　　　C. 转移风险　　　　D. 接受风险

14. 下列关于风险衡量的说法中,正确的有(　　)。

A. 可以采用资产预期收益率来衡量风险

B. 如果两个方案进行比较,则标准离差大的方案风险一定大

C. 如果两个方案进行比较,则标准离差率大的方案风险一定大

D. 预期收益率不同的方案之间的风险比较只能使用标准离差率指标

15. 财务管理的环境包括(　　)。

A. 经济环境　　　　　　　　　　B. 金融环境

C. 法律环境　　　　　　　　　　D. 企业内部环境

16. 下列各项中,属于企业的非系统风险的有(　　)。

A. 经营决策的重大失误　　　　　B. 国家的宏观经济政策

C. 原材料价格的上涨　　　　　　D. 企业不能如期交货

三、判断题

1. 财务管理的对象就是资金及其运动,即资金循环。 （　　）

2. 财务活动是指企业在资金循环过程中的各种经济活动。 （　　）

3. 企业与债权人的财务关系,在性质上属于投资与受资的关系。 （　　）

4. 以企业价值最大化作为财务管理的目标,有利于社会资源的合理配置。 （　　）

5. 风险报酬率是指为了弥补因债务人无法按时还本付息、资产流动性不好、偿债期长而带来的风险,由债权人要求提高的利率。 （　　）

6. 影响企业价值最基本的因素就是风险和报酬。 （　　）

7. 国有企业向国有资产投资公司支付股利,体现了企业与投资者之间的财务关系。 （　　）

8. 财务管理环境是对企业财务活动和财务管理产生影响与作用的企业内外部条件的总称。 （　　）

9. 递延年金现值的大小与递延期无关,故计算方法和普通年金现值相同。 （　　）

10. 通常,风险与报酬是相伴而生的,呈正方向变动。风险越大,收益也越大;反之亦然。 （　　）

11. 等量资金在不同时点上价值不同,其根本原因是通货膨胀的存在。 （　　）

12. 凡一定时间内每期都有收款或付款的现金流量,均属于年金问题。 （　　）

13. 对于多个投资方案而言,无论各方案的期望值是否相同,标准离差率最大的方案一定是风险最小的方案。 （　　）

14. 普通年金是指从第一期起,在一定时期内每期等额发生的系列收付款项。 （　　）

15. 递延年金有终值,终值的大小与递延期有关,在其他条件相同的情况下,递延期越长,则递延年金的终值越大。 （　　）

16. 每半年付息一次的债券利息是一种年金的形式。 （　　）

17. 方差和标准离差两个指标适用于任何决策方案的风险程度的比较。 （　　）

18. 递延年金是指从第一期起,在一定时期内每期期末等额发生的系列收付款项。 （　　）

四、实务题

1. 某人决定分别在 2×21 年、2×22 年、2×23 年、2×24 年每年 12 月 31 日分别存入 5 000 元,按 10% 的利率,每年复利一次。

要求:计算 2×24 年 12 月 31 日的余额。

2. 某公司准备购买一套设备,有 A、B 两个方案可供选择:

(1) A 方案:从现在起每年年初付款 200 万元,连续支付 5 年,共计 1 000 万元。

(2) B 方案:从第 6 年起,每年年末付款 300 万元,连续支付 5 年,共计 1 500 万元。

要求:假定利率为 10%,该公司应选择哪种付款方式?

3. 张先生准备购买一套新房,开发商提供 A、B 两个方案让张先生选择:

(1) A 方案:从第 4 年末开始支付,每年年末支付 20 万元,一共支付 8 年。

(2) B 方案:用按揭方式买房,每年年初支付 15 万元,一共支付 10 年。

要求:假设银行利率为 5%,请问张先生应该选择哪个方案?

$(P/A,5\%,8)=6.463\,2,(P/A,5\%,9)=7.107\,8,(P/A,5\%,10)=7.721\,7$

$(P/F，5\%，3)＝0.8638，(P/F，5\%，4)＝0.8227，(P/F，5\%，5)＝0.7835$

4. 某企业有甲、乙两个投资项目，计划投资额均为 1 000 万元，其收益率和概率分布如表 1-4 所示。

表 1-4　甲、乙两个投资项目的收益率及概率分布

市场状况	概率	收益率	
		甲投资项目	乙投资项目
好	0.2	20%	30%
一般	0.6	10%	10%
差	0.2	5%	−10%

要求：

（1）分别计算甲、乙两个投资项目收益率的期望值。

（2）分别计算甲、乙两个投资项目收益率的标准离差。

（3）比较甲、乙两个投资项目风险的大小。

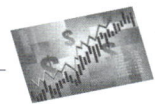

筹 资 管 理

[考核目标]
1. 掌握企业筹资的含义与动机。
2. 掌握企业筹资的渠道与方式。
3. 掌握筹资的类型。
4. 能够区分权益资金的筹集方式与特点。
5. 能够区分负债资金的筹集方式与特点。
6. 掌握资金需要量预测的方法。
7. 能够计算个别资本成本与综合资本成本。
8. 掌握最佳资本结构决策的基本方法。

[实践目标]
1. 掌握企业筹资的方法。
2. 掌握资金需要量预测的计算方法。
3. 掌握资本成本的计算方法。

[素质目标]
1. 培养学生正确的消费观和价值观。
2. 引导学生树立风险防范意识。
3. 培养学生维护良好信誉的意识和辩证思维。

[知识点思维导图]

筹资管理
- 企业筹资的动机——创立性动机、支付性动机、扩张性动机、调整性动机
- 筹资方法
  - 股权筹资——吸收直接投资、发行股票、利用留存收益
  - 债务筹资——发行债券、向金融机构借款、融资租赁、利用商业信用
- 资金需要量预测——因素分析法、销售百分比、资金习性预测法
- 资本成本的计算——个别资本成本、加权平均资本成本
- 资本结构化决策——比较资本成本法、每股收益分析法

2-1-1 思政案例
老干妈为什么
不上市？（案例
内容、案例讨论）

2-2 动画
筹资管理

任务 2.1 筹资管理的认知

一、筹资的定义和目的

（一）筹资的定义

筹资活动是企业生存与发展的基本前提。没有资金，企业将难以生存，也不可能发展。筹资是指企业根据其生产经营、对外投资及调整资本结构的需要，通过筹资渠道和资本市场，并运用筹资方式，经济、有效地筹集企业所需资金的财务活动。

（二）筹资的目的

（1）满足企业设立的需要。新企业的设立，必须准备充足的开业资金，以便购置厂房、机器设备，购进原材料，支付开办费等。作为企业设立的前提，筹资活动是财务活动的起点。

（2）满足生产经营的需要。为满足生产经营需要而进行的筹资活动是企业经常性的财务活动，它既能满足简单再生产的资金需要，也能满足扩大再生产的资金需要，如开发新产品、提高产品质量和生产工艺技术、追加对外投资、扩大企业经营领域、对外兼并等。

（3）满足资本结构调整的需要。资本结构的调整是指企业为降低筹资风险、减少资本成本而对资本与负债的比例关系进行的调整。它属于企业重大的财务决策事项，也是企业筹资管理的重要内容。

企业为什么要进行筹资活动？

二、企业筹资的动机

企业筹资动机的种类及其含义如表 2-1 所示。

表 2-1　企业筹资动机的种类及其含义

种类	含义
创立性筹资动机	企业设立时，为取得资本金并形成开展经营活动的基本条件而产生的筹资动机
支付性筹资动机	企业为了满足经营业务活动的正常波动所形成的支付需要而产生的筹资动机
扩张性筹资动机	企业因扩大经营规模或对外投资需要而产生的筹资动机
调整性筹资动机	企业因调整资本结构而产生的筹资动机

（单项选择题）企业为了优化资本结构而筹集资金，这种筹资的动机是（　　）。

A. 支付性筹资动机　　　　　　　　　B. 创立性筹资动机

C. 调整性筹资动机　　　　　　　　　D. 扩张性筹资动机

【正确答案】　C

【答案解析】　调整性筹资动机是指企业因调整资本结构而产生的筹资动机,故选项 C 正确。

(单项选择题)企业因发放现金股利的需要而进行筹资的动机属于(　　)筹资动机。

A. 扩张性　　　　　B. 支付性　　　　　C. 创立性　　　　　D. 调整性

【正确答案】　B

【答案解析】　支付性筹资动机是指企业为了满足经营业务活动的正常波动所形成的支付需要而产生的筹资动机。企业在开展经营活动过程中,经常会产生维持正常经营活动资金需求的季节性、临时性的交易支付需要,如原材料购买的大额支付、员工工资的集中发放、银行借款的提前偿还、股东股利的发放等,因此选项 B 正确。

(多项选择题)下列各项中,属于企业筹资动机的有(　　)筹资动机。

A. 创立性　　　　　B. 清算性　　　　　C. 扩张性　　　　　D. 调整性

【正确答案】　ACD

【答案解析】　企业的筹资动机可以归纳为创立性筹资动机、支付性筹资动机、扩张性筹资动机和调整性筹资动机 4 类。

三、企业筹资的渠道与方式

(一) 筹资的渠道

2-3　微课视频
筹资方式
与分类

筹资的渠道是指企业筹措资金来源的方向与通道,体现着资金的来源。现阶段,我国企业筹集资金的渠道主要有如下几种:

(1)国家财政资金。国家财政资金是指国家以财政拨款、财政贷款、国有资产入股等形式向企业投入的资金。

(2)银行信贷资金。银行信贷资金是指商业银行和专业银行贷放给企业使用的资金,是企业一项十分重要的资金来源。

(3)非银行金融机构资金。非银行金融机构资金是指各种从事金融业务的非银行机构(如基金投资公司、租赁公司等)向企业提供的资金。非银行金融机构资金的实力虽然较银行小,但它们的资金供应比较灵活,而且可以提供多样化服务,其已成为企业资金的重要来源。

(4)其他企业资金。其他企业在组织生产经营活动或其他业务活动中,有一部分暂时或长期闲置的资金,企业间的相互投资和短期商业信用,使其他企业资金也成为企业资金的一项重要来源。

(5)职工和民间资金。职工和民间资金是指企业职工和城乡居民闲置的消费基金。随着我国经济的发展,人民生活水平的不断提高,职工和居民的节余货币作为"游离"于银行及非银行金融机构之外的社会资金,可用于对企业进行投资。

(6)企业自留资金。企业自留资金是指企业内部形成的资金,包括从税后利润中提取的盈余公积和未分配利润,以及通过计提折旧费而形成的固定资产更新改造资金。这些资金的主要特征是,无须通过一定的方式去筹集,而是直接由企业内部自动生成或转移。

(7)外商资金。外商资金是指外国投资者及我国香港、澳门、台湾地区投资者投入的资金。随着国际经济业务的拓展,外商资金已成为企业筹资的一个新的重要来源。

2-4 动画
认知筹资
方式

（二）筹资的方式

筹资的方式是指企业筹措资金所采用的具体形式。如何选择适宜的筹资方式并进行有效的组合，以降低成本，提高筹资效益，是企业筹资管理的重要内容。目前，我国企业的筹资方式主要有吸收直接投资、发行股票、银行借款、发行债券、利用商业信用和融资租赁等。

 考一考

（判断题）采用非银行金融机构筹集资金比采用银行信贷资金筹集资金更加灵活。（　　）

【正确答案】　√

【答案解析】　非银行金融机构资金的实力虽然较银行小，但它们的资金供应比较灵活，而且可以提供多样化服务，其已成为企业筹集资金的重要来源。

（三）筹资的分类

筹资的分类如表2-2所示。

表 2-2　筹资的分类

分类依据	分类	筹资方式	特点
按所筹资金性质	股权筹资	吸收直接投资、发行股票、利用留存收益	股权资本一般不用还本，形成企业的永久性资本，因而财务风险小，但付出的资本成本相对较高
	债务筹资	发行债券、向金融机构借款、融资租赁、利用商业信用、永续债	有较大的财务风险，但付出的资本成本相对较低
	混合筹资	可转换债券筹资、认股权证融资	是指兼具股权与债务特性的混合融资行为和其他衍生工具融资行为
按是否借助于金融机构为媒介来获取社会资金	直接筹资	发行股票、发行债券、吸收直接投资等	既可以筹集股权资金，也可以筹集债务资金
	间接筹资	银行借款、融资租赁等	形成的主要是债务资金
按资金的来源范围	内部筹资	利用留存收益	一般无须花费筹资费用，从而降低了资本成本
	外部筹资	吸收直接投资、发行股票、发行债券、向银行借款、融资租赁、利用商业信用	大多需要花费一定的筹资费用，从而提高了筹资成本
按所筹集资金的使用期限	长期筹资	吸收直接投资、发行股票、发行债券、取得长期借款、融资租赁	使用期限在1年以上
	短期筹资	商业信用、短期借款	使用期限在1年以内

2-1-2 思政案例
老干妈为什么不
上市？（案例解析）

 考一考

（单项选择题）按企业所取得资金的权益特性不同，筹资可分为（　　）。

A．直接筹资和间接筹资　　　　　　B．内部筹资和外部筹资

C. 股权筹资、债务筹资和混合筹资　　　D. 短期筹资和长期筹资

【正确答案】　C

【答案解析】　按企业所取得资金的权益特性不同,企业筹资可分为股权筹资、债务筹资和混合筹资 3 种类型。

(多项选择题)下列各项中,属于债务筹资方式的有(　　)。

A. 商业信用　　　　　　　　　　　　　B. 融资租赁

C. 优先股　　　　　　　　　　　　　　D. 普通股

【正确答案】　AB

【答案解析】　选项 C,属于混合筹资。选项 D,属于股权筹资。

(单项选择题)下列筹资方式中,既可以筹集长期资金,也可以融通短期资金的是(　　)。

A. 向金融机构借款　　　　　　　　　　B. 发行股票

C. 利用商业信用　　　　　　　　　　　D. 吸收直接投资

【正确答案】　A

【答案解析】　银行借款包括偿还期限超过 1 年的长期借款和不足 1 年的短期借款,所以选项 A 正确。选项 B、D,属于长期筹资方式。选项 C,属于短期筹资方式。

任务 2.2　权益资金筹集与负债资金筹集

活动 2.2.1　权益资金筹集

权益资金筹集是指企业通过吸收直接投资、股权筹资(即发行普通股和优先股)、留存收益等方式筹集可供企业依法长期拥有、能够行使所有权资本的活动过程。

2-5　动画
认知权益
资金

一、吸收直接投资

(一) 吸收直接投资的含义

吸收直接投资是指企业按照"共同投资、共同经营、共担风险、共享收益"的原则,直接吸收国家、法人、个人和外商投入资金的一种筹资方式。吸收直接投资是非股份制企业筹集权益资本的基本方式。采用吸收直接投资的企业,资本不分为等额股份,无须公开发行股票。

(二) 吸收直接投资的种类

1. 吸收国家投资

国家投资是指有权代表国家投资的政府部门或机构,以国有资产投入公司。这种情况下形成的资本称为国有资本。

2. 吸收法人投资

法人投资是指法人单位以其依法可支配的资产投入公司。这种情况下形成的资本称为法人资本。吸收法人投资一般具有以下特点:①发生在法人单位之间。②以参与公司利润分配或控制为目的。③出资方式灵活多样。

3. 合资经营

合资经营是指两个或两个以上的不同国家的投资者共同投资，创办企业，并且共同经营、共担风险、共负盈亏、共享利益的一种直接投资方式。在我国，中外合资经营企业也称股权式合营企业，它是外国公司、企业和其他经济组织或个人同中国的公司、企业或其他经济组织在中国境内共同投资举办的企业。

4. 吸收社会公众投资

社会公众投资是指社会个人或本公司职工以个人合法财产投入公司。这种情况下形成的资本称为个人资本。吸收社会公众投资一般具有以下特点：①参加投资的人员较多。②每人投资的数额相对较少。③以参与公司利润分配为目的。

（三）吸收直接投资的出资方式

1. 以货币资产出资

以货币资产出资是吸收直接投资中最重要的出资方式。企业有了货币资产，便可以获取其他物质资源，支付各种费用，满足企业创建时的开支和日常资金周转需要。

2. 以实物资产出资

以实物资产出资是指投资者以房产、场地、机器设备等固定资产、生产材料和商品等流动资产所进行的投资。

3. 以土地使用权出资

土地使用权是指土地经营者对依法取得的土地在一定期限内进行建筑、生产经营或其他活动的权利。土地的出资是使用权的出资，而不是所有权的出资；用于出资的土地使用权只能是国有土地的使用权，而不能是集体土地的使用权；用于出资的土地使用权只能是出让土地的使用权，而不能是划拨土地的使用权；用于出资的土地使用权应是未设权利负担的土地使用权。以土地使用权出资是指出资人以拥有的土地使用权进行出资的方式。

4. 以无形资产出资

以无形资产（如专有技术、商标权、专利权、非专利技术等）出资的风险较大。例如，各种专利技术具有很强的时效性，因其不断老化、落后，会导致其实际价值不断减少甚至完全丧失。注意：以无形资产出资，其作价金额不得超过注册资本的20%。

 考一考

（多项选择题）下列各项中，能够作为吸收直接投资出资方式的有（　　　　）。

A. 特许经营权　　　　B. 土地使用权　　　　C. 商誉　　　　D. 非专利技术

【正确答案】 BD

【答案解析】 吸收直接投资的出资方式包括：①以货币资产出资。②以实物资产出资。③以土地使用权出资。④以无形资产（如专有技术、商标权、专利权、非专利技术等）出资。此外，国家相关法律法规对无形资产出资方式另有限制，股东或者发起人不得以劳务、信用、自然人姓名、商誉、特许经营权或者设定担保的财产等作价出资。选项B、D正确。

（单项选择题）企业下列吸收直接投资的筹资方式中，潜在风险最大的是（　　　　）。

A. 吸收货币资产　　　　　　　　B. 吸收实物资产

C. 吸收专有技术　　　　　　　　D. 吸收土地使用权

【正确答案】　C

【答案解析】　以无形资产出资的风险较大。因为以无形资产出资,实际上是把技术转化为资本,使技术的价值固定化了。而专有技术具有强烈的时效性,会因其不断老化、落后而导致其实际价值不断减少甚至完全丧失。选项 C 正确。

(四) 吸收直接投资的筹资特点

1. 能够尽快形成生产能力

吸收直接投资不仅可以取得一部分货币资金,而且能够直接获得所需的先进设备和技术,尽快形成生产经营能力。

2. 容易进行信息沟通

吸收直接投资的投资者比较单一,股权没有社会化、分散化,投资者甚至于直接担任企业管理层职务,企业与投资者易于沟通。

3. 资本成本较高

相对于股票筹资方式来说,吸收直接投资的资本成本较高。当企业经营较好、盈利较多时,投资者往往要求将大部分盈余作为红利分配,因为向投资者支付的报酬是按其出资数额和企业实现利润的比率来计算的。不过,吸收直接投资的手续相对比较简便,筹资费用较低。

4. 企业控制权集中,不利于企业治理

采用吸收直接投资方式筹资,投资者一般都要求获得与投资数额相适应的经营管理权。如果某个投资者的投资额比例较大,则该投资者对企业的经营管理就会有相当大的控制权,容易损害其他投资者的利益。

5. 不易进行产权交易

吸收直接投资投入资本由于不像股票一样流通性强,不利于产权交易,难以进行产权转让。

 **考一考**

(多项选择题)下列各项中,属于吸收直接投资优点的有(　　)。

A. 手续相对比较简便,筹资费用较低　　　B. 有利于尽快形成生产能力

C. 资本成本较低　　　D. 容易进行信息沟通

【正确答案】　ABD

【答案解析】　吸收直接投资的筹资特点有:①能够尽快形成生产能力。②容易进行信息沟通。③资本成本较高。相对于股票筹资来说,吸收直接投资的资本成本较高,但其手续相对简便,筹资费用较低。④企业控制权集中,不利于企业治理。⑤不易进行产权交易。

(判断题)企业吸收直接投资,有时能够直接获得所需的设备和技术,及时形成生产能力。

(　　)

【正确答案】　√

【答案解析】　吸收直接投资不仅可以取得一部分货币资金,而且能够直接获得所需的先进设备和技术,尽快形成生产经营能力。

二、股权筹资

(一) 股权筹资的含义

股权筹资是指企业以发行股票的方式进行筹资。它是企业经济运营活动中一种非常重要的筹资手段。股票是股份有限公司为筹集股权资本而发行的有价证券,是股份有限公司签发的证明股东持有公司股份的凭证。股票作为一种所有权凭证,代表着对发行公司净资产的所有权,只能由股份有限公司发行。

(二) 股东的权利

股东最基本的权利是指按投入公司的股份额,依法享有公司收益获取权、公司重大决策参与权和选择公司管理者的权利。

(1) 公司管理权。股东对公司的管理权主要体现在重大决策参与权、经营者选择权、财务监控权、公司经营的建议权、股东大会召集权等方面。

(2) 收益分享权。股东有权通过股利方式获取公司的税后利润,利润分配方案由董事会提出并经过股东大会批准。

(3) 股份转让权。股东有权将其所持有的股票出售或转让。

(4) 优先认股权。原有股东拥有优先认购本公司增发股票的权利。

(5) 剩余财产要求权。当公司解散、清算时,股东有对清偿债务、清偿优先股股东以后的剩余财产索取的权利。

(三) 股票的种类

1. 按股东权利和义务,股票可分为普通股股票和优先股股票

普通股股票简称普通股,是指公司发行的代表着股东享有平等的权利、义务,不加特别限制的,股利不固定的股票。普通股是最基本的股票。

优先股股票简称优先股,是指公司发行的相对于普通股具有一定优先权的股票。其优先权利主要表现在股利分配优先权和分取剩余财产优先权上。优先股股东在股东大会上无表决权,在参与公司经营管理上受到一定限制,仅对涉及优先股权利的问题有表决权。优先股股东获得的股利数量是确定的。

2. 按票面是否记名,股票可分为记名股票和无记名股票

记名股票是指在股票票面上记载有股东姓名或将名称记入公司股东名册的股票。无记名股票不登记股东名称,公司只记载股票数量、编号及发行日期。

3. 按发行对象和上市地点,股票可分为 A 股、B 股、H 股、N 股和 S 股

A 股即人民币普通股股票,由我国境内公司发行,境内上市交易,它以人民币标明面值,以人民币认购和交易。

B 股即人民币特种股票,由我国境内公司发行,境内上市交易,它以人民币标明面值,以外币认购和交易。

H 股即公司注册地在内地、在中国香港地区上市的股票。

N 股为在纽约上市的股票。

S 股为在新加坡上市的股票。

（单项选择题）下列各项中，不属于普通股股东权利的是（　　）。

A. 剩余财产要求权　　　　　　　　B. 固定收益权

C. 转让股份权　　　　　　　　　　D. 参与决策权

【正确答案】　B

【答案解析】　普通股股东的权利有：①公司管理权。②收益分享权。③股份转让权。④优先认股权。⑤剩余财产要求权。普通股股东获得的股利数额是不确定的，所以选项 B 不属于普通股股东的权利。

（多项选择题）下列各项中，属于优先股股东拥有的权利有（　　）。

A. 优先认股权　　　　　　　　　　B. 优先分配收益权

C. 股份转让权　　　　　　　　　　D. 剩余财产要求权

【正确答案】　BD

【答案解析】　优先股的优先权利主要表现在股利分配优先权和分配剩余财产优先权上，因此，优先分配收益权和剩余财产要求权属于优先股的权利。

（四）股票的发行方式

股票的发行方式如表 2-3 所示。

表 2-3　股票的发行方式

发行方式	特征	优点	缺点
公开间接发行	通过中介机构，向社会公众发行股票	发行范围广，发行对象多，易于足额筹集资本；变现性强，流通性好；有助于提高发行公司的知名度，扩大其影响力	审批手续复杂严格，发行成本高
非公开直接发行	只向少数特定的对象直接发行股票，因而不需要经中介机构承销	弹性较大，发行成本低	发行范围小，不易及时足额筹集资本，股票变现性差

（单项选择题）与公开间接发行股票相比，非公开直接发行股票的优点是（　　）。

A. 有利于筹集足额的资本　　　　　B. 有利于引入战略投资者

C. 有利于降低财务风险　　　　　　D. 有利于提升公司知名度

【正确答案】　B

【答案解析】　公开间接发行股票的发行范围广，有利于提高公司的知名度，发行对象多，易于足额筹集资本，所以财务风险较低，选项 A、C、D 是公开间接发行股票的优点。

（五）普通股筹资与优先股筹资的比较

1. 普通股筹资与优先股筹资的共同点

公司通过发行股票，所筹集的是一种永久性的自有资金，除公司转入清算外无须还本，公

司可长期占用并拥有充分的自主使用权,这不仅能保障公司在持续经营期间拥有稳定的资金来源,而且能作为债权人权利保障的基础提高公司举债能力;股份有限公司的股东还需按出资额承担公司的经营损失和经济责任,因而股票筹资又具有降低财务负担和分散经济损失的优点;股票持有人作为股份公司的所有者不具备债权人的破产求偿权,因而股票筹资能避免破产偿债的风险。

2. 普通股筹资的优点和缺点

与优先股相比,普通股筹资的优点是股利负担不固定,发行公司可根据其盈利状况决定是否支付股利及股利支付水平的高低。在公司经营状况或财务状况不佳时,股份有限公司可减少股利支出,减轻财务负担。

普通股筹资的缺点主要体现在普通股股东有经营参与权,因而对公司的经营自主权有一定的影响。

3. 优先股筹资的优点和缺点

与普通股相比,优先股筹资的优点主要是能增强公司筹资弹性和保持股东控制权。另外,优先股一般无权参与企业经营管理,因而发行优先股既可为企业筹得长期资金,又不影响前期普通股的控制权,还因其股利较固定可产生财务杠杆作用,可能提高普通股的每股收益。

优先股筹资的主要缺点在于,公司大量发行优先股,会给公司造成较大的股息偿付负担,影响正常偿债,若延期支付又会对公司形象造成不利影响。

(单项选择题)下列优先权中,属于普通股股东所享有的一项权利是(　　　)。

A. 优先剩余财产分配权 　　　　　　B. 优先股利分配权

C. 优先股份转让权 　　　　　　　　D. 优先认股权

【正确答案】　D

【答案解析】　选项 A、B,是优先股股东的优先权利。选项 C,没有优先之说。选项 D,是普通股股东的优先权利。

(六)股权筹资的优点和缺点

1. 股权筹资的优点

(1)能提高公司的信誉。发行股票筹集的是主权资金。普通股股本和留存收益构成公司借入一切债务的基础。公司有了较多的主权资金,就可为债权人提供大的损失保障。因而,发行股票筹资既可以提高公司的信用程度,又可为使用更多的债务资金提供有力的支持。

(2)没有固定的到期日,不用偿还本金。发行股票筹集的资金是永久性资金,在公司持续经营期间可长期使用,能充分保证公司生产经营的资金需求。

(3)没有定期的利息负担。公司有盈余,并且认为适合分配股利,就可以分给股东;公司盈余少,或虽有盈余但资金短缺或者有了有利的投资机会,就可以少支付或不支付股利。

(4)筹资风险小。由于普通股股票没有固定的到期日,不用支付固定的利息,不存在不能还本付息的风险。

2. 股权筹资的缺点

(1)资本成本负担较重。一般而言,股权筹资的资本成本要高于债务筹资。这主要是由于投资者投资股权特别是股票的风险较高,相应要求得到的报酬率也较高。从公司成本开支的角度来看,股利、红利从税后利润中支付,而使用债务资金的资本成本允许税前扣除。此外,普通股发行、上市等方面的费用也十分庞大。

(2) 容易分散控制权。当企业发行新股时,出售新股票,引进新股东,会导致公司控制权的分散。另外,新股东分享公司未发行新股前积累的盈余,这会降低普通股的净收益,从而可能引起股价的下跌。

 **考一考**

(单项选择题)下列关于普通股筹资方式的说法中,错误的是(　　)。

A. 普通股筹资属于直接筹资　　　　B. 普通股筹资能降低公司的资本成本

C. 普通股筹资不需要还本付息　　　D. 普通股筹资是公司良好的信誉基础

【正确答案】　B

【答案解析】　股票投资的风险较大,收益具有不确定性,投资者就会要求较高的风险补偿。因此,股票筹资的资本成本较高。选项 B 错误。

三、留存收益

(一) 留存收益的含义

留存收益是指企业从历年实现的利润中提取或形成的留存于企业的内部积累。它包括盈余公积和未分配利润两类。留存收益即企业将生产经营所实现的净收益留在企业,而不作为股利分配给股东。其实质为原股东对企业追加投资,如公司给股东分配的股票股利。

(二) 留存收益筹资的优点和缺点

1. 留存收益筹资的优点

(1) 不发生实际的现金收支。企业把当期应该给股东分配的净收益,转化到未来分配。这种方式存在于企业预期有比较好的投资项目,未来收益率高于股东投资的放弃现期获利的机会成本。

(2) 保持企业举债能力。留存收益实质上属于股东权益的一部分,可以作为企业对外举债的基础。利用这部分资金筹资,企业减少了对外部资金的需求,减小了对外部资金的依赖。

(3) 保持企业发展的独立性。企业若发行股权筹资,原股东的控制权分散;若发行债券或增加负债,债权人可能对企业施加限制性条件;若采用留存收益筹资,则不会存在此类问题。

2. 留存收益筹资的缺点

(1) 时间限制。留存收益筹资不能完全达到及时性的要求,企业必须经过一定时期的积累,才可能拥有一定数量的净收益,因此难以在短期内获得所需资金。

(2) 股利政策限制。如果企业目前股利政策分配较多,股东收益随着留存收益的提高,减少了现金股利分配,则可能影响股东情绪,乃至影响企业的形象,并给今后进一步的筹资增加困难。

 **考一考**

(单项选择题)与股票筹资相比,下列各项中,属于留存收益筹资特点的是(　　)。

A. 资本成本较高   B. 筹资费用较高

C. 稀释原有股东控制权   D. 筹资数额有限

【正确答案】 D

【答案解析】 留存收益筹资特点包括:①不发生筹资费用。②维持公司的控制权分布。③筹资数额有限。

(多项选择题)与银行借款筹资相比,公开发行股票筹资的优点有( )。

A. 提升企业知名度   B. 不受金融监管政策的约束

C. 资本成本较低   D. 筹资对象广泛

【正确答案】 AD

【答案解析】 公司公开发行的股票进入证券交易所交易,必须受严格的条件限制,选项 B 错误。股票投资的风险较大,收益具有不确定性,投资者就会要求较高的风险补偿。因此,股票筹资的资本成本较高,选项 C 错误。

(单项选择题)与发行股票筹资相比,吸收直接投资的优点是( )。

A. 易于进行产权交易   B. 资本成本较低

C. 有利于提高公司声誉   D. 筹资费用较低

【正确答案】 D

【答案解析】 吸收直接投资不易进行产权交易,因此选项 A 不正确。相对于股票筹资来说,吸收直接投资的资本成本较高,因此选项 B 不正确。发行股票筹资的优点是能增强公司的社会声誉,因此选项 C 不正确。吸收直接投资筹资费用较低,因此选项 D 正确。

权益资金筹资方法特点的比较如表 2-4 所示。

表 2-4   权益资金筹资方法特点的比较

项目	吸收直接投资	发行股票	留存收益
生产能力形成	能够尽快形成生产能力	不易及时形成生产能力	—
资本成本	最高(投资者往往要求将大部分盈余作为红利分配)	较高	最低
筹资费用	手续相对比较简便,筹资费用较低	手续复杂,筹资费用高	没有筹资费
产权交易	不易进行产权交易	促进股权流通和转让	
公司控制权	公司控制权集中,不利于公司治理	公司控制权分散,公司容易被经理人控制	维持公司的控制权分布
公司与投资者的沟通	公司与投资者容易进行信息沟通	公司与投资者不容易进行信息沟通	—
筹资数额	筹资数额较大	筹资数额较大	筹资数额有限

活动 2.2.2   负债资金筹集

对于通过负债筹资所获得的资金,企业只拥有资金的使用权而不是所有权。企业对资金的使用是有成本的,企业必须支付利息,并且债务到期时须归还本金。债务筹资按照渠道不同,主要分为银行贷款、发行债券、融资租赁和商业信用四类。

 考一考

(多项选择题)下列各项中,属于债务筹资方式的有(　　　)。

A. 商业信用　　　　　B. 融资租赁　　　　　C. 优先股　　　　　D. 普通股

【正确答案】　AB

【答案解析】　选项 C、D 属于股权筹资。

一、银行贷款

(一)银行贷款的含义

银行贷款是指银行根据国家政策,以一定的利率将资金贷放给资金需要者,并约定期限归还的一种经济行为。

(二)银行贷款的类型

在不同的国家和不同的发展时期,按照各种标准划分出的贷款类型也是有差异的。银行贷款一般有信用贷款、抵押贷款、质押贷款和保证贷款四类。

1. 信用贷款

信用贷款是指以借款人的信誉发放的贷款。信用贷款的借款人不需要提供担保。其特征就是债务人无须提供抵押品或第三方担保,仅凭自己的信誉就能取得贷款,并以借款人信用程度作为还款保证。信用贷款是我国银行长期以来的主要放款方式。

2. 抵押贷款

抵押贷款是指银行按照《中华人民共和国担保法》规定的抵押方式借款给企业,企业在法律上把自己的财产所有权作为抵押物而取得的银行贷款。办理抵押贷款时,企业与银行应当签订书面合同,合同应包括被担保的主债务种类、数额,债务人履行债务的期限,抵押物的名称、数量、所在地、权属、抵押范围等内容。

3. 质押贷款

质押贷款是指银行按照《中华人民共和国担保法》规定的质押方式借钱给企业,质物一般为有价证券和无形资产(如商标专用权,专利权、著作权中的财产权等)的贷款。质押贷款在企业不履行债务时,银行有权依法享有以该财产折价或拍卖、变卖该财产的价款优先受偿的权利。

质押与抵押的区别在于:第一,抵押不转移抵押物,而质押必须转移占有质押物,否则就不是质押而是抵押;第二,质押无法质押不动产(如房产)而抵押则可以。

4. 保证贷款

保证贷款是指银行按照《中华人民共和国担保法》规定的保证方法,以第三方承诺在借款人不能偿还贷款时,按照约定承担连带责任而发放的贷款。企业向银行借钱,先要找一家有一定经济实力的企业做担保人,对银行贷款承担连带责任。当企业寻找担保企业时,往往对方要求企业也承诺为其做担保向银行贷款,这种行为称为企业之间互相保证贷款。这样的保证贷款风险很大,一旦互相保证的一家企业运作出现问题,就有可能引起连锁反应,导致其他银行

2-6　动画
银行贷款
筹资方式

面临贷款难以收回的境地。

（判断题）企业在法律上把自己的财产转移而取得的银行贷款称为抵押贷款。　　（　　）

【正确答案】　×

【答案解析】　企业在法律上把自己的财产转移而取得的银行贷款称为质押贷款。

（判断题）根据风险与收益均衡的原则，信用贷款利率通常比抵押贷款利率低。　　（　　）

【正确答案】　×

【答案解析】　信用贷款是指以借款人的信誉或保证人的信用为依据而获得的贷款。企业取得这种贷款，无须以财产做抵押。这种贷款的风险较高，银行通常要收取较高的利息，往往还附加一定的限制条件。

（单项选择题）企业可以将某些资产作为质押品向商业银行申请质押贷款。下列各项中，不能作为质押品的是（　　）。

A. 厂房　　　　　　B. 股票　　　　　　C. 汇票　　　　　　D. 专利权

【正确答案】　A

【答案解析】　质押是指债务人或第三方将其动产或财产权利移交给债权人占有，并将该动产或财产权利作为债权的担保。作为贷款担保的质押品，既可以是汇票、支票、债券、存款单、提单等信用凭证，也可以是依法可以转让的股份、股票等有价证券，还可以是依法可以转让的商标专用权、专利权、著作权中的财产权等。厂房是不动产，不能做质押。

（三）短期借款和长期借款

短期借款是指企业向银行或其他非银行金融机构借入的偿还期在 1 年以内的各种款项。它主要用于满足企业流动资金周转的需要，包括生产（商品）周转借款、临时借款、结算借款和票据贴现等。

长期借款是指企业向银行或非银行金融机构取得的、偿还期限在 1 年以上的借款。它主要用于满足企业长期资金的需要。长期借款按借款用途可分为固定资产投资借款、更新改造借款、科技开发和新产品试制借款等。

（四）银行贷款的优点和缺点

银行贷款是企业筹资的一种很普遍的债务筹集方式。银行贷款有以下优点：

（1）筹资速度快。企业向银行贷款，只要符合一定的条件，就可以迅速获得所需资金。

（2）资金成本低。企业利用银行贷款筹集资金，利息可以税前支付，税前利润减少，应交的所得税也就减少，而且借款利率也较低。

（3）借款弹性好。企业与银行可以直接接触，可通过直接商谈来确定借款时间、数量和利息。在借款期间，如果企业经营状况发生变化，也可与银行协商，修改借款的数量和条件。

但是银行贷款也存在着种种限制。一般认为，企业以银行贷款方式筹资的缺点如下：

（1）借款条件高。要获得银行借款，企业必须要有良好信用保证。当前，银行大幅度减少信用贷款数量，绝大部分贷款都需要抵押或担保，小企业资产较少，很难有足够的抵押品。

（2）财务风险高。银行借款有固定的还本付息期限，企业到期必须足额支付，小企业经营状况不佳时，无力归还借款，滞纳金和利息往往使企业负担不起。

考一考

（判断题）银行借款利息和普通股股利都作为财务费用在所得税之前支付。 （ ）

【正确答案】 ×

【答案解析】 银行借款利息在所得税之前支付，可以抵税。普通股股利是在所得税之后支付的，不能抵税。

二、发行债券

债券是指企业为筹集资金而发行的、向债权人承诺按期支付利息和偿还本金的书面凭证。它体现的是持有人与发行企业之间的债权债务关系。

（一）债券的种类

1. 按债券券面是否记名，债券可分为记名债券和不记名债券

记名债券是指券面上记载有债权人的姓名，本息只向登记人支付，转让需办理过户手续的债券。

不记名债券是指券面上无债权人姓名，本息直接向持有人支付，可由持有人自由转让的债券。

2. 按债券有无担保，债券可分为抵押债券和信用债券

抵押债券是指以发行企业的特定财产为抵押品的债券。根据抵押品的不同，抵押债券又分为不动产抵押债券、动产抵押债券和信托抵押债券。

信用债券是指债券发行企业以其持有的其他有价证券作为抵押品的债券。

3. 按债券利率是否固定，债券可分为固定利率债券和浮动利率债券

固定利率债券是指债券发行时确定的券面利率在债券有效期内不能改变的债券。

浮动利率债券是指在债券发行时只规定一个利率最低水平，实际付息则根据将来市场利率的变动情况予以调整的债券。

4. 按债券是否能转换为股票，债券可分为可转换债券和不可转换债券

可转换债券是指在特定时期内可以按某一固定的比例转换成普通股的债券。

不可转换债券是指不能转换为普通股的债券，又称为普通债券。其利率一般高于可转换债券。

（二）债券的发行方式

债券的发行方式有等价发行、折价发行和溢价发行三种。等价发行又称面值发行，是指按债券的面值出售；折价发行是指以低于债券面值的价格出售；溢价发行是指按高于债券面值的价格出售。

（三）债券筹资的优点和缺点

1. 债券筹资的优点

（1）资本成本较低。利用债券筹资的成本要比股票筹资的成本低，这主要是因为债券的发行费用较低，债券利息在税前支付，有一部分利息由政府负担。

（2）有利于保障所有者权益。由于债券持有人无权参与企业的经营管理，也无权分享利润，因而不会改变所有者对企业的控制权，也不会对所有者原有的收益造成损失。

（3）发挥财务杠杆作用。不论企业赚钱多少，债券持有人只收取固定的、有限的利息，而更多的收益可分配给股东，增加其财富，或留存于企业以扩大经营。

（4）有利于调整资本结构。当企业发行可转换债券或可提前收回债券时，可增强企业财

务能力的弹性,便于企业调整资本结构。

2. 债券筹资的缺点

(1)筹资风险高。债券有固定的到期日,并定期支付利息。企业利用债券筹资,要承担还本、付息的义务。在企业经营不景气时,向债券持有人还本、付息,无异于釜底抽薪,会给企业带来更大的困难,甚至导致企业破产。

(2)限制条件多。发行债券的契约书中往往有一些限制条款,这种限制比优先股及短期债务严得多,可能会影响企业的正常发展和以后的筹资能力。

(3)筹资额有限。利用债券筹资有一定的限度,当企业的负债比率超过了一定限度后,债券筹资的成本就会迅速上升,有时甚至会发行不出去。

 考一考

(单项选择题)与发行债券相比,吸收直接投资的优点是( )。

A. 资本成本较低 B. 产权流动性较强

C. 能够提升企业市场形象 D. 易于尽快形成生产能力

【正确答案】 D

【答案解析】 吸收直接投资的优点有:①能够尽快形成生产能力。②容易进行信息沟通。选项 D 正确。

(单项选择题)与发行债券相比,银行借款筹资的优点是( )。

A. 资本成本较低 B. 资金使用的限制条件少

C. 能提高公司的社会声誉 D. 单次筹资数额较大

【正确答案】 A

【答案解析】 银行借款的筹资特点有:①筹资速度快。②资本成本较低。③筹资弹性较大。④限制条款多。⑤筹资数额有限。

(多项选择题)与银行借款相比,下列各项中,属于发行债券筹资特点的有( )。

A. 资本成本较高 B. 一次筹资数额较大

C. 扩大公司的社会影响 D. 募集资金使用限制较多

【正确答案】 ABC

【答案解析】 发行债券筹资的特点包括:①一次筹资数额大。②募集资金的使用限制条件少。③资本成本负担较高。④提高企业的社会声誉。与发行债券相比较,银行借款合同对借款用途有明确规定,通过借款的保护性条款,对企业资本支出额度、再筹资、股利支付等行为有严格的约束,选项 D 不正确。

三、融资租赁

融资租赁是指由租赁公司按承租人的要求出资购买资产,在较长的契约或合同期内提供给承租单位使用的信用业务。

(一)融资租赁的类型

1. 直接租赁

直接租赁是指承租人直接向出租人租入所需要的设备,并付租金的一种融资租赁方式。

直接租赁涉及的当事人包括出租人和承租人。出租人需要按照承租人的要求向制造商订购出租人需要的相关设备,承租人需要在设备承租期向出租人支付租金。

2. 售后回租

售后回租是资金短缺企业解决资金需求的一种方式。例如,一家企业虽然拥有生产设备,但因缺乏资金而无法进行正常的生产经营,于是将某设备卖给出租人,再将设备租回使用,由此形成售后回租的租赁关系。由于企业的设备所有权已经转化为设备使用权,在此期间,该企业要按期支付租金。企业由于出售设备获得了可以购买原材料等生产物资的资金,企业的生产经营活动可以正常开展。

3. 杠杆租赁

杠杆租赁涉及出租人、承租人、制造商和金融机构四方当事人。这种租赁利用了金融机构的贷款资金,由此出租人的业务规模得以扩大,出租人可以获得负债经营的杠杆效应。因此,这种租赁被称为杠杆租赁。

(二)融资租赁的优点和缺点

1. 融资租赁的优点

(1)以租促销,扩大产品销路和市场占有率。

(2)保障款项的及时回收,便于资金预算编制,简化财务核算程序,明确租赁期间的现金流量,利于资金安排。

(3)简化产品销售环节,加速生产企业资金周转。

(4)更侧重项目的未来收益。融资租赁的资金用途明确,承租人无法把款项移作他用,出租方更侧重于项目未来现金流量的考察,从而使一些负债率高,但拥有好的项目的承租企业也能获得设备融资。

2. 融资租赁的缺点

(1)资金成本较高。出租人在向承租企业收取租金时,不仅要求能对租赁资产的购置成本和借款利息,以及必要的营业费用进行补偿,而且要在考虑所承担的风险因素的基础上获得一定的利润。因此,承租人为融资租入的资产所支付的租金总额的现值往往要高于借款购置设备并分期偿还的本息的现值。

(2)增大财务负担。以融资租赁方式筹资会使企业的负债增加。承租企业必须按租赁合同的约定履行定期支付租金的义务,当企业因财务陷入困境而无力支付租金时,其会同不能偿还借款一样对企业产生极为不利的影响。

 考一考

(多项选择题)与发行股票筹资相比,融资租赁的特点有(　　　)。

A. 筹资限制条件较少　　　　　　B. 形成生产能力较快

C. 资本成本负担较低　　　　　　D. 财务风险较小

【正确答案】　ABC

【答案解析】　由于融资租赁为负债筹资,定期支付租金,财务风险大于发行股票筹资,选项 D 不正确。

(多项选择题)下列关于融资租赁的说法中,正确的有(　　　)。

2-7　微课视频
融资租赁
租金的计算

A. 租赁期满后,租赁资产一般要归还给出租人

B. 租赁期较长,接近于资产的有效使用期

C. 租赁期间双方无权取消合同

D. 一般由承租企业负责设备的维修、保养

【正确答案】　BCD

【答案解析】　融资租赁的租赁期满,按事先约定的方法处理设备,包括退还租赁公司,或继续租赁,或企业留购,通常采用企业留购的办法,即以很少的"名义价格"(相当于设备残值)买下设备,选项 A 错误。融资租赁的租赁期较长,接近于资产的有效使用期,选项 B 正确。融资租赁在租赁期间双方无权取消合同,选项 C 正确;融资租赁期间设备的维修、保养一般由承租企业负责,选项 D 正确。

2-8　动画
现金折扣决策

四、商业信用

(一)商业信用的含义

商业信用是指企业在商品或劳务交易中,以延期付款或预收货款方式进行购销活动而形成的借贷关系。它是企业之间的直接信用行为,也是企业短期资金的重要来源。通过企业间的商业信用,企业可以利用延期付款的方式购入所需的产品,或利用预收货款、延期交付产品的方式来获得一笔短期的资金。

(二)商业信用涉及的计算

企业以商业信用方式销售商品而筹集资金,换句话说,就是在销售商品时为了能及时收回销售货款而提供的优惠条件(即现金折扣)。商品购买企业应权衡提供现金折扣的机会成本大小,进而做出支付货款决策。

现金折扣的大小是企业财务管理中的重要因素,是企业商业信用的主要形式之一。对于销售企业,现金折扣具有积极意义:一方面,缩短收款时间,减少坏账损失;另一方面,现金折扣部分冲减了财务费用,减少企业的现金流量。因此,销售企业都试图将现金折扣率确定在合理的水平上。

放弃现金折扣成本的计算公式为:

$$放弃现金折扣成本 = 现金折扣百分比 \div (1 - 现金折扣百分比) \times 360 \div (信用期 - 折扣期)$$

【例 2-1】　红星公司(百货商场)欲从派克公司(服装制造企业)购买一批新款服装,价值为 100 万元,派克公司为了尽快回笼资金,给出现金折扣条件"2/10,n/30"。试计算红星公司放弃现金折扣的成本。

解　放弃现金折扣的成本 $= 2\% \div (1 - 2\%) \times 360 \div (30 - 10) \times 100\% = 36.73\%$

这意味着红星公司放弃 2% 的折扣的机会成本损失为 36.73%。

(三)商业信用筹资的优点和缺点

1. 商业信用筹资的优点

(1)容易取得。

(2)企业有较大的机动权。

(3)企业一般不用提供担保。

2. 商业信用筹资的缺点

(1) 筹资成本高。

(2) 容易恶化企业的信用水平。

(3) 受外部环境影响大。

 考一考

(计算题)某百货商场预备从某服装制造企业购买一批新款服装,价值为 300 万元,该服装制造企业为了尽快回笼资金,给出的现金折扣条件为"$1/10, n/20$"。试计算该百货商场放弃现金折扣的成本。

【正确答案】 36.36%

【答案解析】 该百货商场放弃现金折扣的成本=1%÷(1-1%)×360÷(20-10)=36.36%

负债筹资方法特点的比较如表 2-5 所示。

表 2-5　负债筹资方法特点的比较

负债筹资方式	银行借款	发行公司债券	融资租赁
筹资速度	最快	最慢	较快
限制条件	最多	较少	最少(与股票、债券、借款比)
筹资弹性	大	小	—
筹资数量	有限	大	有限
社会声誉	—	提高	—
资本成本	较低	居中	最高

(多项选择题)一般而言,与融资租赁筹资相比,发行股票筹资的特点有(　　)。

A. 财务风险较小　　　　　　　　B. 筹资的限制条件较多

C. 资本成本较高　　　　　　　　D. 融资速度较快

【正确答案】 ABC

2-9　动画
权益资金和
债务资金的
区别

【答案解析】 股票没有到期还本付息之说,因此财务风险比债务筹资小,选项 A 正确。企业运用股票、债券、长期借款等筹资方式都受到相当多条件的限制,相比之下,融资租赁筹资的制条件较少,选项 B 正确。股票投资风险大,投资人要求的必要报酬率高于债权人要求的必要报酬率,因此股票的资本成本较高,选项 C 正确。融资租赁和银行借款与股权筹资相比,不需经过复杂的审批手续和证券发行程序,融资租赁和银行借款可以迅速获得资金,选项 D 错误。

任务 2.3　资金需要量预测

资金需要量是筹资的数量依据,企业应当科学合理地对其进行预测。筹资需要量预测的基本目的是保证所筹集的资金既能满足生产经营的需要,又不会产生多余资金而闲置。

一、销售百分比法

销售百分比法是指根据资产负债表中各项目与销售收入总额之间的依存关系,按照计划期销售额的增长情况来预测资金需要量的一种方法。它是目前最流行的资金需要量预测方法。使用这一方法的前提是必须假设会计报表中销售指标的比率已知且固定不变。其计算步骤如下:

(1)分析基期资产负债表各项目与销售收入总额之间的依存关系,计算各敏感项目的销售百分比。在资产负债表中,有一些项目会因销售额的增长而相应地增加,我们通常将这些项目称为敏感项目,如库存现金、应收账款、存货、应付账款和其他应付款等;而其他一些项目(如对外投资、固定资产、短期借款、非流动负债、实收资本等),一般不会随销售额的增长而增加,我们将其称为非敏感项目。

(2)计算预测期各项目预计数并填入预计资产负债表,确定需要增加的资金额。其计算公式为:

$$某敏感项目预计数 = 预计销售额 \times 某项目销售百分比$$

(3)确定对外资金的需要数量。

上述预测过程可用计算公式表示为:

$$对外资金的需要量 = (A - B) \div S_0 \times \Delta S - E \times P \times S_1$$

式中:A——随销售变化的资产(变动资产);

　　　B——随销售变化的负债(变动负债);

　　　S_0——基期销售额;

　　　S_1——预测期销售额;

　　　ΔS——销售的变动额;

　　　P——销售净利率;

　　　E——留存收益比率。

【例 2-2】　某企业 2×23 年 12 月 31 日的资产负债表(简表)如表 2-6 所示。

表 2-6　资产负债表(简表)

2×23 年 12 月 31 日　　　　　　　　　　　　单位:万元

资产	期末余额	负债和所有者权益(或股东权益)	期末余额
货币资金	10 000	应付票据	8 000
应收账款	24 000	应付账款	20 000
存货	50 000	其他应付款	4 000
预付款项	4 000	短期借款	50 000
固定资产	212 000	非流动负债	80 000
		实收资本	128 000
		未分配利润	10 000
资产总计	300 000	负债和所有者权益(或股东权益)总计	300 000

该企业 2×23 年的销售收入为 200 000 万元,税后净利为 20 000 万元,销售净利率为 10%,已按 50%的比例发放普通股股利 10 000 万元。目前,该企业尚有剩余生产能力,即增加收入不需要进行固定资产方面的投资。假定该企业销售净利率仍保持 2×23 年水平,预计 2×24 年销售收入将提高到 240 000 万元,年末普通股股利发放比例将增加至 70%。试预测该企业 2×24 年的资金需要量。

解　(1) 根据 2×23 年 12 月 31 日资产负债表(简表)编制 2×24 年预计资产负债表(简表)。

表 2-7　预计资产负债表(简表)

2×24 年 12 月 31 日　　　　　　　　　　　　　　　金额单位:万元

资产			负债和所有者权益(或股东权益)		
项目	销售百分比	预计数	项目	销售百分比	预计数
货币资金	5%	12 000	应付票据	4%	9 600
应收账款	12%	28 800	应付账款	10%	24 000
存货	25%	60 000	其他应付款	2%	4 800
预付款项	2%	4 800	短期借款	—	50 000
固定资产	—	212 000	非流动负债	—	80 000
			实收资本	—	128 000
			未分配利润	—	10 000
			追加资金	—	11 200
合计	44%	317 600	合计	16%	317 600

(2) 确定需要增加的资金。第一,可根据预计资产负债表(简表)直接确认需追加的资金额。表 2-7 中,预计资产总额为 317 600 万元,而负债和所有者权益(或股东权益)为 306 400 万元,资金占用大于资金来源,则需追加资金 11 200 万元。第二,可分析测算需追加的资金额。销售收入每增加 100 万元,需增加 44 万元的资金占用,但同时自动生产 16 万元的资金来源。因此,每增加 100 万元的销售收入,必须再取得 28 万元的资金来源。在本例中,销售收入从 200 000 万元增加到 240 000 万元,增加了 40 000 万元,按照 28%的比率可测算出将增加 11 200 万元的资金需要量。

(3) 确定对外界资金需要量。上述 11 200 万元的资金需求可通过企业内部筹集和外部筹集两种方式解决,该企业 2×24 年预计净利润为 24 000 万元(240 000×10%),如果该企业的利润分配给投资者的比率为 70%,则将有 30%的利润(即 7 200 万元)被留存下来,从 11 200 万元中减去 7 200 万元的留存收益,则还有 4 000 万元的资金必须从外界融通。

此外,本例也可根据上述资料采用公式求得对外资金的需要量。

$A = 10\,000 + 24\,000 + 50\,000 + 4\,000 = 88\,000$(万元)

$B = 8\,000 + 20\,000 + 4\,000 = 32\,000$(万元)

$S_0 = 200\,000$(万元)

$S_1 = 240\,000$(万元)

$\Delta S = 240\,000 - 200\,000 = 40\,000$(万元)

$E = 1 - 70\% = 30\%$

$P = 10\%$

对外资金的需要量＝（88 000 − 32 000）÷ 200 000 × 40 000 − 30% × 10% × 240 000

＝4 000（万元）

 考一考

（单项选择题）根据资金需要量预测的销售百分比法，下列负债项目中，通常会随销售额变动而成正比例变动的是（　　）。

A. 短期融资券　　　B. 短期借款　　　C. 长期负债　　　D. 应付票据

【正确答案】　D

【答案解析】　根据销售百分比法，非敏感负债项目（包括应付票据、应付账款等，不包括短期借款、短期融资券、长期负债等筹资性负债）是随营业收入变动而变动的项目，选项 D 正确。

二、资金习性预测法

（一）资金习性及其分类

资金习性是指资金的变动同产销量变动之间的依存关系。

按照资金同产销量之间的依存关系，资金可分为不变资金、变动资金和半变动资金。其中，不变资金是指在一定的产销量范围内保持不变的那部分资金，如维持企业最低数额的现金、固定资产和保险储备的原材料；变动资金是指随产销量成比例变动的那部分资金，如最低储备以外的现金、存货、应收账款等；半变动资金是指随产销量变动但不成比例变动的那部分资金，如一些辅助材料上占用的资金。

（二）资金习性预测法及其基本模型

资金习性预测法是指根据历史上企业资金占用总额与产销量之间的关系，把资金划分为不变资金和变动资金两部分，然后结合预计的销售量来预测资金需求量的方法。

其基本预测模型为：

$$Y = a + bX$$

式中：Y——资金占用额；

X——销售量；

a，b——不变资金总额和单位销量所需的变动资金。

通过把历史数据代入模型，用高低点法或回归分析法得出 a、b 值后，再将预计销售量代入已知模型，即可计算出预计资金需要量。

三、因素分析法

因素分析法又称分析调整法，其是以有关项目基期年度的平均资金需要量为基础，根据预测年度的生产经营任务和资金周转加速的要求，进行分析调整，从而预测资金需要量的一种方法。这种方法计算简便，容易掌握，但预测结果不太精确。它通常适用于品种繁多、规格复杂、资金用量较小的项目。因素分析法的计算公式为：

$$资金需要量 = (基期资金平均占用额 - 不合理资金占用额) \times (1 + 预测期销售增长率)$$
$$\div (1 + 预测期资金周转速度增长率)$$

2-11 微课视频
高低点法预测
资金需要量

【例2-3】 甲企业上年度资金平均占用额为2 200万元,经分析,其中不合理部分为200万元,预计本年度销售增长5%,资金周转加速2%。试预测该企业本年度资金需要量。

解 预测本年度资金需要量 $= (2\ 200 - 200) \times (1 + 5\%) \div (1 + 2\%)$
$$= 2\ 058.82(万元)$$

(单项选择题)某公司2×23年度资金平均占用额为4 500万元,其中不合理部分占15%,预计2×24年销售增长率为20%,资金周转速度不变,采用因素分析法预测的2×24年度资金需要量为( )万元。

    A. 4 590   D. 4 500   C. 5 400   D. 3 825

【正确答案】 A

【答案解析】 资金需要量 = (基期资金平均占用额 - 不合理资金占用额) × (1 + 预测期销售增长率) ÷ (1 + 预测期资金周转速度增长率) = (4 500 - 4 500 × 15%) × (1 + 20%) ÷ (1 + 0) = 4 590(万元),因此选项A正确。

任务2.4 资本成本管理

2-12 动画
资本成本
及其结构

一、资本成本的含义

资本成本是指企业为筹集和使用资本而付出的代价。它包括筹资费用和用资费用。从投资者的角度看,资本成本就是企业的投资者(包括股东和债权人)对投入企业的资金所要求的必要报酬率。

(一)筹资费用

筹资费用是指企业在筹措资金的过程中所花费的各项有关开支。例如,银行借款的手续费、发行股票和债券所支付的各项代理发行费用等,均属于筹资费用。其特点是一次性支付。

2-13 微课视频
资本成本
及其作用

(二)用资费用

用资费用也称资金占用费,是指资金使用者支付给资金所有者的资金使用报酬。例如,支付给股东的投资股利、支付给银行的贷款利息,以及支付给其他债权人的各种利息费用等,均属于用资费用。其特点是分次支付。

(单项选择题)资本成本一般由筹资费用和用资费用两部分构成。下列各项中,属于用资

费用的是( )。

　　A. 向银行支付的借款手续费　　　　B. 向股东支付的股利

　　C. 发行股票支付的宣传费　　　　　D. 发行债券支付的发行费

【正确答案】 B

【答案解析】 用资费用是指企业在资本使用过程中因占用资本而付出的代价,如向银行等债权人支付的利息、向股东支付的股利等。

2-14 动画
企业的
资本成本

2-15 微课视频
银行借款、公司
债券的资本
成本计算

二、个别资本成本

　　个别资本成本是指各种筹资方式的成本。它主要包括银行借款成本、债券成本、优先股成本、普通股成本和留存收益成本等。前两者统称为负债资本成本;后三者统称为权益资本成本。

　　企业资金来源及其取得方式不同,其成本含义也不同,因此对于不同来源和方式下的资金,应分别计算其成本。

(一) 银行借款成本

　　银行借款成本包括借款利息和筹资费用。借款利息计入税前成本费用,可以起到抵税的作用,因此,其计算公式为:

$$K = I \times (1-T) \div [L \times (1-f)]$$
$$= i \times L \times (1-T) \div [L \times (1-f)]$$
$$= i \times (1-T) \div (1-f)$$

式中: K——银行借款成本;

　　　I——银行借款年利息;

　　　L——银行借款筹资总额;

　　　T——所得税税率;

　　　i——银行借款利息率;

　　　f——银行借款筹资费率。

> **【例 2-4】** 某企业从银行取得长期借款 150 万元,年利率为 8%,期限为 3 年,每年年末付息一次。假定筹资费率为 1%,企业所得税税率为 25%。试计算该长期借款的成本。
>
> **解** $K = 150 \times 8\% \times (1-25\%) \div [150 \times (1-1\%)] = 6.06\%$

 考一考

　　(单项选择题)某公司向银行借款 2 000 万元,年利率为 8%,筹资费率为 0.5%,该公司适用的所得税税率为 25%,则该笔借款的资本成本是( )。

　　A. 6.00%　　　　B. 6.03%　　　　C. 8%　　　　D. 8.04%

【正确答案】 B

【答案解析】 银行借款成本=[年利率×(1-所得税税率)]÷(1-筹资费率)

　　　　　　　　　　=8%×(1-25%)÷(1-0.5%)

　　　　　　　　　　= 6.03%

(二)债券成本

债券成本主要是指债券利息和筹资费用。由于债券利息在税前支付,具有减税效应,其债券利息的处理与银行借款相同。债券的筹资费用一般较高,这类费用主要包括申请发行债券的手续费、债券注册费、印刷费、上市费以及推销费用等。债券成本的计算公式为:

$$K = I \times (1-T) \div [B_0 \times (1-f)]$$
$$= B \times i \times (1-T) \div [B_0 \times (1-f)]$$

式中:K——债券成本;

I——债券每年支付的利息;

T——所得税税率;

B——债券面值;

f——债券筹资费率;

B_0——债券筹资额,按发行价格确定;

i——债券票面利息率。

> 【例 2-5】 某企业发行一笔期限为 5 年的债券,债券面值为 200 万元,票面利率为 10%,每年付一次利息,发行费率为 3%。假设所得税税率为 25%,债券按面值等价发行。试计算该笔债券的成本。
>
> 解 $K = 200 \times 10\% \times (1-25\%) \div [200 \times (1-3\%)] = 7.73\%$

 考一考

(单项选择题)某企业发行了期限 5 年的长期债券 10 000 万元,年利率为 8%,每年年末付息一次,到期一次还本,债券发行费率为 1.5%,企业所得税税率为 25%,该债券的资本成本为( )。

A. 6%　　　　B. 6.09%　　　　C. 8%　　　　D. 8.12%

【正确答案】 B

【答案解析】 该债券的资本成本 $= 8\% \times (1-25\%) \div (1-1.5\%) = 6.09\%$,选项 B 正确。

(三)优先股成本

优先股成本包括筹资费用和各期股利。企业发行优先股,既要支付筹资费用,又要定期支付股利。优先股与债券不同的是股利在税后支付,且没有固定到期日。企业破产时,优先股股东的求偿权位于债券持有人之后,优先股股东的风险大于债券持有人的风险,这就使得优先股的股利率一般要大于债券的利息率。另外,优先股股利要从净利润中支付,不能抵减所得税,所以,优先股成本通常要高于债券成本,其计算公式为:

2-16 微课视频
普通股、优先股、留存收益和加权平均资本成本的计算

$$K = \frac{D}{P_0(1-f)}$$

式中:K——优先股成本;

D——优先股每年的股利;

P_0——发行优先股总额;

f——优先股筹资费率。

【例2-6】 某企业按面值发行100万元的优先股,筹资费率为4%,每年支付10%的股利。试计算该企业优先股的成本。

解 $K = \dfrac{100 \times 10\%}{100 \times (1-4\%)} = 10.42\%$

 **考一考**

(计算题)某公司溢价发行面值为2 000万元、溢价额为3 000万元的优先股,共筹得资金5 000万元,筹资费率为3%,每年支付10%的股利。试计算优先股的成本。

【正确答案】 4.12%

【答案解析】 $K = \dfrac{D}{P_0(1-f)} = \dfrac{2\,000 \times 10\%}{5\,000 \times (1-3\%)} = 4.12\%$

(四)普通股成本

普通股成本主要是指向股东支付的各期股利和发行费用。与负债资金成本相比,股利在税后收益中支付,不能抵减所得税,因而普通股成本是较高的。普通股的股利通常是不固定的,比较复杂。普通股成本的计算分以下两种情况。

1. 每年股利固定

在这种情况下,普通股成本的计算公式为:

$$K = \frac{D}{P_0 \times (1-f)}$$

式中:K——普通股成本;

D——每年固定股利;

P_0——普通股金额,按发行价计算;

f——普通股筹资费率。

2. 每年股利增长

许多公司的股利都是不断增加的,假设年增长率为g,则普通股成本的计算公式为:

$$K = \frac{D_1}{P_0 \times (1-f)} + g$$

式中:D_1——第1年的股利;

g——股利年增长率。

【例2-7】 某公司以每股10元的价格发行普通股6 000万股,筹资费率为5%,第1年年末每股发放股利2元,以后每年增长4%。试计算普通股的成本。

解 $K = \dfrac{6\,000 \times 2}{6\,000 \times 10 \times (1-5\%)} + 4\% = 25.05\%$

 **考一考**

(计算题)海峡公司普通股每股发行价为10元,筹资费率为5%,当前每股股利为0.5元,

以后每年的股利增长率为 2%。试计算该公司的普通股资本成本。

【正确答案】 7.26%

【答案解析】 $K = \dfrac{D_1}{P_0 \times (1-f)} + g = \dfrac{0.5}{10 \times (1-5\%)} + 2\% = 7.26\%$

（五）留存收益成本

留存收益是指企业将税后利润的一部分或全部留给企业使用,暂不分配给股东的资金。留存收益成本是一种机会成本,这相当于股东对企业追加投资,它也要求有一定的报酬,因此,留存收益和普通股一样,必须计算成本,只是没有筹资费用而已。

其计算公式为:

$$K = \frac{D_1}{P_0} + g$$

【例 2-8】 某公司为了满足未来的资金需要,拟增发 200 万股新股,同时从当年的净利润中留存 300 万元。新股的每股发行价格为 10 元,发行费用率为 4%,预期股利为 1 元,股利年增长率为 3%。试计算该公司的普通股成本和留存收益成本。

解 普通股成本 $K = \dfrac{D}{P_0 \times (1-f)} + g = \dfrac{1}{10 \times (1-4\%)} + 3\% = 13.42\%$

留存收益成本 $K = \dfrac{D_1}{P_0} + g = \dfrac{1}{10} + 3\% = 13\%$

 考一考

（单项选择题）在个别资本成本的计算中,不必考虑筹资费用影响因素的是(　　　)。

A. 长期借款成本　　　　　　　B. 发行债券成本

C. 留存收益成本　　　　　　　D. 发行股票成本

【正确答案】 C

【答案解析】 留存收益成本不需要考虑筹资费用。

三、综合资本成本

企业往往从多种渠道、采用多种方式来筹集资金,其筹资成本各不相同,且企业的资金往往不可能是单一形式的,而是各种筹资方式的组合。为了正确进行筹资和投资决策,企业就必须计算综合资本成本。综合资本成本是以个别资本所占的比重为权数,对个别资本成本进行加权平均计算出来的,故也被称为加权平均资本成本。

综合资本成本的计算公式为:

$$K_w = \sum W_j K_j$$

式中:K_w——综合资本成本;

W_j——第 j 种资本占总资本的比重;

K_j——第 j 种资本的成本。

【例 2-9】 某企业共有资本 1 000 万元,其中,债券 300 万元,普通股 500 万元,优先股 100 万元,留存收益 100 万元。各种资本的成本分别为:债券 5%,普通股 18%,优先股 12%,留存收益 15%。试计算该企业的综合资本成本。

解 (1)计算各种资本所占比重:

债券所占比重 = 300 ÷ 1 000 × 100% = 30%

普通股所占比重 = 500 ÷ 1 000 × 100% = 50%

优先股所占比重 = 100 ÷ 1 000 × 100% = 10%

留存收益所占比重 = 100 ÷ 1 000 × 100% = 10%

(2)计算综合资本成本:

$$K_w = 30\% × 5\% + 50\% × 18\% + 10\% × 12\% + 10\% × 15\% = 13.2\%$$

2-17 教学案例
计算综合
资本成本

四、资本结构决策方法

(一)资本成本比较法

资本成本比较法是通过计算和比较各种筹资方案的综合资本成本,选择综合资本成本最低方案的方法。其资本比例也就是最佳资本结构。

【例 2-10】 长达企业需筹集 100 万元长期资本,长期资本可以用贷款、发行债券、发行普通股三种方式筹集,其个别资本成本已分别测定,有关资料如表 2-8 所示。

表 2-8 不同筹资方式的资本结构和个别资本成本

筹资方式	资本结构			个别资本成本
	A 方案	B 方案	C 方案	
贷款	40%	30%	20%	6%
债券	10%	15%	20%	8%
普通股	50%	55%	60%	9%
合计	100%	100%	100%	

解 (1)分别计算三个方案的综合资本成本。

A 方案:$K_w = 40\% × 6\% + 10\% × 8\% + 50\% × 9\% = 7.7\%$

B 方案:$K_w = 30\% × 6\% + 15\% × 8\% + 55\% × 9\% = 7.95\%$

C 方案:$K_w = 20\% × 6\% + 20\% × 8\% + 60\% × 9\% = 8.2\%$

(2)根据企业筹资评价的其他标准,考虑企业的其他因素,对各个方案进行修正之后,再选择其中成本最低的方案。本例中,假设其他因素对方案选择的影响甚小,则 A 方案的综合资本成本最低。这样,该企业的资本结构为贷款 40 万元,发行债券 10 万元,发行普通股 50 万元。

 考一考

(计算题)云达发展公司计划筹资 8 100 万元,所得税税率为 25%。其他有关资料如下:

（1）从银行借款 810 万元，年利率为 7%，手续费率为 2%。

（2）按照溢价发行债券，债券面值为 1 134 万元，发行价格为 1 215 万元，票面利率为 9%，期限为 5 年，每年支付一次利息，其筹资费用率为 3%。

（3）发行优先股 2 025 万元，预计年股利率为 12%，筹资费用率为 4%。

（4）发行普通股 3 240 万元，每股发行价格为 10 元，筹资费率为 6%。预计第 1 年每股股利为 1.20 元，以后每年按 8% 递增。

（5）其余所需资金通过留存收益取得。

要求：

（1）分别计算银行借款、债券、优先股、普通股、留存收益的资金成本。

（2）计算该公司的综合资金成本。

【答案解析】

（1）银行借款成本 $= 810 \times 7\% \times (1 - 25\%) \div [810 \times (1 - 2\%)] = 5.36\%$

　　债券资金成本 $= 1\,134 \times 9\% \times (1 - 25\%) \div [1\,215 \times (1 - 3\%)] = 6.49\%$

　　优先股资金成本 $= 2\,025 \times 12\% \div [2\,025 \times (1 - 4\%)] = 12.50\%$

　　普通股成本 $= 1.2 \div [10 \times (1 - 6\%)] + 8\% = 20.77\%$

　　留存收益成本 $= 1.2 \div 10 + 8\% = 20\%$

（2）综合资金成本 $= 5.36\% \times 10\% + 6.49\% \times 15\% + 12.50\% \times 25\% + 20.77\% \times 40\% + 20\% \times 10\% = 14.94\%$

（二）每股收益分析法

企业合理的资本结构对企业的盈利能力和股东财富有很大的影响，因此，我们应将息税前利润（EBIT）和每股收益（EPS）作为分析确定企业资本结构的两大要素。每股收益分析法是指将息税前利润和每股收益这两大要素结合起来，分析资本结构与每股收益之间的关系，进而确定最佳资本结构的方法。这种方法需要确定每股收益的无差异点，因此它又称每股收益无差异点法。

每股收益分析法的计算公式为：

$$[(EBIT - I_1)(1 - T) - D_1] \div N_1 = [(EBIT - I_2)(1 - T) - D_2] \div N_2$$

式中：$EBIT$——每股收益无差异点处的息税前利润；

　　　I_1，I_2——两种筹资方式下的年利息；

　　　D_1，D_2——两种筹资方式下的优先股股利；

　　　N_1，N_2——两种筹资方式下的流通在外的普通股股数。

每股收益无差异点的息税前利润计算出来以后，可与预期的息税前利润进行比较，据以选择筹资方式。当预期的息税前利润大于无差异点息税前利润时，企业应采用负债筹资方式；当预期的息税前利润小于无差异点息税前利润时，企业应采用普通股筹资方式。

【例 2-11】　某公司欲筹集新资金 400 万元以扩大生产规模。筹集新资金的方式可以采用增发普通股或长期借款的方式。若增发普通股，则企业计划以每股 10 元的价格增发 40 万股；若采用长期借款，则以 10% 的年利率借入 400 万元。已知该公司现有资产总额为 2 000 万元，负债比率为 40%，年利率为 8%，普通股为 100 万股。假定该公司增加资金后

预期息税前利润为 500 万元,所得税税率为 25%,试采用每股收益分析法计算并确定该公司应选择何种筹资方式。

解 $[(EBIT-64)(1-25\%)]\div(100+40)=[(EBIT-64-40)(1-25\%)]\div100$

$EBIT=204(万元)$

将该结果代入上式,可得:

无差异点的 $EPS=0.75(万元)$

当预期的息税前利润为 204 万元时,两种筹资方式的每股收益相等;当预期的息税前利润大于 204 万元时,该公司采用负债筹资方式的每股收益大于普通股筹资方式的每股收益,故应采用负债筹资方式;当预期的息税前利润小于 204 万元时,采用普通股筹资方式的每股收益大于负债筹资方式的每股收益,故应用普通股筹资方式。

企业采用每股收益分析法来确定最佳资本结构,是以每股收益最大化为分析起点的。每股收益分析法直接将资本结构与企业财务目标、企业市场价值等相关因素结合起来,是企业在追加筹资时经常采用的一种决策方法。

 **考一考**

(计算题)某公司目前拥有资金 10 000 万元。其中,普通股 25 万股,每股价格为 20 元;债券 300 万元,年利率为 8%;优先股 200 万元,年股利率为 15%。适用的所得税税率为 25%。该公司准备追加筹资 1 000 万元,有下列两种方案可供选择:

(1)发行债券 1 000 万元,年利率为 10%。

(2)发行普通股股票 1 000 万元,每股发行价格为 40 元。

要求:

(1)计算两种筹资方案的每股收益无差别点。

(2)如果该公司预期的息税前利润为 200 万元,请确定该公司最佳的筹资方案。

2-18 动画
杠杆效应

【答案解析】

(1)计算两种筹资方案的每股利润无差别点:

$\{[EBIT-(24+100)]\times(1-25\%)-30\}\div25=[(EBIT-24)\times(1-25\%)-30]\div50$

$EBIT=264(万元)$

$EPS=3(元)$

(2)当该公司预期的息税前利润为 200 万元时,该公司应该采用权益筹资方式,即以 40 元的发行价格发行普通股股票 1 000 万元的方案。

模 块 测 试

一、单项选择题

1. 按所取得资金的权益特性不同,企业可将筹资分为(　　)。

A. 直接筹资和间接筹资　　　　　　　B. 内部筹资和外部筹资

C. 股权筹资、债务筹资和衍生工具筹资　D. 短期筹资和长期筹资

2. 相对于发行债券和利用银行借款购买设备而言,通过融资租赁方式取得设备的主要缺点是(　　)。

A. 限制条款多 　　　　　　　　B. 筹资速度慢
C. 资本成本高 　　　　　　　　D. 财务风险大

3. 相对于发行股票而言,发行公司债券筹资的优点为(　　)。

A. 筹资风险小 　　　　　　　　B. 限制条款少
C. 筹资额度大 　　　　　　　　D. 资本成本低

4. 下列各项中,能够引起企业权益资本增加的筹资方式是(　　)。

A. 吸收直接投资 　　　　　　　B. 发行公司债券
C. 利用商业信用 　　　　　　　D. 留存收益转增资本

5. 个别资本成本主要用于(　　)。

A. 比较各种筹资方式 　　　　　B. 选择追加筹资方案
C. 选择最佳资本结构 　　　　　D. 选择分配方案

6. 某企业 2×23 年资产平均占用额为 6 750 万元,经分析,其中不合理部分为 250 万元,预计 2×24 年度销售增长 10%,资金周转加速 4%。根据因素分析法预测 2×24 年资金需要量为(　　)万元。

A. 6 640 　　B. 6 736 　　C. 6 428 　　D. 6 875

7. 某公司发行优先股 100 万股,每股面值为 100 元,发行价格为每股 125 元,筹资费率为 4%,规定的年固定股息率为 8%,适用的所得税税率为 25%。则该优先股的资本成本为(　　)。

A. 6% 　　B. 6.67% 　　C. 6.25% 　　D. 7.25%

8. 某企业向银行取得借款 400 万元,年利率为 6%,期限为 5 年,每年年末付息一次,到期还本,所得税税率为 25%,手续费忽略不计,则该项借款的资本成本为(　　)。

A. 4.5% 　　B. 4.18% 　　C. 5.52% 　　D. 5.68%

9. 某公司普通股目前的股价为 20 元/股,筹资费率为 2%,支付的股利为 1 元/股,股利固定增长率为 4%,则该普通股的资本成本为(　　)。

A. 8.33% 　　B. 8.68% 　　C. 9.10% 　　D. 9.02%

10. 某公司平价发行普通股股票 600 万股,筹资费率为 5%,上年按面值(1 元/股)确定的股利支付率为 14%,预计股利每年增长 5%,所得税税率为 25%,则该公司普通股成本为(　　)。

A. 14.74% 　　B. 19.7% 　　C. 19% 　　D. 20.47%

11. 某企业向租赁公司租入一台设备,价值为 500 万元,合同约定租赁期满时残值 5 万元归租赁公司所有,租期为 5 年,租赁费率为 12%,若采用后付租金的方式,则平均每年支付的租金为(　　)万元。[已知:$(P/F,12\%,5)=0.5674$;$(P/A,12\%,5)=3.6048$]

A. 123.8 　　B. 138.7 　　C. 137.92 　　D. 109.6

二、多项选择题

1. 下列各项中,属于企业筹资动机的有(　　)。

A. 合法性筹资动机 　　　　　　B. 支付性筹资动机

C. 扩张性筹资动机　　　　　　　　　D. 调整性筹资动机

2. 下列各项中,属于企业筹资管理应当遵循的原则有(　　)。

A. 筹措合法　　　　　　　　　　　　B. 来源经济

C. 规模适当　　　　　　　　　　　　D. 结构合理

3. 一般而言,与融资租赁筹资相比,发行股票筹资的特点有(　　)。

A. 财务风险较小　　　　　　　　　　B. 筹资的限制条件较多

C. 资本成本较高　　　　　　　　　　D. 融资速度较快

4. 相对于股权融资而言,长期银行借款筹资的优点有(　　)。

A. 筹资风险小　　　　　　　　　　　B. 筹资速度快

C. 资本成本低　　　　　　　　　　　D. 筹资数额大

5. 一般而言,与发行债券相比,融资租赁的优点有(　　)。

A. 财务风险较小　　　　　　　　　　B. 限制条件较少

C. 资本成本较低　　　　　　　　　　D. 融资速度较快

6. 与发行债券相比,下列各项中,属于银行借款筹资特点的有(　　)。

A. 资本成本较高　　　　　　　　　　B. 一次筹资数额较大

C. 筹资速度较快　　　　　　　　　　D. 募集资金使用限制较多

7. 优先股是公司发行的相对于普通股具有一定优先权的股票,其优先权利主要体现在(　　)。

A. 优先分配股利　　　　　　　　　　B. 优先分配剩余财产

C. 优先认股权　　　　　　　　　　　D. 优先表决权

8. 下列关于留存收益的资本成本的说法中,正确的有(　　)。

A. 它不存在成本问题　　　　　　　　B. 它的成本计算不考虑筹资费用

C. 它相当于股东追加投资要求的报酬率　D. 在企业实务中一般不予考虑

9. 在事先确定企业资本规模的前提下,吸收一定比例的债务资本,可能产生的结果有(　　)。

A. 降低企业资本成本　　　　　　　　B. 降低企业财务风险

C. 加大企业财务风险　　　　　　　　D. 提高企业经营能力

10. 下列筹资方式中,资本成本高而财务风险很低的有(　　)。

A. 吸收投资　　　B. 发行股票　　　C. 发行债券　　　D. 长期借款

三、判断题

1. 要使资本结构达到最佳,应使综合资本成本达到最低。　　　　　　　　　(　　)

2. 筹资成本与筹资风险是相对应的,筹资成本相对较低,则企业筹资风险较高;反之,筹资成本相对较高,则企业筹资风险较低。　　　　　　　　　　　　　　　　(　　)

3. 企业如果有足够的现金,那么它一定会通过享受现金折扣来获得免费信用。　(　　)

4. 最佳资本结构是使企业筹资能力最强、财务风险最小的资本结构。　　　　(　　)

5. 直接融资是指直接从金融机构借入资金的活动。　　　　　　　　　　　　(　　)

6. 长期负债的偿还风险比流动负债要大。　　　　　　　　　　　　　　　　(　　)

7. 租赁作为一种筹资方式,必然影响资本结构。　　　　　　　　　　　　　(　　)

8. 普通股筹资风险小,投资风险大。　　　　　　　　　　　　　　　　　　(　　)

9. 发行普通股,没有股东的利息负担,其资本成本较低。　　　　　　　　　　（　　）

10. 企业综合资本成本最低时的资本结构与企业价值最大时的资本结构不一致。（　　）

四、实务题

1. 某公司于 2×24 年 1 月 1 日发行 5 年期、面值为 100 元、票面利率为 10%、一次还本的公司债券,每年 12 月 31 日支付一次利息。债券发行时市场利率为 8%,所得税税率为 25%,筹资费率为 4%。

要求:计算此债券的发行价格和资本成本。

2. 某公司准备筹资 50 000 万元,其中,面值发行债券 2 000 万元,票面利率为 10%,筹资费率为 2%;发行优先股 800 万元,股息率为 12%,筹资费率为 3%;发行普通股 2 200 万元,筹资费率为 5%,预计第 1 年股利率为 12%,以后每年按 4% 递增,所得税税率为 25%。

要求:

(1) 计算债券的资本成本。

(2) 计算优先股的资本成本。

(3) 计算普通股的资本成本。

(4) 计算综合资本成本。

模块 3

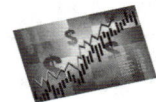

投 资 管 理

[考核目标]

1. 认知项目投资管理。
2. 认知财务可行性评价与项目投资决策的关系。
3. 掌握项目投资静态评价指标与动态评价指标。
4. 掌握投资回收期和投资利润率的计算方法。
5. 掌握净现值、净现值率、内部报酬率、现值指数的计算方法。
6. 掌握股票投资和债务投资的优点和缺点。

[实践目标]

1. 能够运用项目投资决策评价指标进行决策。
2. 能够进行股票估价。
3. 能够衡量股票投资收益。
4. 能够进行债券估价。
5. 能够衡量债券投资收益。

[素质目标]

1. 培养学生创新精神和合作意识,树立使命感,为项目投资做好财务管理工作。
2. 培养学生爱岗敬业精神,分析和选择可行和最佳的证券投资种类以增加企业财富。
3. 引导学生树立诚实守信、遵纪守法的意识,严格遵守资本市场的相关法律法规。

[知识点思维导图]

投资管理
├─ 项目投资管理
│   ├─ 项目计算期——建设期、生产经营期
│   ├─ 现金流量的估算——初始现金流量、营业现金净流量、终结现金净流量
│   ├─ 静态评价指标——投资回收期、投资利润率
│   └─ 动态评价指标——净现值、净现值率、现值指数、内含报酬率
└─ 证券投资管理
    ├─ 股票投资管理
    │   ├─ 股票的估价——股票估价的基本模型、长期持有零成长股票的估价模型、长期持有固定成长股票的估价模型、非固定成长股票的估价模型
    │   └─ 股票投资收益的衡量——股票投资收益率
    └─ 债券投资管理
        ├─ 债券的估价——债券估价的基本模型,一次还本付息、不计复利的债券估价模型,贴现式债券的估价模型
        └─ 债券投资收益的衡量——短期债券投资收益率、长期债券投资收益率

任务 3.1　项目投资管理

活动 3.1.1　项目投资管理的认知

3-1　动画
项目投资
管理

一、项目投资的概念及其特点

项目投资是指企业为了获得未来收益,通过从事一定的生产经营活动,将企业前期经营活动所获得的收益或者将筹集到的资金投入某一经营活动的经济行为。项目投资以形成与企业生产经营目标一致的一系列固定资产为目标,所以,项目投资管理也称固定资产投资管理。

3-2　微课视频
项目投资的
概念和项目
计算期

项目投资的特点表现为:投资数额巨大、影响时间长、发生频率较低、变现能力较差、投资风险大。

二、项目投资管理的程序

项目投资管理的程序一般包括以下几个步骤:

(1)投资项目的提出。投资项目通常由相关决策部门提出。例如,新产品的方案通常由营销部门提出,固定资产的更新与改造方案通常由生产部门提出。

(2)估计各个备选方案的现金流量。

(3)计算各个备选方案的价值指标,如净现值、内部收益率等。

(4)比较各个方案的价值指标,或者比较单一方案的价值指标与可接受标准。

(5)跟踪评价已经接受的方案。这项工作很重要,但是却被很多企业所忽视。项目的再评价工作可以告诉企业预测的偏差,改善企业的财务控制能力,并为以后的决策提供经验与教训。

三、项目计算期

项目投资期即项目计算期,是指投资项目从投资建设开始到最终清理结束整个过程所涉及的时间,包括建设期和生产经营期。

建设期是指项目资金从正式投入开始到项目建成投产形成生产经营能力为止所需要的时间。建设期的第 1 年年初称为建设起点,建设期的结束日称为投产日。项目计算期的最后 1 年年末称为终结点。从投产日到终结点之间的时间间隔称为生产经营期,包括试产期和达产期两个阶段。其中,试产期是指项目投入生产,但生产能力尚未完全达到设计能力的过渡阶段;达产期是指生产运营达到设计预期水平后的时间。

项目计算期(记作 n)、建设期(记作 s)和生产经营期(记作 p)之间存在以下关系:

$$项目计算期(n) = 建设期(s) + 生产经营期(p)$$

项目计算期的构成示意图如图 3-1 所示。

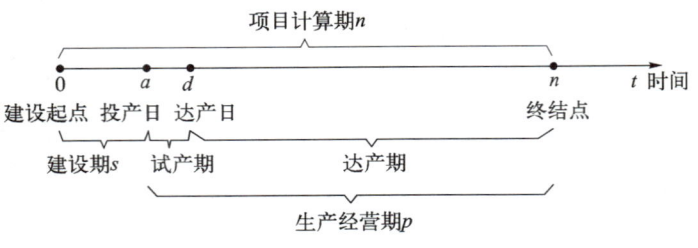

图 3-1　项目计算期的构成示意图

（单项选择题）项目投资决策中，完整的项目计算期是指（　　）。

A. 建设期　　　　　　　　　　　　　　B. 生产经营期

C. 建设期＋生产经营期　　　　　　　　D. 建设期＋运营期

【正确答案】　C

【答案解析】　项目计算期是指从投资项目投资建设开始到最终清理结束整个过程的全部时间，包括建设期和生产经营期。生产经营期又包括试产期和达产期两个阶段。

3-3　微课视频
现金流量
的估算

四、现金流量的估算

在实际工作中，我们一般采用简化计算公式的形式来计算现金净流量，即根据项目计算期不同阶段的现金流入量和现金流出量的具体内容，直接估算各阶段的现金净流量。

（一）初始现金流量

初始现金流量是指初始投资时发生的现金流量。它一般包括固定资产投资、无形资产投资、流动资金投资和原有资产的变价收入等。对于新建项目来讲，建设期的现金净流量等于其原始投资额。建设期的现金净流量的计算公式为：

$$建设期的现金净流量 = 原始投资额$$

值得注意的是，建设期的现金净流量主要为现金流出量，有时会用负数表示。

（二）营业现金净流量

营业现金净流量是指投资项目完工投入使用后，在其寿命周期内，由于生产经营所带来的现金流入和现金流出的数量。营业现金净流量的计算公式为：

$$营业现金净流量 = 营业收入 - 付现成本 - 所得税$$
$$= 营业收入 - （营业成本 - 折旧） - 所得税$$
$$= 营业利润 + 折旧 - 所得税$$
$$= 净利润 + 折旧$$

（三）终结现金净流量

终结现金净流量是指投资项目完结时所发生的现金流量，即终结日的现金净流。它主要包括原有固定资产的残值或变价收入、原来垫支在各种流动资产上的流动资金的收回和停止使用土地的变价收入等。

【例 3-1】　美达公司现正进行某一项目的投资可行性分析。该项目的初始固定资产投资额为 600 万元，假设项目建设期为零，固定资产建成后，为了使之能够运转，需垫付流动资金 200 万元，该项目建成后，该固定资产能够有效使用 6 年，按直线法计提折旧，期满残值为 60 万元。项目建成投入使用后，每年可增加销售收入 480 万元，同时付现成本增加 310 万元，企业所得税税率为 25％，初始垫付的流动资金在项目终结时全部收回。请分析该项目现金流量情况。

解　第一步，分析初始现金流量。已知固定资产投资是 600 万元，垫付流动资金是 200 万元。所以：

初始现金流量＝－600－200＝－800（万元）

第二步，分析营业现金流量。

每年折旧费＝（600－60）÷6＝90（万元）

投资项目现金流量预测计算表如表 3-1 所示。

表 3-1　　　　　　　　**投资项目现金流量预测计算表**　　　　　　　单位：万元

项目	第 1 年	第 2 年	第 3 年	第 4 年	第 5 年	第 6 年
营业收入	480	480	480	480	480	480
－营业成本	310	310	310	310	310	310
－折旧	90	90	90	90	90	90
税前利润	80	80	80	80	80	80
－所得税	20	20	20	20	20	20
净利润	60	60	60	60	60	60
＋折旧	90	90	90	90	90	90
营业现金净流量	150	150	150	150	150	150

第三步，分析终结现金流量。已知固定资产的残值是 60 万元，收回垫支的流动资金是 200 万元。所以：

终结现金流量＝60＋200＝260（万元）

 **考一考**

（单项选择题）某投资项目年营业收入为 180 万元，年营业成本为 60 万元，年折旧额为 40 万元，所得税税率为 25％，则该项目年经营净现金流量为（　　）万元。

A．81.8　　　　　　B．100　　　　　　C．82.4　　　　　　D．76.4

【正确答案】　B

【答案解析】　年经营净现金流量＝（180－60－40）×（1－25％）＋40＝100（万元）。

活动 3.1.2　项目投资决策评价指标

3-4　动画
项目进行可行
性分析指标

一、项目投资决策评价的主要指标

投资决策评价指标是评价投资方案是否可行及评价不同方案优劣的定量化标准与尺度。

按照是否考虑资金时间价值,投资决策评价指标可分为静态评价指标和动态评价指标。

按照指标在决策中的重要性,投资决策评价指标可分为主要指标和辅助指标。净现值、内部报酬率等为主要指标;投资回收期、投资收益率和现值指数为辅助指标。

二、静态评价指标

静态评价指标又称非贴现现金流量指标,是指在计算过程中不考虑资金时间价值因素的指标。它包括投资回收期和投资利润率。

3-5　微课视频
运用静态回收期
进行项目投资
决策

(一)投资回收期

投资回收期(payback period)是指根据预期现金流量来计算的收回初始投资额所需的年数。投资回收期法是指根据收回投资期限的长短来进行投资决策的方法。在一般情况下,回收期越短越好。

运用回收期法进行决策时,我们要将投资方案的回收期与投资者主观上既定的期望回收期进行比较。如果投资方案的回收期短于期望回收期,则可以接受该投资方案;如果投资方案的回收期长于期望回收期,则不能接受该投资方案。投资回收期的计算方法有公式法和列表法两种。

1. 公式法

利用公式法计算投资回收期时,评价项目的每年营业净现金流量要相同,且营业净现金流量之和须大于初始投资额。

在原始投资一次性支出,经营期每年净现金流量相等时,回收期的计算公式为:

$$不包括建设期的回收期 = \frac{初始投资额}{年现金净流量}$$

$$包括建设期的回收期 = \frac{建设期 + 初始投资额}{年现金净流量}$$

承[例 3-1],因为经营期年净现金流量为 150 万元,初始投资额为 800 万元,所以,可计算出回收期:

$$不包括建设期的回收期 = \frac{初始投资额}{年现金净流量} = \frac{800}{150} = 5.33(年)$$

2. 列表法

如果每年现金流入量不等,则应按照列表法来计算投资回收期。

列表法的步骤如下:第一,计算各年累计的净现金流量;第二,在累计净现金流量表上找到最后一个为负的累计净现金流量,该年份对应的年限为投资回收期的整数年限;第三,最后计算投资项目的投资回收期。

【例 3-2】 某企业现有一个投资项目,初始投资额为 4 000 万元,使用期限为 6 年,每年的营业净现金流量如表 3-2 所示。

表 3-2 项目净现金流量及投资回收期计算表 单位:万元

项目	第 0 年	第 1 年	第 2 年	第 3 年	第 4 年	第 5 年	第 6 年
每年净现金流量	−4 000	900	1 000	1 500	1 200	900	800
累计净现金流量	−4 000	−3 100	−2 100	−600			

根据项目净现金流量的分布情况,以及计算的每年累计的净现金流量数,项目的投资回收期的整数年限为 3 年。到第 3 年时,项目还有 600 万元的投资未被回收,小于第 4 年的净现金流量 1 200 万元,收回 600 万元投资额,需要第 4 年净现金流量 1 200 万元中的一半,从时间来说,即为 0.5 年。该收益项目投资回收期为 3.5 年,即:

不包括建设期的回收期＝3＋600÷1 200＝3.5(年)

如果项目的建设期不为零,而是存在建设期,假如项目的建设期为 2 年,投资额为第 1 年年初投入 3 000 万元,第 2 年年初投入 1 000 万元,第 2 年建成并投入生产,建成后可以使用 6 年,每年净现金流量如表 3-3 所示。

表 3-3 项目净现金流量及投资回收期计算表 单位:万元

项目	第 0 年	第 1 年	第 2 年	第 3 年	第 4 年	第 5 年	第 6 年	第 7 年
每年净现金流量	−3 000	−1 000	900	1 000	1 500	1 200	900	800
累计净现金流量	−3 000	−4 000	−3 100	−2 100	−600			

因为项目的建设期为 2 年,所以,项目的投资回收期为 5.5 年,是在此基础上加上不包括建设期的投资回收期 3.5 年,即:

包括建设期的回收期＝2＋3.5＝5.5(年)

投资回收期的优点在于它简便易行,是大多数企业投资决策时所选择的方法。但该方法也存在一些缺点:一是忽略了资金的时间价值;二是未能反映回收期以后的收益情况。

 考一考

(单项选择题)下列不属于静态投资回收期缺点的是(　　)。

A. 没有考虑回收期满后继续发生的现金流量

B. 无法直接利用净现金流量信息

C. 不能正确反映投资方式不同对项目的影响

D. 没有考虑资金时间价值因素

【正确答案】 B

【答案解析】 静态投资回收期的缺点是没有考虑资金时间价值因素和回收期满后继续发生的现金流量,不能正确反映投资方式不同对项目的影响。

（单项选择题）某公司计划投资建设一条新生产线，投资总额为60万元，预计新生产线投产后，每年可为公司新增税后营业利润4万元，生产线的年折旧额为6万元，则该投资的静态投资回收期为（　　）年。

A. 5　　　　　　　B. 6　　　　　　　C. 10　　　　　　　D. 15

【正确答案】　B

【答案解析】　静态投资回收期＝原始投资额÷每年现金净流量，该投资的每年现金净流量＝4＋6＝10（万元），原始投资额为60万元，静态投资回收期＝60÷10＝6（年）

（二）投资利润率

投资利润率（retune on investment，ROI）是指投资项目投产期间的平均净利润与投资项目的投资额之间的比率，一般以百分比表示，其计算公式为：

$$投资利润率＝年平均利润÷原始投资额$$

3-6　微课视频
运用投资利润率进行项目投资决策

承［例3-2］，计算出该项目的投资利润率。

$$ROI＝（6\,300÷6）÷4\,000＝26.25\%$$

如果投资项目的投资利润率高于企业要求的最低收益率或无风险收益率，则该投资项目可行；如果投资项目的投资利润率低于企业要求的最低收益率或无风险收益率，则该投资项目不可行。在多个投资项目的互斥性决策中，项目的投资利润率越高，说明该投资项目的投资效果越好，故企业应该选择投资利润率高的投资项目。

投资利润率指标的优点是简单明了，易于理解和掌握。其缺点是没有考虑货币的时间价值，也没有考虑折旧对原始投资的回收额，没有完整地反映现金流量。

 考一考

（计算题）利江公司拟建一条生产线，有A、B两个投资方案，基本情况如表3-4所示。假设无风险投资收益率为8%，该公司应该选择哪个方案？

表3-4　　　　　　　　A、B投资方案资料表　　　　　　　　单位：万元

项目	A方案		B方案	
	投资额	净利润	投资额	净利润
第一年	100	7	150	10
第二年		12		15
第三年		9		13
第四年		8		12

【答案解析】

A方案年平均净利润＝（7＋12＋9＋8）÷4＝9（万元）

B方案年平均净利润＝（10＋15＋13＋12）÷4＝12.5（万元）

A方案的投资利润率＝9÷100×100%＝9%

B方案的投资利润率＝12.5÷150×100%＝8.33%

通过计算可知，A、B两方案的投资利润率都大于8%，其中A方案的投资利润率大于B

方案的投资利润率。该企业如果采用投资利润率法进行决策,则应该选择 A 方案。

三、动态评价指标

动态评价指标又称贴现现金流量指标,其是指在计算过程中充分考虑和利用资金时间价值的指标。它包括净现值、净现值率、现值指数、内含报酬率等。

(一) 净现值

1. 概念

净现值(net present value,NPV)是指某个投资项目投入使用后各年净现金流量的现值总和与初始投资额(或投资期内各年投资额的现值总和)之差。 即净现值为投资项目未来现金流入量现值与未来现金流出量现值之差。

3-7　微课视频
运用净现值进行
项目投资决策

2. 决策标准

在使用净现值法对投资项目进行评价分析时,其判断标准如下:

(1) 单项投资决策:若 $NPV \geqslant 0$,则项目可行;若 $NPV < 0$,则项目不可行。

(2) 多项互斥投资决策:在净现值大于 0 的投资项目中,选择净现值较大的投资项目。

3. 计算公式

净现值的计算公式为:

$$NPV = \sum (\text{项目投产后各年的现金净流量} \times \text{复利现值系数}) - \text{初始投资额}$$

如果项目的每年现金净流量是等额的,而原始投资又是一次性投入的,则净现值的计算公式变换为:

$$NPV = A \times (P/A, i, n) - P_0$$

承[例 3-1],我们可以计算出美达公司项目的净现值,假定企业投资要求的必要收益率为 15%,则其净现值为:

$$NPV = 150 \times (P/A, 15\%, 6) + 260 \times (P/F, 15\%, 6) - 800$$
$$= 150 \times 3.784\ 5 + 260 \times 0.432\ 3 - 800 = -119.927(\text{万元})$$

因为 $NPV = -119.927(\text{万元}) < 0$,所以该项目不可行。

4. 评价

净现值法的优点有:考虑了资金的时间价值,增强了投资经济性评价的实用性;考虑了项目计算期内全部净现金流量,体现了流动性与收益性的统一;考虑了投资风险,因为折现率的大小与风险的大小有关,风险越大,折现率就越大。

净现值法的缺点有:不能从动态的角度直接反映投资项目的实际收益率;在进行互斥性投资决策时,若投资额不等,仅用净现值往往无法确定投资项目的优劣;净现值的计算需要有较准确的现金净流量的预测,并且要正确选择贴现率,而实际上现金净流量的预测和贴现率的选择都比较困难。

3-8　微课视频
运用净现值率和
现值指数进行
项目投资决策

(二) 净现值率

1. 概念

净现值率(net present valuer rate,NPVR)是指投资项目的净现值与投资额现值(或初始投资额)之比。 净现值率法是以净现值率为标准来评价和分析投资方案是否可行的一种方法。

2. 决策标准

当净现值率大于 0 时,方案可行;当净现值率小于 0 时,方案不可行;对于互斥性投资项目,净现值率最大的方案为最佳方案。

3. 计算公式

净现值率的计算公式为:

$$净现值率 = \frac{投资项目净现值}{原始投资现值总额} \times 100\%$$

承[例 3-1],美达公司项目的净现值率为:

$$净现值率 = \frac{-119.927}{800} \times 100\% = -14.99\%$$

因为净现值率 = -14.99% < 0,所以该项目不可行。

4. 评价

净现值率法的主要优点在于:①考虑了货币的时间价值。②净现值率是一个相对数指标,可以从动态的角度反映投资项目的投入和产出的关系,比其他动态相对数指标更容易计算,可用于比较不同投资规模的方案。

其缺点与净现值法相似,它同样无法直接反映投资项目的实际报酬率。

 **考一考**

(单项选择题)如果某一投资方案的净现值为正数,则必然存在的结论是(　　)。

A. 投资回收期在 1 年以内　　　　　　B. 净现值率大于 0

C. 总投资收益率高于 100%　　　　　　D. 年均现金净流量大于原始投资额

【正确答案】　B

【答案解析】　净现值率是净现值与投资现值之比,净现值为正数,则净现值率大于 0。

(三) 现值指数

1. 概念

现值指数又称获利指数(profitability index, PI),其是指投资项目在使用期内各期的净现金流量现值总和与投资额现值总和(或初始投资额)之比。现值指数法是以现值指数为标准来评价和分析投资项目的一种方法。

2. 决策标准

如果现值指数大于 1,则投资项目是可行的;如果现值指数小于 1,则投资项目是不可行的;对于多个互斥投资项目,应选择现值指数最大的投资项目。但在互斥项目的选择中,利用这一标准有时会得出与净现值不同的结论。

3. 计算公式

现值指数的计算公式为:

$$现值指数 = \frac{项目投产后各年现金净流量现值之和}{原始投资现值总额}$$

承[例 3-1],利用公式可计算出该项目的获利指数为:

$$PI = \frac{-119.927 + 800}{800} = 0.85$$

因为现值指数为 0.85<1,所以该投资项目不可行。

4. 评价

现值指数法的优点和缺点与净现值法基本相同,但有一个重要区别,现值指数法可从动态的角度反映项目投资的资金投入与总产出之间的关系,可以弥补净现值法在投资额不同的方案之间不能进行比较的缺陷,使投资方案之间可直接用获利指数进行比较。其缺点除了无法直接反映投资项目的实际收益率,计算过程比净现值率指标复杂,计算口径也不一致。

考一考

(单项选择题)当净现值为正数时,现值指数(　　　)。

A. 小于 1 　　　　　 B. 大于 1 　　　　　 C. 等于 1 　　　　　 D. 为正数

【正确答案】　B

【答案解析】　当净现值大于 0 时,净现值率大于 0,现值指数大于 1。

(四) 内含报酬率

1. 概念

内含报酬率又称内部收益率(internal rate of return, IRR),是指投资项目在使用期内各期净现金流入量现值总和与投资额现值总和(或初始投资)相等时的贴现率。即内含报酬率是使投资项目净现值为 0 的贴现率。它实际上反映了投资项目的真实报酬。一般而言,投资项目的内含报酬率越高,其效益就越好。

净现值与贴现率之间的关系如图 3-2 所示。

2. 决策标准

利用内含报酬率标准选择投资项目的基本原则为:①如果备选方案的内含报酬率高于预定的贴现率,则方案可行。②如果备选方案的内含报酬率低于预定的贴现率,则方案不可行。③内含报酬率高的方案比内含报酬率低的方案要好。

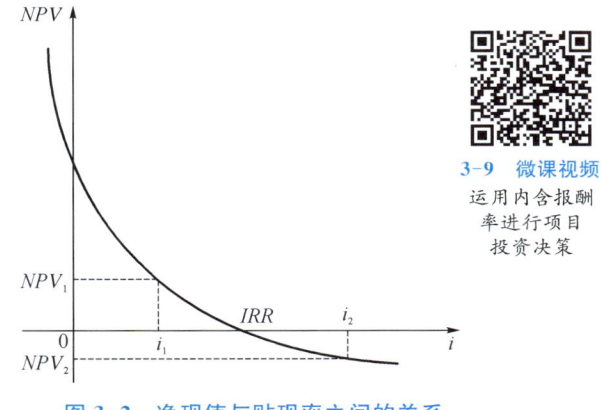

3-9　微课视频
运用内含报酬率进行项目投资决策

图 3-2　净现值与贴现率之间的关系

3. 计算公式

内含报酬率的计算可分为以下两种情况:

(1) 如果营业期内每年的 NCF 相等,其计算公式为:

$$NPV = NCF \times (P/A, IRR, n) - I = 0$$

式中:NCF——营业期每年的净现金流量;

I——初始投资额。

其计算步骤为:

第一步,计算年金现值系数。

年金现值系数 = 初始投资额 ÷ 营业期每年的净现金流量

第二步，根据所求年金现值系数，运用年金现值系数表，查出与年金现值系数相等或相近的系数值。如果两者恰巧相等，相等的系数所对应的贴现率即为内含报酬率；如果无恰巧相等的系数，可以找到与所求年金现值系数相近的较大与较小的两个系数值。

第三步，根据上述两个邻近的系数值和已求得的年金现值系数，采用插值法计算该投资项目的内含报酬率。

（2）如果营业期内每年的 NCF 不相等，则按下列步骤计算：

第一步，先预估一个折现率，并按此折现率计算净现值。如果计算出的净现值为正数，则表明预估的折现率小于该投资项目的实际内含报酬率，应予提高，再进行测算；如果计算出的净现值为负数，则表明预估的折现率大于该投资项目的实际内含报酬率，应予降低，再进行测算。经过如此反复的测算，找到净现值由正到负并且比较接近于零的两个折现率。

第二步，根据上述两个邻近的折现率再采用插值法，计算出投资项目的实际内含报酬率。

【例3-3】　A 方案和 B 方案的现金流量分别如表 3-5 和表 3-6 所示，两方案的原始投资均为 80 000 元，全部用于购建固定资产，该固定资产的折旧均采用直线法计提，使用年限均为 5 年，无残值，不考虑所得税的影响，没有建设期。试计算 A、B 两方案的内含报酬率。

表 3-5　　　　　　　　　　　　　　A 方案的现金流量　　　　　　　　　　　　　　单位：元

年份	现金流出	现金流入		现金净流量	累计现金净流量
		利润	折旧		
0	80 000			−80 000	−80 000
1		12 000	16 000	28 000	−52 000
2		12 000	16 000	28 000	−24 000
3		12 000	16 000	28 000	4 000
4		12 000	16 000	28 000	32 000
5		12 000	16 000	28 000	60 000

表 3-6　　　　　　　　　　　　　　B 方案的现金流量　　　　　　　　　　　　　　单位：元

年份	现金流出	现金流入		现金净流量	累计现金净流量
		利润	折旧		
0	80 000			−80 000	−80 000
1		8 000	16 000	24 000	−56 000
2		10 000	16 000	26 000	−30 000
3		12 000	16 000	28 000	−2 000
4		14 000	16 000	30 000	28 000
5		16 000	16 000	32 000	60 000

解　A 方案的每年现金净流量相等，可以采用下列方法计算其内含报酬率：

年金现值系数 = 80 000 ÷ 28 000 = 2.857

查年金现值表可知,在 5 年期中,与折现率 22% 对应的年金现值系数为 2.864,与折现率 24% 对应的年金现值系数为 2.745,那么,内含报酬率应为 22%～24%。我们可以采用内插法来求内含报酬率的近似值。

$$IRR = 22\% + \frac{2.857 - 2.864}{2.745 - 2.864} \times (24\% - 22\%) = 22.12\%$$

B 方案的每年现金净流量不相等,因而我们必须逐次进行测算,测算过程如表 3-7 所示。

表 3-7 内含报酬率测算表 金额单位:元

年份	每年现金净流量	测试 20%		测试 22%	
		复利现值系数	现值	复利现值系数	现值
0	−80 000	1	−80 000	1	−80 000
1	24 000	0.833	19 992	0.82	19 680
2	26 000	0.694	18 044	0.672	17 472
3	28 000	0.579	16 212	0.551	15 428
4	30 000	0.482	14 460	0.451	13 530
5	32 000	0.402	12 864	0.37	11 840
净现值			1 572		−2 050

在表 3-7 中,先按 20% 的折现率进行测算,净现值为正数;再把折现率调高到 22% 进行第二次测算,净现值为负数,这说明该项目的内含报酬率一定介于 20%～22%。现用插值法计算为:

$$IRR_{B} = 20\% + \frac{0 - 1\,572}{-2\,050 - 1\,572} \times (22\% - 20\%) = 20.87\%$$

4. 评价

内含报酬率法的优点主要有:考虑了资金时间价值,可以反映出投资项目的真实报酬率,且不受行业基准收益率高低的影响,比较客观,有利于对投资额不同的项目的决策。

内含报酬率法的缺点是:计算比较复杂,特别是对每年现金净流量不相等的投资项目,一般要经过多次测算才能求得答案。

 **考一考**

(单项选择题)下列各项因素中,不会对投资项目内含报酬率指标计算结果产生影响的是(   )。

A. 原始投资额   B. 资本成本   C. 项目计算期   D. 现金净流量

【正确答案】 B

【答案解析】 内含报酬率是指对投资方案未来的每年现金净流量进行贴现,使所得的现值恰好与原始投资额现值相等,从而使净现值等于 0 时的贴现率,它是不受资本成本影响的。

（单项选择题）某投资项目各年现金净流量按 13％ 折现时，净现值大于 0；按 15％ 折现时，净现值小于 0。则该项目的内含报酬率一定（　　）。

A. 大于 14％　　　　B. 小于 14％　　　　C. 小于 13％　　　　D. 小于 15％

【正确答案】　D

【答案解析】　内含报酬率是净现值为 0 时的折现率。根据题目条件，内含报酬率在 13％～15％。

四、项目投资决策方法的应用

（一）单一独立投资项目的财务可行性评价

3-10　动画
独立投资方案和
互斥投资方案

对于单一独立投资项目而言，评价其财务可行性也就是对其做出最终决策。净现值、净现值率、现值指数和内含报酬率是评价投资方案是否具有财务可行性的主要指标。

由于净现值、净现值率、现值指数和内含报酬率指标之间存在以下数量关系：

（1）当净现值大于 0 时，净现值率大于 0，现值指数大于 1，内含报酬率大于贴现率。

（2）当净现值等于 0 时，净现值率等于 0，现值指数等于 1，内含报酬率等于贴现率。

（3）当净现值小于 0 时，净现值率小于 0，现值指数小于 1，内含报酬率小于贴现率。

因此，这四个贴现的评价指标对同一个投资项目进行财务可行性评价时，不会得出矛盾的结论。判别投资方案是可行还是不可行，必须看这四个贴现指标。非贴现的投资回收期和投资收益率指标只是次要或辅助指标，而且它们不一定会与上述四个贴现的主要指标的评价结论一致。

当投资回收期和投资收益率与上述四个贴现指标的评价结论一致时，我们认为投资方案完全可行或完全不可行；当投资回收期和投资收益率或其中的一个与上述四个贴现的主要指标的评价结论发生矛盾时，我们将其定义为基本可行或基本不可行。由此可见，独立方案的财务评价结论有完全可行、完全不可行、基本可行和基本不可行四种类型。

 考一考

（单项选择题）在单一方案投资决策过程中，当下列各项指标的评价结论发生矛盾时，应当以（　　）的结论为准。

A. 投资回收期　　　　　　　　　　B. 净现值

C. 年平均报酬率　　　　　　　　　D. 投资利润率

【正确答案】　B

【答案解析】　净现值、净现值率、现值指数和内含报酬率是评价投资方案是否具有财务可行性的主要指标。

（单项选择题）对单一独立项目的评价，利用净现值、净现值率、获利指数和内部报酬率所作出的评价结论（　　）。

A. 是一致的　　　B. 不一致　　　C. 可能不一致　　　D. 都不对

【正确答案】　A

【答案解析】　用净现值、净现值率、获利指数和内含报酬率这四个贴现的评价指标对同一

个投资项目进行财务可行性评价时,不会得出相互矛盾的结论。

(二)多个互斥方案的比较决策

多个互斥方案的比较决策是指在每一个入选方案已具备财务可行性的前提下,利用具体决策方法比较各个方案的优劣,从中选出最优方案的过程。只有完全具备或基本具备财务可行性的方案,才有资格进入筛选比较视野。在这里,我们主要讨论资本无限量条件下的互斥方案的比较决策。因为,在资本有限量的情况下,有些方案即使本身具有财务可行性,但也可能受制于资本限制而无法实施。

1. 项目计算期相同的互斥方案比较决策

最高的净现值符合企业的最大利益,也就是说,净现值越高,企业的收益越大。多个互斥方案比较决策的基本原理是实现整个企业的净现值最大化。在项目计算期相同的情况下,我们可运用直接比较法,通过比较净现值的大小从互斥方案中选择最优方案的方法。净现值最大的方案为最优。

无论投资方案原始投资是否相同,由于方案是互斥的,选择净现值大的方案更符合企业的最大利益。在投资方案原始投资相同的情况下,我们也可以比较现值指数的大小。

【例 3-4】 甲公司有一个投资项目,现有 A、B、C 三个计算期相同的互斥方案可供选择,其原始投资分别为 600 万元、400 万元和 200 万元,净现值分别为 255 万元、70 万元和 −40 万元。试为甲公司做出投资决策。

解 A、B 两个方案的净现值大于 0,具有财务可行性;C 方案净现值小于 0,方案不具有财务可行性。

A 方案的净现值大于 B 方案,因此,甲公司应选择 A 方案。

2. 项目计算期不同的互斥方案比较决策

在项目计算期不同的情况下,我们通常采用年等额净回收额法来做决策。

年等额净回收额法是指通过比较各投资方案年等额净回收额的大小来选择最优方案的决策方法。无论互斥方案的原始投资或项目计算期是否相同,我们均可以通过这一方法进行互斥方案的比较决策。年等额净回收额的计算公式为:

$$某方案的年等额净回收额 = 该方案的净现值 \div 年金现值系数$$

【例 3-5】 乙公司拟投资建设一条新生产线,现有两个方案可供选择:A 方案的原始投资为 800 万元,项目计算期为 6 年,净现值为 560 万元;B 方案的原始投资为 1 200 万元,项目计算期为 10 年,净现值为 720 万元。假定该公司的资本成本为 12%。试为乙公司做出投资决策。

解 两个投资方案的计算期不同,需要进一步计算这两个方案的年等额净回收额法。

A 方案的年等额净回收额 $= 560 \div (P/A, 12\%, 6) = 560 \div 4.111\,4 = 136.21$(万元)

B 方案的年等额净回收额 $= 720 \div (P/A, 12\%, 10) = 720 \div 5.650\,2 = 127.43$(万元)

A 方案的年等额净回收额大于 B 方案,因此,乙公司应选择 A 方案。

(三)资本限量决策

资本限量是指企业的资金有一定限度,不能投资于所有可接受的项目,也就是说有很多非互斥的获利项目可供投资,但企业无法筹集到足够的资金。在资金有限量的情况下,为了使有限的资金获得最大的使用效率,我们不能仅依据单个项目的净现值进行排序,而必须考虑各个项目的初始投资,根据现值指数进行优先排序。也就是说,为了使企业获得最大的利益,企业应投资于一组净现值率最大的项目。这样一组项目可用以下方法进行选择:计算所有项目的净现值率,并列出每一个项目的初始投资;按净现值率的大小排序,只允许选择净现值率较大的项目;通过寻找各项目的初始投资之和不超过资本限量所存在的组合,从中选择出净现值总额最大的组合。

【例 3-6】 丙公司现有五个非互斥的投资项目,该公司的资本限额为 250 万元。有关原始投资、净现值和净现值率的数据如表 3-8 所示。试为丙公司做出投资决策。

表 3-8 投资项目相关数据表 单位:万元

投资项目	原始投资	净现值	净现值率
A	120	60	0.50
B	180	100	0.56
C	60	20	0.33
D	100	75	0.75
E	150	100	0.67

解 投资项目按净现值率大小排序的结果如表 3-9 所示。

表 3-9 投资项目按净现值率排序表 单位:万元

投资项目	原始投资	净现值	净现值率
D	100	75	0.75
E	150	100	0.67
B	180	100	0.56
A	120	60	0.50
C	60	20	0.33

当资本限额为 250 万元时,最优投资组合为 D+E,净现值为 175 万元,大于其他可能组合的净现值。

 考一考

(单项选择题)在投资方案组合决策中,若资金总量受到限制,则应以( )进行排序。

A. 该项目的净现值　　　　　　　　　B. 该项目的净现值率结合净现值

C. 该项目的投资总额结合净现值　　　D. 该项目的投资回收期结合净现值

【正确答案】 B

【答案解析】 此种情况下应按照净现值率的大小,结合净现值进行组合排序,选出能使净现值总和最大的组合。

任务 3.2　证券投资管理

活动 3.2.1　证券投资管理的认知

一、证券投资的概念及种类

证券投资是指投资者购买股票、债券等有价证券以获得红利、利息及证券买卖价差的投资行为。证券投资按其投资对象不同,可分为股票投资、债券投资和证券投资组合投资。

二、证券投资的目的

证券投资是企业通过购买证券的方式进行的对外投资,这种投资比对外直接投资更加灵活、方便。证券投资除了具有对外投资的一般目的,还有其自身的特殊目的。

3-11-1　思政案例
股票场外配资
金融犯罪（案例
内容、案例讨论）

3-12　动画
证券投资
管理

3-13　微课视频
证券投资
管理概述

（一）作为现金的替代品

企业在生产经营过程中,应该拥有一定数量的现金,以满足日常经营的需要,但是现金这种资产不能给企业带来收益,现金余额过多是一种浪费。因此,企业会将目前闲置不用的现金用于购买有价证券,进行短期证券投资,以获取一定的收益,待将来需要现金时,再将有价证券出售,以获取经营所需的现金。这样,短期证券投资实际上就成为现金的替代品,它既能满足企业对现金的需要,又能在一定程度上增加企业的收益。

（二）为了获取较高的投资收益

有的企业可能拥有大量闲置的现金,其在较长的时期内又没有大量的现金支出,也没有盈利较高的投资项目,因此,企业就可以利用这笔闲置的资金进行长期证券投资,购买风险较小、投资回报较高的有价证券。这样,企业可以充分利用闲置的资金,获取较高的投资收益。

（三）为了对被投资企业取得控制权

若企业从长远的利益考虑,要求控制某一企业,则应对其进行长期证券投资,取得对该企业的控制权。通常,这种投资都是股权性投资,通过购买被投资企业的股票来实现。例如,A公司欲取得其主要的材料供应商 B 公司长期稳定的材料供应,就可以购买 B 公司的股票,并取得对 B 公司的控制权。

三、证券投资的程序

（一）选择投资对象

选择投资对象即投资者选择哪种证券投资或投资于哪家企业的证券。投资对象的选择是证券投资的第一步,它关系投资的成败。企业和个人应根据自身的条件与能力选择适合自己投资的证券。

（二）开户

投资者在进行证券买卖之前，要到证券登记公司开立证券账户和资金账户。证券账户用来记载投资者所持有的证券种类、数量和相应的变动情况；资金账户则用来记载和反映投资者买卖证券的货币收付和结存数额。开立证券账户和资金账户后，投资者买卖证券所涉及的证券、资金变化就会从相应的账户中得到反映。

（三）委托买卖

投资者需要通过经纪商的代理才能在证券交易所买卖证券。在这种情况下，投资者向经纪商下达买进或卖出证券的指令，称为委托。开户后，投资者就可以在证券营业部办理证券委托买卖。选好具体要买卖的证券和决定价格后，投资者就可以进行委托买卖。根据买卖证券的方向，委托买卖可分为买进委托和卖出委托。

（四）竞价成交

成交按照一定的竞价规则进行，其核心内容是价格优先、时间优先原则。价格优先原则是指在买进证券时，较高的买进价格申报优先买入；卖出证券时，较低的卖出价格申报优先卖出的原则。时间优先原则即同价位申报按照申报时序决定优先顺序的原则。

（五）清算与交割

清算是指证券买卖双方在证券交易所进行证券买卖成交之后，通过证券交易所将证券代理商之间买卖的数量和金额分别予以抵销，计算应收、应付证券和应付股金差额的一种程序。证券在清算后立即办理交割程序。所谓交割，就是买卖双方的买方交钱，卖方交货的过程。目前的证券交易多采用计算机网络系统，所以证券交割的时间都很短。

（六）过户

过户是指把卖方的证券归属到买方户头上的法律行为。这和房屋买卖是一样的道理。只有完成过户手续，买卖过程才算最终结束，买方才能成为新股东，享有所有者应有的权利。

 考一考

（单项选择题）根据证券交易程序，投资者买卖证券的第一步是要向（   ）申请开立证券账户。

A. 银行　　　　　　B. 证券公司　　　　C. 场内交易所　　　D. 证券登记公司

【正确答案】　D

【答案解析】　投资者在进行证券买卖之前，要到证券登记公司开立证券账户和资金账户。

（单项选择题）证券由卖方向买方转移和对应的资金由买方向卖方转移的过程属于（   ）。

A. 交割　　　　　　B. 清算　　　　　　C. 成交　　　　　　D. 结算

【正确答案】　A

【答案解析】　证券结算的两个方面是清算与交割。前者包括资金清算和证券清算，即在证券交易成交后，需要对买方在资金方面的应付额和在证券方面的应收种类和数量进行计算，同时也要对卖方在资金方面的应收额和在证券方面的应付种类和数量进行计算；后者是在清算结束后，需要完成证券由卖方向买方转移和对应的资金由买方向卖方转移。

活动 3.2.2　股票投资管理

一、股票投资的概念及目的

股票投资是投资者通过购买各种股票来获得收益的投资。

股票投资的目的主要有两种：一是获利，即作为一般的证券投资，获取股利收入及股票买卖差价；二是控股，即通过购买某一企业的大量股票来达到控制该企业的目的。股票投资比债券投资的风险要大许多。

3-14　动画
购买股票
的步骤

二、股票的估价

股票估价实际是对股票的投资价值进行评估。股票的内在价值就是股票带给持有者的未来现金流入的现值，由一系列的未来股利的现值和将来出售股票时售价的现值之和构成。下面介绍几种最常见的股票估价模型。

3-15　微课视频
股票的估价

（一）股票估价的基本模型

由上述的股票估价原理可知，股票的内在价值就是股票带给持有者未来股利的现值和将来出售股票时售价的现值之和。股票估价的基本模型为：

$$V = \sum_{t=1}^{n} \frac{D_t}{(1+k)^t} + \frac{V_n}{(1+k)^n}$$

式中：D_t——第 t 期的预期股利；

　　　V_n——持有期满时股票转让价格；

　　　n——预计持有期限；

　　　k——贴现率，即必要报酬率。

（二）长期持有零成长股票的估价模型

零成长股票是指预期每年股利固定不变的股票。这样的股票常见于优先股股票，这种股票股利的支付过程类似于永续年金。因此，估价模型的计算公式为：

$$V = \sum_{t=1}^{\infty} \frac{D}{(1+k)^t} = \frac{D}{k}$$

式中：D——每期固定股利。

> 【例 3-7】　某企业拟投资 A 公司的股票，预计该公司每年每股股利为 2 元，该公司的基准投资收益率为 10%。试计算该企业的最高出价。
>
> 解　$V = 2 \div 10\% = 20$（元）
>
> 该股票价值为 20 元，该企业最高应出价 20 元。

　考一考

(单项选择题)长江公司购入一种准备永久持有的股票，预计每年股利为 0.4 元/股，购入

该类股票应获得的报酬率为 10%，则其价值为（　　）元。

　　A. 2　　　　　　　　B. 3　　　　　　　　C. 4　　　　　　　　D. 4.4

【正确答案】　C

【答案解析】　根据零增长模式，$V=D \div k$，因此 $V=0.4 \div 10\%=4$（元）。

（三）长期持有固定成长股票的估价模型

固定成长股票是指每年股利以一个固定增长率增长的股票。固定成长股票的估价模型为：

$$V=\sum_{t=1}^{\infty} \frac{D_1 \times (1+g)^{t-1}}{(1+k)^t}=\frac{D_1}{k-g}=\frac{D_0 \times (1+g)}{k-g}$$

式中：D_1——未来第 1 年的每股股利；

　　　D_0——基期已经发放的每股股利；

　　　k——贴现率，即必要的报酬率；

　　　g——固定股利增长率。

【例 3-8】　某公司准备投资购买 A 股票，该股票上年每股股利为 3 元，预计以后每年增长率为 6%，该公司要求的报酬率为 12%。试计算该股票的内在价值。

解　$V=\dfrac{3 \times (1+6\%)}{12\%-6\%}=53$（元）

考一考

（单项选择题）甲公司已进入稳定增长状态，其固定股利增长率为 4%，股东必要报酬率为 10%，公司最近一期每股股利为 0.75 元，预计下一年的股票价格是（　　）元。

　　A. 7.5　　　　　　　B. 13　　　　　　　C. 12.5　　　　　　D. 13.52

【正确答案】　D

【答案解析】　根据固定股利增长模型，股票价格＝[0.75×(1+4%)÷(10%－4%)]×(1+4%)＝13.52（元）。需注意的是，乘以(1+4%)才是下一年的股票价格。

（四）非固定成长股票的估价模型

非固定成长股票是指股票的股利既不是固定不变，也不是固定成长的股票。在这种情况下，我们需要分段计算才能确定股票的价值。

【例 3-9】　预期 A 公司股票未来 3 年股利将高速成长，成长率为 20%，预计从第 4 年起转为稳定增长，增长率为 12%，A 公司最近刚支付每股 2 元的股利，投资者要求的最低报酬率为 16%。试计算该公司股票目前的市场价值。

解　首先，计算其前 3 年的股利：

$D_1=2 \times (1+20\%)=2.4$（元）

$D_2=2 \times (1+20\%)^2=2.88$（元）

$D_3 = 2 \times (1 + 20\%)^3 = 3.456(元)$

其次，分别计算 1～3 年股利现值 V_1 和第 3 年以后的现值 V_2：

$V_1 = 2.4 \times (P/F, 16\%, 1) + 2.88 \times (P/F, 16, 2) + 3.456 \times (P/F, 16\%, 3)$
$= 6.423(元)$

$V_2 = \dfrac{3.456 \times (1 + 12\%)}{16\% - 12\%} \times (P/F, 16\%, 3) = 61.995(元)$

最后，计算该股票的价值：

$V = V_1 + V_2 = 6.423 + 61.995 = 68.42(元)$

三、股票投资收益的衡量

企业进行长期股票投资，每年获得的股利是经常变动的，当企业出售股票时，也可收回一定的资金。在考虑时间价值的情况下，长期股票投资收益率就是按复利计算的收益率，它是能使未来现金流入现值等于股票购买价格的折现率。其计算公式为：

$$V = \sum_{t=1}^{n} \frac{D_t}{(1+k)^t} + \frac{P}{(1+k)^n}$$

式中：V——股票的购买价格；

$\quad P$——股票的出售价格；

$\quad D_t$——股票投资报酬（各年获得的股利）；

$\quad k$——股票投资收益率；

$\quad n$——投资期限。

【例 3-10】 美林公司于 2×20 年 6 月 1 日投资 600 万元，购买某种股票 100 万股，在 2×21 年、2×22 年和 2×23 年 5 月 30 日分得的每股现金股利分别为 0.6 元、0.8 元和 0.9 元，并于 2×23 年 5 月 30 日以每股 8 元的价格将股票全部出售。试计算该项投资的收益率。

解 用逐步测试法计算，先用 20% 的收益率进行测算：

$V = \dfrac{60}{(1+20\%)} + \dfrac{80}{(1+20\%)^2} + \dfrac{890}{(1+20\%)^3} = 620.59(万元)$

由于 620.59 万元比 600 万元大，再用 24% 的收益率进行测算：

$V = \dfrac{60}{(1+24\%)} + \dfrac{80}{(1+24\%)^2} + \dfrac{890}{(1+24\%)^3} = 567.23(万元)$

最后用内插法计算：

$k = 20\% + \dfrac{600 - 620.59}{567.23 - 620.59} \times (24\% - 20\%) = 21.54\%$

所以，如果股票的购买价格为 600 万元，投资收益率为 21.54%。

四、股票投资的优点和缺点

股票投资是一种高风险、高收益、价格波动性较大的投资，其具有以下优点和缺点。

（一）股票投资的优点

（1）投资收益高。普通股的价格虽然变动频繁，但从长期来看，优质股票的价格总是上涨的居多，只要选择得当，都能取得优厚的投资收益。

（2）购买力风险低。普通股的股利不固定，在通货膨胀率比较高时，物价普遍上涨，股份有限公司盈利增加，股利的支付也随之增加，因此，与固定收益证券相比，普通股能有效地降低购买力风险。

（3）拥有经营控制权。普通股股东属于股份有限公司的所有者，有权监督和控制公司的生产经营情况，因此，投资者欲控制一家公司，最好的办法是收购这家公司的股票。

（二）股票投资的缺点

（1）求偿权居后。普通股对股份有限公司资产和盈利的求偿权均居于最后。股份有限公司破产时，股东原来的投资可能得不到全额补偿，甚至一无所有。

（2）价格不稳定。普通股的价格受多种因素影响很不稳定。政治因素、经济因素、投资人心理因素、企业的盈利情况、风险情况等都会影响到股票价格，这也使股票投资具有较高的风险。

（3）收入不稳定。普通股的股利视股份有限公司经营状况和财务状况而定，其有无、多寡均无法律上的保证，其收入的风险也远远大于固定收益证券。

 考一考

3-11-2　思政案例
股票场外配资金融
犯罪（案例解析）

（单项选择题）下列选项中，不属于股票投资优点的是（　　）。

A. 投资回报率高　　　　B. 降低购买力风险
C. 拥有控制权　　　　　D. 波动性大

【正确答案】　D

【答案解析】　股票投资的优点有：①能够获得较高的投资收益；②能适当降低购买力风险；③拥有一定的经营控制权。

活动 3.2.3　债券投资管理

一、债券投资的概念

债券投资是投资者通过购买各种债券进行的对外投资。它是企业证券投资的一个重要组成部分。投资者在进行债券投资时，必须通过了解各种债券的特性来正确地进行债券投资估价，并对债券投资的风险和收益进行分析。

二、债券的估价

（一）债券估价的基本模型

典型的债券具有固定利率、每年计算并支付利息、到期归还本金等特点。因此，债券估价的计算公式为：

3-16　微课视频
债券的估价

$$PV = \sum_{t=1}^{n} \frac{F \times i}{(1+k)^t} + \frac{F}{(1+k)^n} = F \times i \times (P/A, k, n) + F \times (P/F, k, n)$$

式中：PV——债券价值；

F——债券面值；

i——债券的票面利率；

k——贴现率；

n——付息总期数。

【例 3-11】 某债券面值为 2 000 元，票面利率为 8%，期限为 5 年，每年计算并支付一次利息，当前的市场利率为 10%，市价为 1 600 元。试判断该债券是否具有投资的价值。

解 $PV = 2\,000 \times 8\% \times (P/A, 10\%, 5) + 2\,000 \times (P/F, 10\%, 5)$

$= 160 \times 3.791 + 2\,000 \times 0.621$

$= 1848.56(元)$

该债券的市价 1 600 元小于其内在价值 1 848.56 元，所以该债券具有投资价值。

 考一考

（计算题）李某想进行债券投资，某债券面值为 100 元，票面利率为 8%，期限为 3 年，每年付息一次。已知李某要求的必要报酬率为 12%，请问债券发行价格最高为多少元时，可以进行购买？

【正确答案】 90.39 元

【答案解析】 $100 \times 8\% \times (P/A, 12\%, 3) + 100 \times (P/F, 12\%, 3) = 90.39(元)$，即债券价格低于 90.39 元可以购买。

（二）一次还本付息、不计复利的债券估价模型

我国许多债券属于一次还本付息且不计复利的债券，其计算公式为：

$$PV = \frac{F(1+i \times n)}{(1+k)^n} = F(1+i \times n) \times (P/F, k, n)$$

【例 3-12】 承[例 3-11]，若该债券的利息计算与支付条件是不计复利，利随本清，其他条件相同。试问该债券的市场价格为多少时才值得投资？

解 $PV = (2\,000 + 2\,000 \times 8\% \times 5) \times (P/F, 10\%, 5) = 1\,738.8(元)$

该债券的市场价格低于 1 738.8 元时才值得投资。

（三）贴现式债券的估价模型

贴现式债券没有票面利率，到期按面值偿还。其估价的计算公式为：

$$PV = \frac{F}{(1+k)^n} = F \times (P/F, k, n)$$

> **【例 3-13】** 某债券的面值为 2 000 元,期限为 5 年,以贴现式发行,期内不计利息,到期按面值偿还,当时市场利率为 10%。试问该债券的市场价格为多少时,企业才能购买?
>
> **解** $PV = 2\,000 \times (P/F, 10\%, 5) = 2\,000 \times 0.621 = 1\,242$(元)
>
> 该债券的市场价格低于 1 242 元时,企业才能购买。

三、债券投资收益的衡量

债券的收益包括两方面的内容:一是债券的利息收入;二是资本利得,即债券买入价与卖出价之间的差额。在财务管理中,我们通常用债券投资收益率来衡量债券投资的收益。

(一) 短期债券投资收益率

短期债券投资由于持有时间较短,一般不用考虑资金时间价值。其基本计算公式为:

$$K = \frac{S - B + I}{B \times N} \times 100\%$$

式中:K——债券投资收益率;

$\quad S$——债券卖出价格;

$\quad B$——债券买入价格;

$\quad I$——债券利息收入;

$\quad N$——债券持有年限(到期年限)。

> **【例 3-14】** 某企业投资 1 050 元,用于购入一张面值为 1 000 元、票面利率为 6%、每年付息一次的债券,持有半年后以 1 080 元的价格转让。试计算该债券的投资收益率。
>
> **解** $K = \dfrac{1\,080 - 1\,050 + 1\,000 \times 6\% \times 0.5}{1\,050 \times 0.5} \times 100\% = 11.43\%$

(二) 长期债券投资收益率

长期债券因持有时间较长,需要考虑资金时间价值因素,通常采用内含报酬率法计算其投资收益率。此时,债券投资收益率就是能使未来现金流入现值等于债券购买价格的贴现率。其计算公式为:

$$P = I \times (P/A, i, n) + F \times (P/F, i, n)$$

式中:P——债券的购买价格;

$\quad I$——每年获得的固定利息;

$\quad F$——债券到期收回的本金或中途出售收回的资金;

$\quad i$——债券投资收益率;

$\quad n$——投资期限。

> **【例 3-15】** 某公司于 2×24 年 5 月 1 日以 90 元的价格购入当日发行的面值 100 元、票面利率 8%、期限 5 年、每年 1 月 31 日付息一次的债券。若该公司持有该债券至到期日,试计算该债券的投资收益率。
>
> **解** $90 = 100 \times 8\% \times (P/A, i, 5) + 100 \times (P/F, i, 5)$

采用逐步测试法来求解该方程：

当 $i=10\%$ 时，

$$100 \times 8\% \times (P/A, 10\%, 5) + 100 \times (P/F, 10\%, 5)$$
$$= 8 \times 3.790\,8 + 100 \times 0.620\,9 = 92.43 > 90$$

当 $i=11\%$ 时，

$$100 \times 8\% \times (P/A, 11\%, 5) + 100 \times (P/F, 11\%, 5)$$
$$= 8 \times 3.695\,9 + 100 \times 0.593\,5 = 88.91 < 90$$

可知到期收益率在 $10\% \sim 11\%$，利用插值法来计算债券投资收益率：

$$i = 10\% + \frac{90 - 92.43}{88.91 - 92.43} \times (11\% - 10\%) = 10.69\%$$

四、债券投资的优点和缺点

(一)债券投资的优点

1. 本金安全性高

与股票相比，债券投资风险较小。政府发行的债券有国家财力作后盾，其本金的安全性非常高，通常可视为无风险证券。企业债券的持有者拥有优先求偿权，即企业破产时，债权人可优先分得企业的资产，因此，其本金损失的可能性较小。

2. 收入稳定性高

债券票面一般都标有固定利息率，债券的发行人有按时支付利息的法定义务。因此，在正常的情况下，投资于债券都能够获得比较稳定的收益。

3. 市场流动性好

许多债券都具有较好的流动性，政府及大企业发行的债券一般都可在金融市场上迅速出售，流动性很好。

3-17 动画
股票投资和债券投资优缺点

(二)债券投资的缺点

1. 通货膨胀风险较大

债券的面值和利息率在发行时就已确定，如果投资期间的通货膨胀率比较高，则本金和利息的购买力将会受到不同程度的侵蚀。在通货膨胀率非常高时，投资者虽然名义上有收益，但实际上却有损失。

2. 没有经营管理权

投资于债券只是获得收益的一种手段，投资者无权对债券发行单位施加控制和影响。

3-18 教学案例
新旧设备的决策

 **考一考**

(多项选择题)与股票投资相比，债券投资的优点有( )。

A. 本金安全性高   B. 投资收益率高

C. 购买力风险低   D. 收入稳定性高

【正确答案】 AD

【答案解析】 债券是一种债务证书，即筹资者给投资者的债务凭证，承诺在一定时期支付约定的利息，并到期偿还本金，而股票投资并不能要求公司返还出资额，因此，与股票投资相

比,债券投资本金安全性高,故 A 正确。债券投资相较于股票来说,投资收益率低,而不是高,故 B 错误。股票和债券都是投资的途径,相较而言,股票投资的流通性较好,购买力风险低,而不是债券投资的购买力风险低,故 C 错误。债券承诺在一定时期支付约定的利息,并到期偿还本金,与股票投资相比,债券投资的风险小,收入稳定性高,故 D 正确。

模 块 测 试

一、单项选择题

1. 某企业投资于某项固定资产,投资金额为 10 万元,该固定资产的寿命为 5 年,期末无残值,采用直线法计提折旧,该企业每年税后净利 2.5 万元,则该项投资回收期为(   )年。

A. 5　　　　　　　　B. 4　　　　　　　　C. 2　　　　　　　　D. 2.22

2. 如果其他因素不变,一旦贴现率提高,下列指标中,数值会变小的是(   )。

A. 净现值　　　　　　　　　　　　B. 内含报酬率

C. 会计收益率　　　　　　　　　　D. 投资回收期

3. 在单一方案决策过程中,可能与净现值评价的结论发生矛盾的评价指标是(   )。

A. 净现值率　　　　　　　　　　　B. 现值指数

C. 投资回收期　　　　　　　　　　D. 内含报酬率

4. 在相同投资额的不同方案决策中,应选择(   )大的。

A. 现值指数　　　　　　　　　　　B. 净现值

C. 投资回收期　　　　　　　　　　D. 收益率

5. 利用回收期指标评价方案的财务可行性,容易造成管理人员在决策上的短见,不符合股东的利益,这是因为回收期指标(   )。

A. 未考虑时间因素　　　　　　　　B. 忽略了回收期后的现金流量

C. 在决策上伴有主观臆断的缺陷　　D. 未利用现金流量信息

6. 运用内含报酬率进行独立方案财务可行性评价的标准,是内含报酬率(   )。

A. 大于 0　　　　　　　　　　　　B. 大于 1

C. 大于投资最低报酬率　　　　　　D. 大于投资利润率

7. 假设某公司每年分配股利 1.2 元/股,最低收益率为 15%,则该公司股票的内在价值为(   )元。

A. 10　　　　　　　　B. 9　　　　　　　　C. 8　　　　　　　　D. 7

8. 某种股票当前的市场价格是 40 元,上年每股股利 2 元,预期的股利增长率为 5%,则其市场决定的预期收益率为(   )。

A. 5%　　　　　　　B. 5.5%　　　　　　C. 12%　　　　　　D. 10.25%

9. 面值为 1 000 元的债券,每半年付息一次,5 年后到期,票面利率为 8%。如果投资者要求的必要报酬率为 10%,则债券的价值为(   )元。

A. 922.78　　　　　B. 956.33　　　　　C. 1 075.82　　　　D. 1 084.32

10. 某投资者于 2×23 年 2 月 1 日投资 900 元,用于购进一张面值 1 000 元、票面利率5.5%、每年 2 月 1 日付息一次的债券,并于 2×24 年 2 月 2 日以 980 元的市价出售,则该债券的投资收益率为(　　)。

A. 15%　　　　　　B. 12%　　　　　　C. 18%　　　　　　D. 10.25%

二、多项选择题

1. 当一项长期投资方案的净现值大于 0 时,则可以说明(　　)。

A. 该方案贴现后现金流入大于贴现后现金流出

B. 该方案的内含报酬率大于预定的贴现率

C. 该方案的现值指数一定大于 1

D. 该方案可以接受

2. 对于同一投资方案,下列论述中,正确的有(　　)。

A. 资金成本越高,净现值越高

B. 资金成本越低,净现值越高

C. 资金成本相当于内含报酬率时,净现值为 0

D. 资金成本高于内含报酬率时,净现值小于 0

3. 影响回收期大小的因素有(　　)。

A. 投资项目的使用寿命

B. 投资项目投产后若干年每年的现金净流量

C. 原始投资额

D. 原始投资回收后投资项目产生的年现金净流量

4. 判断一个独立投资项目是否具有财务可行性的评价标准有(　　)。

A. 净现值大于 0

B. 现值指数大于 0

C. 内含报酬率大于 0

D. 内含报酬率大于投资者要求的最低收益率

5. 下列各项中,影响债券收益率的有(　　)。

A. 债券的票面利率、期限和面值　　　　B. 债券的持有时间

C. 债券的买入价和卖出价　　　　　　　D. 债券的流动性

6. 下列说法中,正确的有(　　)。

A. 必要报酬率等于债券票面利率时,债券价值等于其面值

B. 必要报酬率高于债券票面利率时,债券价值大于其面值

C. 必要报酬率高于债券票面利率时,债券价值小于其面值

D. 必要报酬率低于债券票面利率时,债券价值大于其面值

7. 下列各项中,能够影响债券内在价值的因素有(　　)。

A. 债券的价格　　　　　　　　　　　　B. 债券的计息方式(单利或复利)

C. 当前的市场利率　　　　　　　　　　D. 票面利率

8. 股票投资的特点有(　　)。

A. 购买力风险高　　　　　　　　　　　B. 求偿权居后

C. 价格不稳定　　　　　　　　　　　　D. 收入不稳定

9. 证券投资收益包括(　　)。

A. 资本利得　　　　　　　　　　　　　B. 债券利息率

C. 股票股利　　　　　　　　　　　D. 租息

10. 任何一项正常经营的项目,项目的现金流量由(　　)组成。

A. 终结现金流量　　　　　　　　　B. 初始现金流量

C. 营业现金流量　　　　　　　　　D. 现金净流量

三、判断题

1. 在固定资产使用期内,随着时间的推移,运行成本随着使用年限的增加而逐渐减少,持有成本随着使用年限的增加而逐渐增加。　　　　　　　　　　　　　　　(　　)

2. 现金净流量是现金流入量与现金流出量的差额,其数值一定大于0。　　(　　)

3. 内含报酬率评价指标可以从动态的角度直接反映投资项目的实际收益率水平。(　　)

4. 当某投资项目的净现值大于0时,说明该投资项目的实际收益率大于投资者要求的低收益率。　　　　　　　　　　　　　　　　　　　　　　　　　　　(　　)

5. 债券的价格会随着市场利率的变化而变化,当市场利率上升时,债券价格会下降。

(　　)

6. 在一般情况下,股票市场价格会随市场利率的上升而下降,随市场利率下降而上升。

(　　)

7. 股票的价值是指其实际股利所得和资本利得所形成的现金流入量的现值。(　　)

8. 当债券票面利率大于市场利率时,债券发行时的价格低于债券的面值。　(　　)

9. 短期证券的变现力强,收益率低;长期证券的收益率较高,但风险较大。　(　　)

10. 债券投资与股票投资相比,其本金安全性高,收入稳定性强,但购买力风险大。(　　)

四、实务题

1. 文达公司需投资一个项目,该项目的初始投资额为400万元,没有建设期,当年出售收益,项目有效使用期为6年。项目建成后,6年产生的现金净流量分别为80万元、100万元、120万元、120万元、110万元、100万元。文达公司对项目要求的回报率为15%。

要求:

(1) 计算该项目的净现值。

(2) 计算该项目的内含报酬率。

(3) 计算该项目的现值指数。

(4) 计算该项目的投资回收期。

2. 某企业发行面值100元、期限5年的债券,该债券的票面利率为10%,每年付息一次。

要求:试分别计算市场平均利率为8%、10%和12%时的债券投资价值。

3. 某企业发行面值1 000元、期限5年、票面利率8%、每年付息一次的债券,发行价格为920元。

要求:试计算该债券的实际报酬率。

4. 某公司股票上年支付每股股利为1.92元,投资者要求的必要报酬率为9%。

要求:

(1) 若股利零成长,则其永久持有股票的价值是多少?

(2) 若股利固定增长率为4%,则其持有股票的价值为多少?

(3) 若该股票为零增长股票,某人以每股26.5元的价格购入该股票,试计算该股票的预期收益率,并回答此人购买该股票是否明智。

模块 4

营运资金管理

[考核目标]

1. 了解营运资金的概念、构成和特点。
2. 理解营运资金的周转过程及营运资金管理的内容。
3. 理解持有现金的动机、现金日常管理的注意事项。
4. 掌握确定现金最佳持有量的方法。
5. 理解应收账款成本的概念及构成、应收账款管理的信用政策及注意事项。
6. 掌握应收账款机会成本的计算。
7. 掌握应收账款信用条件及收账政策的决策方法。
8. 理解库存管理的目标及库存持有成本的构成。
9. 掌握确定库存最佳持有量的方法和库存日常管理的方法。

[实践目标]

1. 能计算现金最佳持有量。
2. 能计算应收账款机会成本。
3. 能判断应收账款信用条件及收账政策的优劣。
4. 能计算库存最佳持有量。

[素质目标]

1. 培养学生关于财务风险、成本控制和资金优化的意识。
2. 培养学生以负责任的态度和敢于担当的精神来对待营运资金管理工作。
3. 培养学生对企业的社会责任意识，树立注重效益、公平、公正和可持续发展的财务管理价值观。
4. 鼓励学生敢于提出新观点、新思路，以适应变化多样的财务管理实务环境。

[知识点思维导图]

营运资金管理
├─ 营运资金管理的认知
│ ├─ 营运资金的概念
│ ├─ 营运资金的特点——流动性、波动性、多样性
│ ├─ 营运资金的周转
│ └─ 营运资金管理的内容
└─ 现金管理
   ├─ 现金概述
   ├─ 持有现金的动机——交易动机、预防动机、投机动机
   ├─ 最佳现金持有量的确定——成本分析模式、存货模式
   └─ 现金的日常管理

$$\left.\begin{array}{l}\text{应收账款管理}\left\{\begin{array}{l}\text{应收账款的作用}\\\text{应收账款的成本——机会成本、管理成本、坏账成本、现金折扣成本}\\\text{应收账款管理的目标}\\\text{应收账款管理的信用政策——信用标准、信用条件、收账政策}\\\text{应收账款的日常管理——预防、监控、催收}\end{array}\right.\\\text{存货管理}\left\{\begin{array}{l}\text{存货管理的目标}\\\text{存货的持有成本——采购成本、订货成本、储存成本、短缺成本}\\\text{最佳存货持有量的确定}\\\text{存货的日常管理——ABC 分类控制法、再订货点法}\end{array}\right.\end{array}\right.$$

营运资金管理

任务 4.1　营运资金管理的认知

4-1-1　思政案例
营运资金管理
（案例内容、案例讨论）

一、营运资金的概念

营运资金又称营运资本或循环资本，它是指企业维持日常经营所需的资本。它包括现金、有价证券、应收账款、存货等占用的资金。营运资金通常用某时间点企业的流动资产减去流动负债后的余额表示，其计算公式为：

$$营运资金 = 流动资产 - 流动负债$$

4-2　动画
营运资金管理

二、营运资金的特点

（一）流动性

营运资金与流动资产、流动负债紧密相关，流动资产的资金占用通常在 1 年或超过 1 年的一个营业周期内收回，变现能力强；流动负债筹集的是 1 年以内的短期资金，能更容易、更快捷地获得。

4-3　微课视频
营运资金管理概述

（二）波动性

营运资金数量受企业内外部环境影响，波动较大，尤其受企业短期经营活动的影响，因此，财务人员需要对其波动性进行有效的预测和控制。

（三）多样性

企业通常采取筹集短期资金的方式来筹集营运资金，这些方式（如银行短期借款、短期融资券、商业信用、应交税费、应交利润、应付职工薪酬、应付费用、应付账款、票据贴现等）是灵活多样的。

 **考一考**

（多项选择题）下列关于营运资金的说法中，正确的有（　　）。

A. 营运资金用途广泛，可以用于企业的各项经营活动

B. 营运资金需要持续的投入和维护，以保持企业运作的正常进行

C. 营运资金会影响企业的财务状况

D. 营运资金可以通过外部融资来满足

【正确答案】　ABCD

【答案解析】　营运资金的主要用途是支持和维持企业的正常运营,企业的日常经营活动需要不断地支出资金,而这些资金需求是持续存在的,因此营运资金需要持续投入和维护。营运资金是企业资产负债表中的一部分,对企业资本结构的影响取决于融资的方式。

三、营运资金的周转

营运资金在企业的再生产过程中是不断循环运动的。企业在供应、生产、销售过程中,营运资金从货币资金开始依次转化为储备资金、生产资金、成品资金、结算资金,最后又回到货币资金,每一次转化都是一种形态的结束和另一种形态的开始。资金的各种占用形态同时分布在供应、生产、销售各个过程中,而资金的耗费都能够在较短时间内从产品销售收入中得到补偿。

营运资金周转期具体表现为现金周转期、存货周转期、应收账款周转期、应付账款周转期。其中,现金周转期主要是指从购买原材料,支付现金,到销售产品,收回现金所经历的时间;存货周转期是从收到原材料,加工原材料,形成产成品,到将产成品卖出的这一时期;应收账款周转期是指从产品卖出后到收到顾客支付的货款的这一时期;应付账款周转期是指从赊购材料到支付现金这一时期。这几个周期之间的关系为:

$$现金周转期 = 存货周转期 + 应收账款周转期 - 应付账款周转期$$

(判断题)现金周转期越短,意味着企业的现金使用效率越高,资金状况越稳健。　(　　　)

【正确答案】　√

【答案解析】　现金周转期越短,说明企业从购买存货到销售产品并收回现金的时间越短,这意味着企业的现金回笼速度快,现金流动性好,企业可以更有效地利用资金,减少资金占用,提高资金使用效率。同时,现金周转期短也意味着企业在面临突发事件时,有更多的现金储备以应对风险,因此其资金状况更稳健。

四、营运资金管理的内容

营运资金管理主要是针对构成营运资金的流动资产和流动负债的管理。营运资金管理的内容包括以下几个方面:首先,保证合理的营运资金数量,在保证正常企业生产经营活动的同时,避免资金投入过多造成资源浪费;其次,加快现金、存货和应收账款等流动资产的周转速度,尽量减少资金的过分占用,降低资金占用成本;再次,充分利用商业信用,解决资金短期周转困难;最后,灵活运用财务杠杆,提高自由资金报酬率,降低债务资金成本。

4-1-2　思政案例
营运资金管理
(案例解析)

(单项选择题)下列措施中,不利于提高企业的营运资金效率的是(　　　)。

A. 加强账款管理,及时催收欠款

B. 减少库存周转周期,避免积压过多库存

C. 延长供应商付款周期,推迟支付货款

D. 降低销售收入,减少资金流入量

【正确答案】 D

【答案解析】 选项 A、B、C 都是有利于提高企业的营运资金效率的措施。加强账款管理可以加快资金回笼,减少账款逾期风险;减少库存周转周期有助于降低资金占用成本;延长供应商付款周期可以延缓资金支出压力。然而,降低销售收入会导致资金流入量减少,对企业的营运资金效率不利,因此选项 D 为不利于提高企业的营运资金效率的措施。

任务4.2 现 金 管 理

一、现金概述

狭义的现金指库存现金;广义的现金包括库存现金、银行存款、有价证券、其他货币资金及现金等价物等。此处所指现金是广义的现金。企业持有过少的现金,可能会造成其不能及时购买原材料,生产中断;持有过多的现金,会导致资金收益率下降。因此,现金管理就是要对两者进行权衡,确定最佳现金持有量。

4-4 微课视频
持有现金的动机
和最佳现金持
有量的确定

二、持有现金的动机

企业持有现金是由它的交易动机、预防动机和投资动机决定的。

(一)交易动机

交易动机又称支付动机,是指企业为了维持正常生产经营所需持有现金的动机。企业日常生产经营过程中的支付活动包括债务偿还、原材料采购、工资发放、费用支付等,但这些支出与企业销售、回收应收账款等所产生的现金收入不能保持同步,因此企业需要储备一定量的现金以满足支付需求。

(二)预防动机

预防动机是指企业持有一定现金以便应付发生意外、突发事件(如社会经济环境变化、自然灾害、生产事故等)所产生的现金需求的动机。如果企业临时筹资能力强,则可以减少预防性现金的数额;反之,则应扩大预防性现金的数额。

(三)投机动机

投机动机是指企业为了抓住各种瞬间即逝的投资机会而准备现金的动机。例如,企业在价格大幅下降时大量购入原材料,在有利价位时购入有价证券等。企业因投机需求而储备的现金数额往往与金融市场的投资机会及企业对待风险的态度有关。

 考一考

(判断题)企业进行现金管理的主要动机是让企业的现金余额尽可能高,避免出现资金短缺的情况。   (   )

【正确答案】　×

【答案解析】　虽然保持适当的现金储备是现金管理的一个重要目标,但企业进行现金管理的主要动机不是简单地让现金余额尽可能高。现金管理的主要动机是确保企业有足够的现金流动性,使其能够满足日常经营需求、应对突发事件和支付资金支出。因此,现金管理旨在平衡现金余额的充足性和资金的高效利用,而非简单追求现金余额的最大化。

三、最佳现金持有量的确定

企业持有现金,一方面能保证企业正常生产经营,另一方面如果企业持有过多现金,势必造成浪费,因此,企业需掌握最佳现金持有量。确定最佳现金持有量的方法有多种,此处重点介绍成本分析模式和存货模式。

(一) 成本分析模式

成本分析模式是指通过分析持有现金的相关成本来预测总成本最低的现金持有量的一种方法。持有现金的成本通常包括机会成本、管理成本、转换成本和短缺成本。

机会成本是指企业因持有一定数量的现金,而不能进行有价证券投资所产生的投资收益。这个收益在数额上等同于持有该笔现金的机会成本。机会成本与现金持有量呈正比关系,现金持有量越多,机会成本就越高。

管理成本是指企业保留一定的现金,对现金进行管理,从而产生一定的管理费,如管理人员的工资及必要的安全措施管理费等。管理成本通常是固定成本,在一定范围内和现金持有量之间没有明显的比例关系。

转换成本是企业用现金购入有价证券,以及将有价证券换取现金时所产生的交易费用,包括委托买卖佣金、委托手续费、证券过户费等,这些成本与交易的次数以及每次交易的金额有关,与现金持有量无关。

短缺成本是指企业在现金持有量不足、又不能通过有价证券变现交易来补充现金时,所造成的损失。短缺成本与现金持有量成反比。现金持有量增加,短缺成本下降;现金持有量减少,短缺成本上升。

企业在运用成本分析模式确定现金最佳持有量时,只需考虑持有一定量的现金而产生的机会成本、管理成本和短缺成本,而不用考虑转换成本。因为,管理成本通常是固定成本,在一定范围内和现金持有量之间没有明显的比例关系,可以作为现金总成本的一部分来考虑。

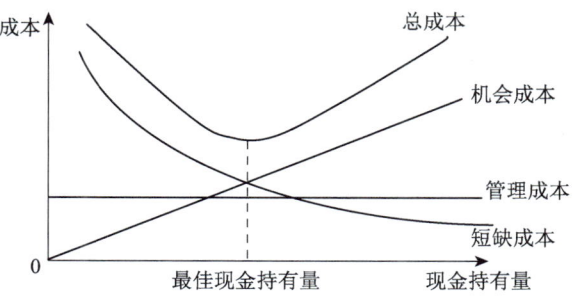

图 4-1　最佳现金持有量

在这种模式下,最佳现金持有量就是持有现金而产生的机会成本、管理成本、短缺成本之和最小时的现金持有量,如图 4-1 所示。

最佳现金持有量的计算公式为:

$$最佳现金持有量 = \min(机会成本 + 管理成本 + 短缺成本)$$

该模式的分析步骤为：

（1）根据不同现金持有量测算有关成本的数值。

（2）根据步骤（1）的数据编制最佳现金持有量测算表。

（3）对比最佳现金持有量测算表中的不同现金持有量对应的总成本，总成本最低的现金持有量即为最佳现金持有量。

【例 4-1】 宜兴公司现有四种现金持有量方案，用于测算最佳现金持有量，有关成本资料如表 4-1 所示。

表 4-1　　　　　　　　　　　　　现金持有量备选方案　　　　　　　　　　金额单位：元

项　目	方案 1	方案 2	方案 3	方案 4
现金持有量	30 000	40 000	50 000	60 000
机会成本率	10%	10%	10%	10%
管理成本	2 000	2 000	2 000	2 000
短缺成本	15 000	12 000	9 600	6 000

解　本例可通过编制最佳现金持有量测算表来确定宜兴公司的最佳现金持有量。最佳现金持有量测算表如表 4-2 所示。

表 4-2　　　　　　　　　　　　　最佳现金持有量测算表　　　　　　　　　　　　单位：元

现金成本	现金持有量			
	方案 1	方案 2	方案 3	方案 4
	30 000	40 000	50 000	60 000
机会成本	3 000	4 000	5 000	6 000
管理成本	2 000	2 000	2 000	2 000
短缺成本	15 000	12 000	9 600	6 000
总成本	20 000	18 000	16 600	14 000

通过分析比较可知，各现金持有量水平下的总成本中，方案 4 的总成本最低，因此，该公司平均持有 60 000 元现金时，总成本最低，最佳现金持有量为 60 000 元。

 考一考

（单项选择题）某家公司需要确定最佳的现金持有量，以平衡各种备选方案的成本和效益。根据现金持有量备选方案测算，公司准备对三种不同的现金持有量方案进行评估，具体成本和效益如下。

（1）现金持有量 A 方案：每年持有现金 200 万元，每年的机会成本为 100 万元。

（2）现金持有量 B 方案：每年持有现金 250 万元，每年的机会成本为 60 万元。

（3）现金持有量 C 方案：每年持有现金 300 万元，每年的机会成本为 80 万元。

如果公司的目标是尽可能降低现金持有成本，而机会成本是公司最注重的成本，根据现金持有量备选方案测算，（　　）是最佳的。

A. 现金持有量 A 方案　　　　B. 现金持有量 B 方案　　　　C. 现金持有量 C 方案

【正确答案】　B

【答案解析】　根据现金持有量备选方案测算,公司的目标是尽可能降低现金持有成本,而备选方案中的机会成本是公司最注重的成本,故在比较三种方案时,我们应该选择机会成本最低的方案。根据题目提供的数据,现金持有量 B 方案的机会成本最低(60 万元),因此现金持有量 B 方案是最佳的,即持有现金 250 万元,机会成本为 60 万元。

(二) 存货模式

存货模式的基本思想是将存货经济批量模型用于确定最佳现金持有量。企业运用存货模式确定最佳现金持有量时,只需考虑持有一定量的现金而产生的机会成本及转换成本,而不考虑管理成本和短缺成本,找出机会成本及转换成本之和最低时的现金持有量。

存货模式需满足这样的假设:假设企业现金的收支量是可预测的,现金在收支过程中是比较稳定的,波动较小;企业在预测期内出现现金短缺时,可通过出售有价证券来补充现金,即不会出现现金短缺的现象,每次交易的报酬率和交易费用能获悉。

在上述假设下,当机会成本与转换成本相等时,相关总成本最低,此时的现金持有量即为最佳现金持有量,如图 4-2 所示。

用 TC 表示最佳现金管理相关总成本,Q 表示最佳现金持有量,T 表示某一时期的货币资金总需求量,F 表示每次出售有价证券的转换成本,K 表示有价证券的利息率(即机会成本率),K 与 T 必须为同一期间。则:

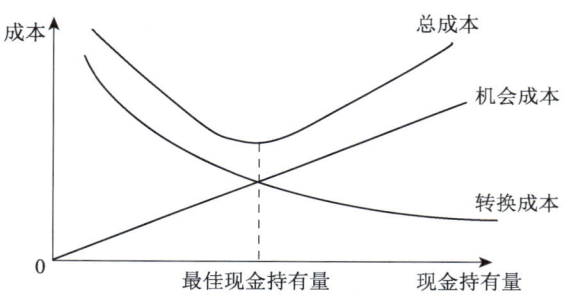

图 4-2　最佳现金持有量

最佳现金管理相关总成本为:

$$TC = \frac{QK}{2} + \frac{TF}{Q}$$

最佳现金持有量为:

$$Q = \sqrt{2TF \div K}$$

【例 4-2】　宜兴公司现金收支比较稳定,预计全年(按 360 天计)需要现金 900 万元,现金与有价证券的转换成本为 200 元,有价证券的年利率为 4%。试计算宜兴公司的最佳现金持有量和最佳现金管理相关总成本。

解　最佳现金持有量 $Q = \sqrt{2 \times 9\,000\,000 \times 200 \div 4\%} = 300\,000$(元)

最佳现金管理相关总成本 $TC = \dfrac{300\,000 \times 4\%}{2} + \dfrac{9\,000\,000 \times 200}{300\,000} = 12\,000$(元)

考一考

(计算题)假设一家企业每年的货币资金总需求量为 200 万元,需花费 1 000 元来进行一次资金转运,每次资金转运的金额为 10 万元,假定银行的年利率为 5%,请计算这家企业的最

佳现金持有量。

【答案解析】 我们可以使用现金转运成本模型来计算最佳现金持有量。根据现金转运成本模型,最佳现金持有量(Q)可以通过以下公式计算:$Q=\sqrt{2TF\div K}$。其中,T 为每年的货币资金总需求量,F 为每次转运的固定成本,K 为资金持有成本率。根据题目信息,可知:$T=200$ 万元,$F=1\,000$ 元,$K=5\%=0.05$。将这些数值代入公式中,可得到最佳现金持有量:$Q=\sqrt{2\times 200\times 0.1\div 0.05}=28.28$(万元)。

因此,这家企业的最佳现金持有量为 28.28 万元。在此现金持有量的情况下,企业在满足日常经营需求的同时,能够最大程度地降低现金持有成本和转运成本。

四、现金的日常管理

(1)企业应严格遵守国家有关部十门对企业使用现金的有关规定,如严格执行企业的库存现金限额,在规定的交易范围内使用现金,不坐支现金,不签发空头支票,不出租、出借银行账户等。

(2)企业在安排资金使用计划时,尽量缩短现金流入与现金流出的时间差,争取现金流量同步,提高现金使用效率,保证企业现金收支平衡,提高企业现金管理水平。

(3)企业应合理使用现金浮游量。现金浮游量是指企业账户上的现金余额和银行账户上的企业存款余额之间的差额。例如,企业从开出支票到银行将款项划出需要一段时间,在这段时间里,企业可以继续使用银行存款账户上的这部分资金。在使用现金浮游量时,企业一定要控制好使用时间;否则,会发生银行存款的透支。

(4)企业应缩短收款时间、加快收款速度。例如,企业可以运用现金折扣、折让等方法,加速应收账款回收;通过与银行合作,加快企业所收到的商业票据的结算,尽快将货款拨至企业银行账户;设立专人来负责处理大额款项的收取,提高办事效率等。

(5)企业应在不影响企业信誉的前提下,充分利用供货方提供的信用优惠,尽可能推迟应付款的支付期。在现金周转困难时,企业可以与对方协商,适当采取"分期付款"的方式进行缓解。

(判断题)企业在日常现金管理中,应确保现金的流动性,以满足随时可能发生的支付需求。　　　　　　　　　　　　　　　　　　　　　　　　　　　　　　　　(　　)

【正确答案】 √

【答案解析】 企业的日常现金管理的主要目标之一就是保持足够的流动性,以确保能够及时支付各项费用和债务。

(判断题)企业可以从任何渠道获取资金,其无论来源和方式如何,都可以视为企业的资金来源。　　　　　　　　　　　　　　　　　　　　　　　　　　　　　　　　(　　)

【正确答案】 ×

【答案解析】 企业在获取资金时,需要考虑资金的来源和方式,并非所有来源和方式的资金都适合企业,这需要根据企业的实际情况和资金管理策略来决定。

(判断题)企业在日常现金管理中,只需要关注现金的流入和流出,无需关注资金的持有成本。　　　　　　　　　　　　　　　　　　　　　　　　　　　　　　　　(　　)

【正确答案】　×

【答案解析】　企业在日常现金管理中,不仅需要关注现金的流入和流出,还需要关注资金的持有成本,因为持有现金也会产生机会成本,这需要企业在现金管理中进行权衡。

任务 4.3　应收账款管理

一、应收账款的作用

应收账款是指企业因对外赊销产品、材料、供应劳务等而向购货或接受劳务的单位收取的款项。

赊销作为促进销售的一种方式,在现代市场激烈的竞争中,发挥越来越重要的作用。在同等的产品价格、质量水平及售后服务下,采购商通常愿意向能够推迟付款的供应商购买产品。可见,应收账款具有促进销售的作用。另外,赊销在促进销售的同时,也减少了企业存货的数量,进而减少了企业因存货管理而支付的管理费、仓储费、保险费等,节约了企业的开支,加快了存货的周转。因此,企业为了避免存货过多的现象,可以采取加大赊销力度、增加应收账款等方式来加快存货周转。

考一考

(判断题)应收账款的作用只是促进销售。

【正确答案】　×

【答案解析】　应收账款是企业对外赊销而产生的款项,赊销能减少企业的存货数量、节约开支等,其作用不只是促进销售。　　　　　　　　　　　　　　　　　　(　　)

(判断题)企业为了加快存货周转可以只通过加大赊销力度来实现。

【正确答案】　×

【答案解析】　虽然加大赊销力度、增加应收账款可以加快企业的存货周转,但这不是唯一方式,企业还可以通过优化生产管理、提高销售效率等其他方式来实现。　　　(　　)

(单项选择题)赊销能带来的好处有(　　　)。

A. 促进销售　　　　　B. 减少存货数量　　　　C. 节约企业开支　　　　D. 以上都是

【正确答案】　D

【答案解析】　赊销既能促进销售,又能减少存货数量从而节约开支,所以选 D。

二、应收账款的成本

应收账款的成本是指企业因持有应收账款而付出的代价。它包括机会成本、管理成本、坏账成本和现金折扣成本。

(一) 机会成本

如果企业将应收账款占用的资金用做其他投资,则会获得收益,当应收账款占用这些资金

时,就意味着企业放弃了其他投资及其带来的收益,而这些收益就是应收账款的机会成本。这种成本一般参照有价证券的利息收入进行计量,其计算公式为:

$$应收账款机会成本 = 维持赊销业务占用资金 \times 资金成本$$

$$维持赊销业务占用资金 = 应收账款平均余额 \times 变动成本率$$

$$应收账款平均余额 = 年赊销额 \div 应收账款周转率$$

$$应收账款周转率 = 360 \div 应收账款平均收账期$$

【例 4-3】 强丰公司预测其 2×24 年度的赊销额为 3 000 万元,应收账款平均收账期为 60 天,变动成本率为 50%,公司的资本成本为 10%,1 年按 360 天计。

要求:

(1) 试计算其 2×24 年度应收账款平均余额。

(2) 其 2×24 年度维持赊销业务所占用的资金。

(3) 其 2×24 年度应收账款机会成本。

解 其 2×24 年度应收账款平均余额 = 年赊销额 ÷ 应收账款周转率

= 3 000 ÷ (360 ÷ 60) = 500(万元)

其 2×24 年度维持赊销业务所占用的资金 = 应收账款平均余额 × 变动成本率

= 500 × 50% = 250(万元)

其 2×24 年度应收账款机会成本 = 维持赊销业务占用资金 × 资本成本

= 250 × 10% = 25(万元)

 **考一考**

(单项选择题)应收账款机会成本的计算公式不包括( )因素。

A. 维持赊销业务占用资金　　　　　B. 资金成本

C. 年赊销额　　　　　　　　　　　D. 折扣期内付款额

【正确答案】 D

【答案解析】 折扣期内付款额不是应收账款机会成本计算公式中的因素,所以选 D。

(计算题)某企业年赊销额为 1 000 万元,应收账款平均收账期为 60 天,变动成本率为 70%,资金成本率为 8%,计算应收账款机会成本。

【答案解析】 先根据应收账款平均收账期计算出应收账款周转率为 360 ÷ 60 = 6(次),这表示 1 年中应收账款转化为现金的次数。

再用年赊销额除以应收账款周转率得到应收账款平均余额为 1 000 ÷ 6 ≈ 166.67(万元)。

然后用应收账款平均余额乘以变动成本率得到维持赊销业务占用资金为 166.67 × 70% = 116.67(万元),这就是被应收账款占用的资金量。

最后用维持赊销业务占用资金乘以资金成本率得出应收账款机会成本为 116.67 × 8% = 9.333 6(万元),即企业因持有应收账款而放弃的其他投资收益。

(二)管理成本

应收账款的管理成本是指在应收账款管理时所增加的费用。它包括对客户的资信调查费用、应收账款账簿记录费、收账费用等，这些费用的支出相对固定。

（三）坏账成本

坏账成本是指企业在赊销过程中可能无法收回应收账款而发生的损失。这个损失和应收账款的数量成正比。坏账成本的测算公式为：

$$坏账成本 = 应收账款 \times 预计坏账损失率$$

为了避免发生坏账给企业生产经营活动带来不利影响，企业应合理提取坏账准备。

（四）现金折扣成本

企业为了使客户早日付款，而给予对方付款金额方面的优惠，这个优惠就是现金折扣。当客户付款满足信用条件中的现金折扣条款时，即可享受现金折扣。企业因获得客户早日付款而付出的现金折扣代价，就是现金折扣成本。其可用公式表示为：

$$现金折扣成本 = 折扣期内付款额$$

 **考一考**

（单项选择题）以下关于应收账款成本的说法中，正确的是（　　　）。

A. 管理成本不包括收账费用

B. 坏账成本和应收账款的数量成反比

C. 现金折扣成本是企业给予客户的优惠

D. 应收账款的成本只包括机会成本和坏账成本

【正确答案】　C

【答案解析】　A 选项管理成本包括收账费用；B 选项坏账成本和应收账款数量成正比；C 选项说法正确；D 选项应收账款成本还包括管理成本和现金折扣成本。

三、应收账款管理的目标

应收账款管理的目标是：对应收账款增加所导致的成本和费用的增加与收益的增加进行正确的衡量，从而在发挥应收账款功能的同时，尽可能降低应收账款成本，提高经济效益，以提升企业价值。

四、应收账款管理的信用政策

为了实现应收账款管理的目标，避免因存在大量应收账款而引起资金短缺、影响资金周转的现象，企业须对应收账款进行规划并采取控制措施，即建立应收账款的管理政策——信用政策。企业的信用政策主要包括信用标准、信用条件和收账政策三个方面。

4-6　微课视频
应收账款的成本
和信用政策

（一）信用标准

信用标准是指企业的客户要获得企业提供的商业信用，须达到的最低要求或最基本的条件。它通常以预计的坏账损失率来表示。信用标准是企业评价客户等级、决定是否给予客户信用的依据。企业信用标准的确定涉及两个方面：一是信用标准的严苛程度；二是企业对客户信用状况的判定。

1. 信用标准的严苛程度

企业信用标准过于严格，只对信誉好的客户提供赊销，有利于减少坏账损失、减少应收账款的成本,但不利于扩大销售甚至会限制销售;企业信用标准过于宽松,有利于促进销售,但也会增加应收账款的成本。

2. 企业对客户信用状况的判定

企业判定客户信用状况通常使用"5C"评估法,具体如下:

(1) 品质(character)是指客户信誉,客户在诚实、正直方面的表现,具体体现在客户的还款意愿上。

(2) 能力(capacity)是指客户的偿债能力,客户在债务到期时的可用于偿债的财务资源。

(3) 资本(capital)是指客户在当前现金不足以还债的情况下,可提供的短期或长期的财务资源。

(4) 抵押(collateral)是指客户不能按要求还款时,可用作债务担保的资产或其他担保物。

(5) 条件(condition)是指可能影响顾客或客户付款能力的经济环境,如企业发展前景、行业发展趋势、市场需求变化等。

考一考

(单项选择题)企业信用标准过于严格可能导致的结果是( )。

A. 增加坏账损失   B. 限制销售

C. 促进销售   D. 增加应收账款成本

【正确答案】 B

【答案解析】 企业信用标准过于严格,只对信誉好的客户提供赊销,有利于减少坏账损失和应收账款成本,但会限制销售,故 A、D 选项错误,而 C 选项是信用标准过于宽松的结果。

(单项选择题)企业判定客户信用状况所使用的"5C"评估法中,用于评估客户还款意愿的是( )。

A. 品质   B. 能力   C. 资本   D. 抵押

【正确答案】 A

【答案解析】 品质是指客户信誉,体现客户的还款意愿,能力是偿债能力,资本是财务资源,抵押是担保物,所以选 A。

(二) 信用条件

企业根据信用标准对客户进行评估,对能够获得信用优惠的顾客,就要考虑具体的信用条件。信用条件包括信用期限、折扣期限和现金折扣率等,一般在信用订单上注明。例如,"5/10,3/20,$n/30$"的信用条件表示的意思为:如果客户能在开发票后 10 日内付款,可以享受 5% 的现金折扣;如果客户能在开发票后 20 日内付款,可以享受 3% 的现金折扣;如果客户放弃折扣优惠,则全部款项必须在 30 天内付清。

企业在提供信用条件时,不仅会增加销售量、提高收益,也会增加信用成本。因此,企业在确定信用条件时,要权衡利弊,将信用条件所提高的收益减去相应的信用成本得到的结果进行对比,选择能最大增加利润的信用条件。

信用条件所提高的收益称为"信用成本前收益";信用成本包括应收账款的机会成本、管理成本、坏账成本和现金折扣成本;信用成本前收益减去信用成本得到的结果称为"信用成本后收益"。其可用公式表示为:

$$信用成本前收益 = 赊销额 - 变动成本 = 赊销额 \times (1 - 变动成本率)$$

$$信用成本 = 机会成本 + 管理成本 + 坏账成本 + 现金折扣成本$$

$$信用成本后收益 = 信用成本前收益 - 信用成本$$

信用成本后收益越大,其对应的信用条件就越优。

【例 4-4】　中山公司一直采用赊销方式销售产品,产品的变动成本率为 60%,信用条件为"n/60"。为扩大产品的销售量,中山公司拟将信用条件变更为"n/90",假定 1 年按 360 天计算,所有客户均于信用期满付款,则调整前后两方案对比如表 4-3 所示。

表 4-3　　　　　　　　　　　　　　　　调整前后两方案对比　　　　　　　　　　　　金额单位:万元

项目	调整前(方案 A, n/60)	调整后(方案 B, n/90)
年赊销额	1 000	1 100
应收账款平均收账期(天)	60	90
变动成本率	60%	60%
资本成本	10%	10%
管理成本(收账费用)	12	13
坏账损失成本	25	30

要求:

(1) 计算信用条件改变前、后中山公司的信用成本前收益。

(2) 计算信用条件改变前、后中山公司的信用成本。

(3) 为中山公司做出是否应改变信用条件的决策,并说明理由。

解　编制信用条件决策分析评价表,如表 4-4 所示。

表 4-4　　　　　　　　　　　　　　　信用条件决策分析评价表　　　　　　　　　　　金额单位:万元

项目			调整前(方案 A, n/60)	调整后(方案 B, n/90)
年赊销额			1 000	1 100
变动成本			1 000×60%=600	1 100×60%=660
信用成本前收益			1 000-600=400	1 100-660=440
信用成本	机会成本	应收账款周转率(次/年)	360÷60=6	360÷90=4
		应收账款平均余额	1 000÷6=167	1 100÷4=275
		维持赊销业务占用资金	167×60%=100	275×60%=165
		应收账款机会成本	100×10%=10	165×10%=16.5
	管理成本		12	13
	坏账成本		25	30
	现金折扣成本		0	0
	信用成本小计		10+25+12=37	16.5+30+13=59.5
信用成本后收益			400-37=363	440-59.5=380.5

根据表 4-4 中的计算结果,调整后方案 B 的信用成本后收益大于调整前方案 A,在其他条件不变的情况下,可选择调整后方案 B。

方案 B 并未考虑现金折扣成本,假设中山公司调整信用条件方案后,为了加速应收账款的回收,决定将信用条件调整为"2/10, 1/20, $n/90$"(方案 C)。如果采用方案 C,将增加现金折扣成本。

现金折扣成本计算公式为:

$$现金折扣成本 = 赊销额 \times 折扣率 \times 享受折扣的客户比率$$

假设中山公司放宽信用条件,即采用方案 C 后,有 50% 的顾客会利用 2% 的折扣,有20% 的顾客会使用 1% 的折扣,其余顾客放弃折扣于信用期满按时付款,坏账损失增加31 万元,管理成本增加 13.5 万元,年赊销额可达 1 300 万元,其他条件不变。

则调整前后两方案对比如表 4-5 所示。

表 4-5　　　　　　　　　　调整前后两方案对比　　　　　　　　金额单位:万元

项目	调整前(方案 B, $n/90$)	调整后(方案 C, 2/10, 1/20, $n/90$)
年赊销额	1 100	1 300
应收账款平均收账期(天)	90	90
变动成本率	60%	60%
资本成本	10%	10%
管理成本	13	13.5
坏账损失成本	30	31
现金折扣	0	50% 的顾客会利用 2% 的折扣 20% 的顾客会使用 1% 的折扣 其余顾客放弃折扣,期满付款

继续编制信用条件决策分析评价表对方案 B 和方案 C 进行决策分析,如表 4-6 所示。

表 4-6　　　　　　　　　　信用条件决策分析评价表　　　　　　　　金额单位:万元

项目			调整后(方案 B, $n/90$)	调整后(方案 C, 2/10, 1/20, $n/90$)
年赊销额			1 100	1 300
变动成本率			1 100×60%=660	1 300×60%=780
信用成本前收益			1 100-660=440	1 300-780=520
信用成本	机会成本	应收账款周转率(次/年)	360÷90=4	360÷90=4
		应收账款平均余额	1 100÷4=275	1 300÷4=325
		维持赊销业务占用资金	275×60%=165	325×60%=195
		应收账款机会成本	165×10%=16.5	195×10%=19.5
	管理成本		13	13.5
	坏账成本		30	31

（续表）

项目		调整后（方案 B, $n/90$）	调整后（方案 C, $2/10$, $1/20$, $n/90$）
信用成本	现金折扣成本	0	$1\,300 \times 2\% \times 50\% = 13$ $1\,300 \times 1\% \times 20\% = 2.6$
	信用成本小计	$16.5 + 13 + 30 = 59.5$	$19.5 + 13.5 + 31 + 13 + 2.6 = 79.6$
信用成本后收益		$440 - 59.5 = 380.5$	$520 - 79.6 = 440.4$

4-7　教学案例
信用条件
调整的分析

根据表 4-6 中的计算结果，调整后方案 C 的信用成本后收益大于调整前方案 B，在其他条件不变的情况下，可选择调整后的方案 C。

 **考一考**

（单项选择题）"$5/10$, $3/20$, $n/30$"的信用条件中，客户如果在 20 天内付款可以享受的现金折扣率是（　　）。

A. 5%　　　　　　　B. 3%　　　　　　　C. 10%　　　　　　　D. 20%

【正确答案】　B

【答案解析】　根据描述可知，20 天内付款享受 3% 的现金折扣，选 B。

（单项选择题）在"$5/10$, $3/20$, $n/30$"的信用条件下，若企业的变动成本率为 70%，赊销额为 1 000 万元，则信用成本前收益为（　　）万元。

A. 300　　　　　　　B. 700　　　　　　　C. 800　　　　　　　D. 1 000

【正确答案】　A

【答案解析】　信用成本前收益＝赊销额×（1－变动成本率）＝1 000×（1－70%）＝1 000×0.3＝300（万元），所以选 A。

（三）收账政策

收账政策是指企业对客户违反信用条件，拖欠、拒付账款所采取的收账策略及措施。常见的策略及措施有：

（1）在向客户提供商业信用前，对客户进行信用调查，了解客户是否会拖欠或拒付账款，若拖欠或拒付账款，其程度如何。

（2）执行严格的信用审批制度，最大限度地防止客户拖欠账款。

（3）采取有效的收账措施，解决客户拖欠、拒付问题。企业既要及早收回货款，又要处理好和客户之间的关系，并控制好收账费用。

一般而言，企业加强收账管理，无论采用何种方式进行催收，都需要付出一定的代价，即产生收账费用，如收款所花的通信费、派专人收款的差旅费和不得已时的法律诉讼费等。企业及早收回货款，可以减少坏账损失，减少应收账款上的资金占用，但会增加收账费用。因此，企业制定收账政策时要在增加收账费用与减少坏账损失、减少应收账款机会成本之间进行权衡。若前者小于后者，则说明制定的收账政策是可取的。

【例4-5】 天成公司应收账款原收款政策和拟改变的收款政策如表4-7所示。

表4-7 收账政策备选方案 金额单位：万元

项目	原收账政策	拟改变的收账政策
年收账费用	80	100
应收账款平均收账天数（天）	40	30
坏账损失占赊销额百分比	2%	1%
赊销额	7 200	7 200
变动成本率	50%	50%

假设有价证券的利息率（机会成本率）为10%，试做出天成公司是否应改变收账政策的决策。

解 编制收账政策分析评价表，如表4-8所示。

表4-8 收账政策分析评价表 金额单位：万元

项目	原收账政策	拟改变的收账政策
赊销额	7 200	7 200
应收账款平均收账天数（天）	40	30
应收账款平均余额	7 200÷360×40=800	7 200÷360×30=600
维持赊销业务占用的资金	800×50%=400	600×50%=300
应收账款的机会成本	400×10%=40	300×10%=30
坏账损失	7 200×2%=144	7 200×1%=72
年收账费用	80	100
收账总成本	40+144+80=264	30+72+100=202

计算结果表明，拟改变收账政策发生的收账总成本较原收账政策的收账总成本降低了62万元（264－202），因此，改变收账政策可行。

 考一考

（判断题）收账政策只包括对客户拖欠、拒付账款采取的收账措施。

【正确答案】 ×

【答案解析】 收账政策还包括信用调查和信用审批制度等。

（多项选择题）企业制定收账政策时需要在增加收账费用与以下哪些方面进行权衡？
（ ）

A. 减少坏账损失 B. 减少应收账款机会成本

C. 增加销售额　　　　　　　　　　D. 增加利润

【正确答案】　AB

【答案解析】　企业制定收账政策时在增加收账费用与减少坏账损失、减少应收账款机会成本之间进行权衡，所以选 AB。

五、应收账款的日常管理

（一）应收账款的预防

应收账款的预防关键在于企业内部建立客户资信调查及信用审批制度，做好客户的资信调查及信用审批工作。企业通过对客户的财务会计报告、商业交往信息、经营场所状况、信用评级报告、有关行政机关提供的信用信息等进行资料收集，依照自身的信用标准对客户进行评估、评级，在确定销售方式、授信额度、结算方式、付款保障时，进行严格逐层把关审批，并依据审批结果进行分类管理。

（二）应收账款的监控

在日常经营过程中，企业应及时跟进客户付款情况，做好与客户往来交易的基础记录，通过编制应收账款账龄分析表，判断企业应收账款的总体质量和不同客户的信用状况，为企业决定赊销政策提供依据。

【例 4-6】　某企业应收账款账龄分析表如表 4-9 所示，试对该企业的赊销政策进行分析。

表 4-9　　　　　　　　　　　应收账款账龄分析表

应收账款账龄	客户数量（个）	应收账款金额（万元）	占应收账款总额的比重
信用期以内（0～40 天）	50	100	56.82%
信用期在 41～80 天	40	40	22.73%
信用期在 81～120 天	21	15	8.52%
信用期在 121～160 天	9	12	6.82%
信用期在 161 天以上	6	9	5.11%
应收账款合计	126	176	100.00%

解　从表 4-9 中可知，该企业未超过信用期的应收账款余额为 100 万元，占应收账款总额的 56.82%；逾期应收账款为 76 万元，占应收账款总额的 43.18%，其中逾期 161 天以上的应收账款为 9 万元，占应收账款总额的 5.11%。企业应引起重视，采取必要的收账措施加速应收账款的收回，减少坏账损失。

（三）应收账款的催收

（1）当出现客户拖欠或拒付时，企业应结合客户以往的回款情况，及时重新核查、确认客户的资信等级。

（2）企业应依次采用去信函、去电话、派专员登门催收、双方协商等方式，有礼有节地提醒对方付款,并逐渐加强催款力度。若对方仍然故意拒付,企业再考虑通过法律裁决的方式解决。催收方式不当,不仅会影响企业和客户之间的关系,逾期的应收款项也不一定能收回。

(3) 企业加强收账管理,可以减少坏账损失,减少应收账款的资金占用,但也必然会增加收账费用,如催收所支出的通信费、差旅费、诉讼费等。因此,企业进行收账管理时要权衡利弊,掌握好宽严界限。

 考一考

(单项选择题)下列各项中,属于应收账款预防工作的是(　　)。

A. 对客户的财务会计报告等进行资料收集

B. 及时跟进客户付款情况

C. 去信函提醒对方付款

D. 掌握好收账管理的宽严界限

【正确答案】　A

【答案解析】　A 选项属于应收账款预防工作中进行客户资信调查的内容;B 选项是应收账款监控的内容;C 选项是应收账款催收的方式;D 选项是收账管理时要注意的,所以选 A。

任务4.4　存 货 管 理

4-8　动画
存货管理

4-9　微课视频
存货管理的
目标及存货
成本

一、存货管理的目标

存货是企业在生产经营过程中为生产耗用或产品销售而储备的物资。存货投资的存在,既能避免生产脱节和产品脱销产生的损失、为企业增加利润,又能增加资金占用,并产生一系列管理费用。因此,存货管理的目标是要在保证生产及销售经营需要的前提下,权衡存货成本与收益,达到两者的最佳结合,争取以最低的存货成本保证正常生产经营的需要,并最大可能地提高经济效益。

二、存货的持有成本

企业保持一定数量的存货,必然要为之付出相应的代价,这一代价就是存货的持有成本。其主要包括以下几个方面。

(一) 采购成本

采购成本又称购置成本,是指企业为购买存货所支出的成本。它包括存货的买价、运杂费等,采购成本等于采购数量与采购单价的乘积。其中,采购数量是由满足生产和销售的需求确定的,在正常情况下,一定时期内的采购数量相对固定;而采购单价通常是企业经过货比三家后确定的,并且受采购数量的影响,采购数量大,企业就可能享受价格折扣。

(二) 订货成本

订货成本是指企业组织进货而发生的费用。在通常情况下,它包含固定订货成本和变动订货成本。其中,固定订货成本与订货次数无关,如专门采购机构的基本开支;变动订货成本

包含差旅费、通信费、邮费等,与采购数量无关,但与采购的次数关系密切。在采购总量一定时,采购次数越多,订货成本就越高;反之,采购次数越少,订货成本就越低。

(三) 储存成本

储存成本是指存货在储存过程中发生的成本。它包括仓库折旧费、仓库保管员的固定工资、搬运费、保险费、存货资金占用所支付的利息等。其中,仓库折旧费、仓库保管员的固定工资与存货数量无关,属于固定储存成本;搬运费、保险费、存货资金占用所支付的利息等则取决于存货数量,属于变动储存成本,存货数量越大,储存变动成本越高。

(四) 短缺成本

短缺成本又称缺货成本,是指企业因存货供应不足或中断而造成的损失。它包括原材料短缺造成的生产线停工、延误完工期限,产成品库存短缺造成的延期交货的销售收益损失及信誉损失,以及措施销售机会的损失等。如果企业采取紧急采购的方式解决存货短缺之急,则紧急额外购入的存货成本就是短缺成本。

综上所述,企业持有存货的总成本的计算公式为:

$$存货总成本 = 采购成本 + 订货成本 + 储存成本 + 短缺成本$$

企业存货的最优化管理,就是使存货总成本的构成实现最佳组合,从而实现存货总成本的值最小。

 **考一考**

(单项选择题)存货管理的目标是(　　　)。

A. 以最高的存货成本保证生产经营需要

B. 以最低的存货成本保证正常生产经营的需要,并最大可能地提高经济效益

C. 只追求经济效益最大化

D. 减少存货数量

【正确答案】　B

【答案解析】　存货管理的目标是要在保证生产及销售经营需要的前提下,权衡存货成本与收益,达到两者的最佳结合,争取以最低的存货成本保证正常生产经营的需要,并最大可能地提高经济效益。A 选项错误,C 选项不全面,D 选项减少存货数量不是最终目标,B 选项表述准确。

(单项选择题)下列各项中,属于存货持有成本中订货成本的是(　　　)。

A. 仓库折旧费　　　　　　　　　B. 运杂费

C. 差旅费　　　　　　　　　　　D. 存货资金占用所支付的利息

【正确答案】　C

【答案解析】　订货成本包含固定订货成本和变动订货成本,变动订货成本包含差旅费等,与采购次数关系密切,而仓库折旧费属于储存成本,运杂费属于采购成本,存货资金占用所支付的利息也属于储存成本,所以选 C。

三、最佳存货持有量的确定

从存货持有成本的构成来看,各项成本之间既相互联系,又相互制约,某项成本降低又会

导致另一项成本增大。因此,在存货管理中,企业根据生产经营计划将存货的数量保持在一定的合理水平上,即确定最佳存货持有量,是企业存货优化管理的关键。最佳存货持有量确定的方法有多种,这里主要介绍经济批量法。

经济进货批量也就是合理的进货批量,是指能够使一定时期存货的总成本达到最低点的进货数量。除了本书所提及的影响存货持有成本的因素外,在实际生产经营过程中,很多因素也会影响存货持有成本,为了方便研究,经济批量法对这些影响因素进行了简化,从简单的问题入手,设置了该方法应用的假设前提:

(1)企业能够及时补充存货,即订货时可立即取得存货。

(2)货物能集中到货,而不是陆续入库,存货的消耗或销售比较均衡。

(3)不允许出现缺货情形,即无缺货成本。

(4)存货需求量稳定,并能较准确地预测。

(5)存货的价格稳定,并且不存在数量折扣。

(6)企业现金充足,不会因为现金短缺而影响进货。

(7)企业所需的存货市场供应充足,不会因为买不到所需的存货而影响其他方面。

在上述假设前提下,存货总成本中的采购成本固定不变,短缺成本为零,只有订货成本中的变动订货成本和储存成本中的变动储存成本是相关成本,所以,变动订货成本和变动储存成本之和最低时所对应的进货批量,就是经济进货批量。其计算公式为:

$$存货相关总成本 = 变动订货成本 + 变动储存成本$$
$$= 年订货次数 \times 每次订货成本 + 年平均存货 \times 单位储存成本$$
$$= \frac{年订货总量}{订货批量} \times 每次订货成本 + \frac{订货批量}{2} \times 单位储存成本$$

用 TC 表示存货相关总成本,A 表示年订货总量,Q 表示订货批量,B 表示每次订货成本,C 表示单位储存成本,则上述计算公式可以表示为:

$$TC = \frac{A}{Q} \times B + \frac{Q}{2} \times C$$

存货相关总成本与变动订货成本、变动储存成本之间的关系如图 4-3 所示。

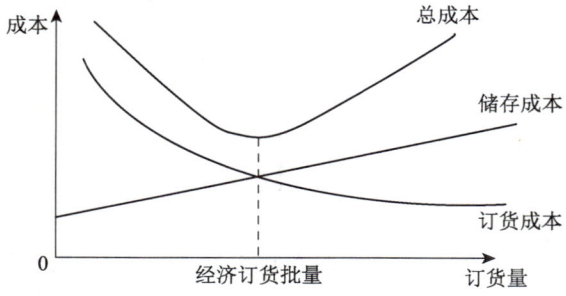

图 4-3　存货相关总成本与变动订货成本、变动储存成本之间的关系

当存货变动订货成本和变动储存成本相等时,相关总成本达到最小,即:

$$\frac{A}{Q} \times B = \frac{Q}{2} \times C$$

整理可得：

$$经济订货批量（Q）=\sqrt{2AB \div C}$$

$$经济订货批量存货相关总成本（TC）=\sqrt{2ABC}$$

$$经济进货批量平均占用资金（W）=QP \div 2$$

$$年度最佳订货次数（N）=\frac{A}{Q}=AC \div 2B$$

式中：TC——存货相关总成本；

A——年订货总量；

B——每次订货成本；

C——单位储存成本；

Q——订货批量；

P——存货的单价。

【例 4-7】　腾达公司每年需耗用甲材料 10 800 件，单位材料年储存成本为 30 元，平均每次订货费用为 180 元。假设不存在数量折扣，不会出现陆续到货和缺货现象。试计算该公司甲材料的经济订货批量、年度最佳订货批次、相关订货成本和相关储存成本。

解　经济订货批量（Q）$=\sqrt{2AB \div C}=2 \times 10\ 800 \times 180 \div 30 = 360$（件）

年度最佳订货次数（N）$=\dfrac{A}{Q}=\dfrac{10\ 800}{360}=30$（次）

相关订货成本 $=\dfrac{A}{Q} \times B = 30 \times 180 = 5\ 400$（元）

相关储存成本 $=\dfrac{Q}{2} \times C = 360 \div 2 \times 30 = 5\ 400$（元）

【例 4-8】　光明公司全年需要 A 材料 1 200 件，每次订货成本为 400 元，单位存货储存成本为 6 元，该材料的单位采购成本为 1 000 元。试计算该公司的经济订货批量、存货的年相关总成本、经济进货批量的平均占用资金和年度最佳进货批次。

解　经济订货批量（Q）$=\sqrt{2AB \div C}=\sqrt{2 \times 1\ 200 \times 400 \div 6}=400$（件）

经济订货批量存货相关总成本（TC）$=\sqrt{2ABC}=\sqrt{2 \times 1\ 200 \times 400 \times 6}=2\ 400$（元）

经济进货批量平均占用资金（W）$=QP \div 2 = \dfrac{400}{2} \times 1\ 000 = 200\ 000$（元）

年度最佳订货次数（N）$=\dfrac{A}{Q}=\dfrac{1\ 200}{400}=3$（次）

 考一考

（单项选择题）经济批量法应用的假设前提不包括（　　）。

A. 企业能够及时补充存货　　　　　B. 存货的价格不稳定

C. 不允许出现缺货情形　　　　　　D. 存货需求量稳定

【正确答案】　B

【答案解析】 经济批量法的假设前提包括企业能及时补充存货、集中到货、无缺货成本、存货需求稳定、价格稳定且无数量折扣、现金充足、存货市场供应充足等。B选项中的存货价格不稳定不符合假设前提。

(单项选择题)在经济批量法的假设前提下,与存货总成本相关的成本是( )。

A. 采购成本和订货成本

B. 订货成本和储存成本

C. 采购成本和储存成本

D. 变动订货成本和变动储存成本

【正确答案】 D

【答案解析】 在假设前提下,采购成本固定不变,短缺成本为零,只有变动订货成本和变动储存成本是相关成本。

(计算题)某企业每年需要某种存货 2 000 件,每次订货成本为 100 元,单位储存成本为 40 元,存货单价为 50 元。请计算经济订货批量、经济订货批量存货相关总成本、经济进货批量平均占用资金和年度最佳订货次数。

【答案解析】 经济订货批量 $Q = \sqrt{(2 \times 2\,000 \times 100 \div 40)} = 100$(件);经济订货批量存货相关总成本 $TC = \sqrt{(2 \times 2\,000 \times 100 \times 40)} = 4\,000$(元);经济进货批量平均占用资金 $W = 100 \times 50 \div 2 = 2\,500$(元);年度最佳订货次数 $N = 2\,000 \div 100 = 20$(次)。

四、存货的日常管理

存货日常管理的方法有多种,最常用的是 ABC 分类控制法,此方法需要结合上述提及的经济进货批量和再订货点法一并使用。

(一) ABC 分类控制法

ABC 分类控制法又称重点管理法,由意大利经济学家巴雷特于 19 世纪提出,后来经过不断地改进和完善,已被广泛应用于存货、成本和生产等方面的控制。该方法应用于存货管理上,体现为先将企业的所有存货按金额标准进行分类:金额巨大但品种数量少的存货,归为 A 类;金额一般,品种数量相对较多的存货,归为 B 类;品种数量繁多,但价值较少的存货,归为 C 类。三类存货的金额比重大致为 7:2:1。分好类后,企业再将存货按主次进行分类管理。

ABC 分类控制法的步骤为:

(1) 确定每一种存货在一定时间内(通常为 1 年)的资金占用额。

(2) 计算每一种存货资金占用额占全部存货资金占用额的百分比,并按大小顺序排列,编成表格。

(3) 将这些存货按其金额比重从大到小分成三类,把资金比重大的存货划为 A 类,比重次之的划为 B 类,其余的划为 C 类。

(4) 对资金占用比重大的 A 类存货,企业须采用永续盘存制,重点、严格地监控其库存情况,由于该类存货价值量大、占用资金多,必须确定经济进货批量、最佳保险储备和再订货点,加速周转、减少库存；对资金占用比重不大的 B 类,企业应做好年度使用量预测,每季度将实际用量和预测用量进行核对、调整计划,尽量按经济批量进行采购；对 C 类存货,企业可凭管理经验采用一般的管理方法,由于资金占用量小、使用量大,在控制总金额的情况下,可以多备一些以防短缺。

【例 4-9】　立威公司共有 12 种材料,年度耗用总金额为 7 967.65 元。试采用 ABC 分类控制法对该公司的材料进行分类。

解　我们可将该公司存货按金额多少的顺序排列并按金额大小和数量多少的原则划分为 A、B、C 三类,具体如表 4-10 所示。

表 4-10　　　　　　　　　　　　　　ABC 分类控制法　　　　　　　　　　　金额单位:元

类别	材料编号	单价	年耗用量（件）	数量比例	年耗用金额	金额比例
A	1#	37.50	87		3 262.5	40.95%
	2#	75.00	27		2 025.0	25.42%
	3#	150.00	2		600.0	7.53%
	4#	175.00	3		525.0	6.59%
小　计			119	9.80%	6 412.5	80.48%
B	5#	7.50	65		487.5	6.12%
	6#	17.50	25		437.5	5.49%
	7#	3.50	75		262.5	3.29%
	8#	1.75	90		157.5	1.98%
小　计			255	21.00%	1 345.00	16.88%
C	9#	0.750	180		135.00	1.69%
	10#	0.375	120		45.00	0.56%
	11#	0.075	310		23.25	0.29%
	12#	0.030	230		6.90	0.09%
小　计			840	69.19%	210.15	2.64%
总　计			1 214	100.00%	7 967.65	100.00%

 考一考

（单项选择题)在 ABC 分类控制法中,A 类存货的特点是(　　　)。

A. 金额巨大,品种数量少　　　　　　B. 金额一般,品种数量相对较多

C. 品种数量繁多,价值较少　　　　　D. 以上都不对

【正确答案】　A

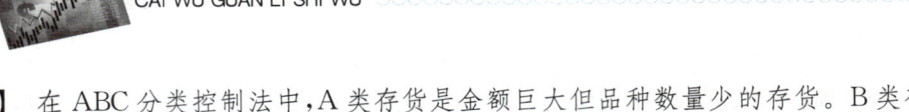

【答案解析】 在 ABC 分类控制法中,A 类存货是金额巨大但品种数量少的存货。B 类存货是金额一般,品种数量相对较多的存货;C 类存货是品种数量繁多,但价值较少的存货。

(单项选择题)在 ABC 分类控制法中,对 C 类存货应采用的管理方法是(   )。

A. 采用永续盘存制,重点监控库存情况

B. 做好年度使用量预测,按经济批量采购

C. 凭管理经验采用一般管理方法

D. 确定经济进货批量、最佳保险储备和再订货点

【正确答案】 C

【答案解析】 在 ABC 分类控制法中,对资金占用比重大的 A 类存货,企业应采用永续盘存制,重点、严格地监控其库存情况;对资金占用比重不大的 B 类,企业应做好年度使用量预测,每季度将实际用量和预测用量进行核对、调整计划,尽量按经济批量进行采购;对 C 类存货,企业可凭管理经验采用一般的管理方法。

(二) 再订货点法

企业在全年存货需求量发生较大变化以及存货耗用在不同时期波动较大的情况下,很可能发生存货短缺的现象。另外,企业的每次订货也不一定能保证货物能及时得到供应,也可能发生存货短缺的现象。因此,企业必须留有一定的保险库存,并确定再订货点,提前、及时订货。

1. 保险库存的确定

保险库存又称安全库存,是指为了防止临时增大的存货需求而多储备的存货量。企业应保持的保险库存取决于存货需求量的变化和订货间隔期的变化。其计算公式为:

$$保险库存量 =(预计每天最大耗用量 - 平均每天正常耗用量)× 订货间隔天数$$

订货间隔期又称订货提前期,是指为了保证生产经营的顺利进行而测定出的要提前若干天购入存货的天数。例如,企业预计从办理购货到供应商把存货运抵企业可正式投入生产的时间为 15 天,则企业决定购入材料的天数必须至少提前 15 天,只有这样才能确保原有存货用完之前,新购入的存货正好接上,不会影响生产的正常进行。

2. 再订货点的确定

再订货点是指企业存货量降到某一数量时,采购部门必须提前发出订货单,而不能等到存货用光后才去订货,这个数量就是再订货点。通常来讲,再订货点是将企业订货间隔期内正常耗用量加上保险库存量。其计算公式为:

$$再订货点 = 平均每天正常耗用量 × 订货间隔天数 + 保险库存量$$

再订货点确定后,企业的存货量在达到再订货点数量时,企业就必须发出订单,而不管其是否达到了订货间隔期。

> **【例 4-10】** 新兴公司平均每天对甲材料的耗用量为 30 千克,预计每天最大耗用量为 38 千克,该材料从订货后至到货投入生产的时间为 3 天。试分析甲材料的存货数量达到哪一个数量时,企业应发出订货单。
>
> **解** 本例实际上是要求甲材料的再订货点,而要求出再订货点,必须先求出保险库存量。

> 保险库存量＝（预计每天最大耗用量－平均每天正常耗用量）×订货间隔天数
> 　　　　　　＝（38－30）×3＝24(千克)
>
> 再订货点＝平均每天正常耗用量×订货间隔天数＋保险库存量
> 　　　　　＝（30×3）＋24＝114(千克)

 考一考

(单项选择题)保险库存量的计算公式中不包含(　　)因素。

A. 预计每天最大耗用量　　　　　　B. 平均每天正常耗用量

C. 订货间隔天数　　　　　　　　　D. 存货单价

【正确答案】　D

【答案解析】　保险库存量＝（预计每天最大耗用量－平均每天正常耗用量）×订货间隔天数，公式中不涉及存货单价。

(单项选择题)再订货点的计算公式中包含(　　)。

A. 平均每天正常耗用量　　　　　　B. 预计每天最大耗用量

C. 订货间隔天数　　　　　　　　　D. 以上都是

【正确答案】　D

【答案解析】　再订货点＝平均每天正常耗用量×订货间隔天数＋保险库存量，包含了平均每天正常耗用量、预计每天最大耗用量和订货间隔天数。

模 块 测 试

一、单项选择题

1. 下列各项中，不属于营运资金的是(　　)。

A. 现金　　　　　　　　　　　　　B. 有价证券

C. 应收账款　　　　　　　　　　　D. 固定资产

2. 企业持有现金的动机主要是(　　)。

A. 交易动机、预防动机、投机动机　　B. 交易动机、收益动机、投机动机

C. 交易动机、预防动机、收益动机　　D. 收益动机、预防动机、投机动机

3. 利用存货模式确定最佳现金持有量时，不予考虑的因素是(　　)。

A. 持有现金的机会成本　　　　　　B. 现金的管理成本

C. 现金的转换成本　　　　　　　　D. 现金的总需求量

4. 光明公司现金收支状况稳定，预计全年需要现金60万元，每次转换成本为600元，有价证券利息率为20%，则最佳现金管理相关总成本是(　　)元。

A. 6 000　　　　B. 12 000　　　　C. 4 000　　　　D. 8 000

5. 下列关于现金管理的说法中，错误的是(　　)。

A. 为了维护合作关系，企业与企业之间可以相互出借银行账户

B. 企业应严格执行企业的库存现金限额规定,在规定的交易范围内使用现金

C. 企业在安排资金使用计划时,应尽量缩短现金流入与现金流出的时间差,争取现金流量同步

D. 在使用现金浮游量时,企业一定要控制好使用时间,否则会发生银行存款的透支

6. 清风公司预测今年的年赊销额为 600 万元,应收账款期限为 30 天,变动成本率为 60%,资金成本为 10%,则应收账款的机会成本为(　　)万元。

A. 10　　　　　　B. 6　　　　　　C. 3　　　　　　D. 2

7. 下列说法中,错误的是(　　)。

A. 信用成本后收益越大,对应的信用条件就越优

B. 企业信用标准过于宽松,有利于促进销售,但也会增加应收账款的成本

C. 企业既要及早收回货款,又要处理好和客户之间的关系,并控制好收账费用

D. 企业在进行应收账款的催收时,若对方第一次拒付,则直接通过法律裁决的方式解决

8. 存货 ABC 分类管理法下,最基本的分类标准是按(　　)对存货进行分类。

A. 金额　　　　B. 品种　　　　C. 数量　　　　D. 体积

9. 在对存货实行 ABC 分类管理的情况下,A、B、C 三类存货的金额比重大致为(　　)。

A. 7∶2∶1　　　　　　　　　　B. 1∶2∶7

C. 5∶3∶2　　　　　　　　　　D. 2∶3∶5

10. 利达公司平均每天对 A 材料的耗用量为 20 千克,预计每天最大耗用量为 28 千克,该材料从订货后至到货投入生产的时间为 5 天,A 材料的再订货点为(　　)千克。

A. 110　　　　　B. 60　　　　　C. 140　　　　　D. 200

二、多项选择题

1. 营运资金的特点有(　　)。

A. 流动性　　　　B. 波动性　　　　C. 固定性　　　　D. 多样性

2. 下列各项中,属于营运资金筹集方式的有(　　)。

A. 应付职工薪酬　　B. 应付费用　　　　C. 应付账款　　　　D. 票据贴现

3. 下列关于最佳现金持有量成本的表述中,正确的有(　　)。

A. 机会成本与现金持有量成反比关系,现金持有量越多,机会成本就越低

B. 管理成本通常是固定成本,在一定范围内和现金持有量之间没有明显的比例关系

C. 转换成本与交易的次数和每次交易的金额有关,与现金持有量无关

D. 短缺成本与现金持有量成反比,现金持有量增加,短缺成本下降,现金持有量减少,短缺成本上升

4. 下列关于营运资金周转的表述中,正确的有(　　)。

A. 营运资金周转期具体表现为现金周转期、存货周转期、应收账款周转期、应付账款周转期

B. 现金周转期主要是指从购买原材料支付现金,到销售产品收回现金所经历的时间

C. 现金周转期=存货周转期-应收账款周转期+应付账款周转期

D. 存货周转期是从收到原材料,加工原材料,形成产成品,到将产成品卖出的这一时期

5. 在现金的日常管理中,有利于缩短收款时间、加快收款速度的措施有(　　)。

A. 运用现金折扣、折让等方法,加速应收账款回收

B. 通过与银行合作,加快企业所收到的商业票据的结算,尽快将货款拨至企业银行账户

C. 设立专人负责处理大额款项的收取,提高办事效率

D. 在现金周转困难时,与对方协商,适当采取"分期付款"的方式进行缓解

6. 应收账款的成本主要有(　　)。

A. 机会成本　　　　B. 管理成本　　　　C. 坏账成本　　　　D. 折扣成本

7. 下列关于应收账款管理信用政策的描述中,错误的有(　　)。

A. 收账费用大于减少的坏账和减少的应收账款机会成本之和,是可取的

B. 企业信用标准过于严格,有利于促进销售,但也会增加应收账款的成本

C. 信用条件"5/10,3/20,n/30"中,"3/20"表示如果客户能在收到货后 20 日内付款,可以享受 3% 的现金折扣

D. 企业判定客户信用状况通常使用"5C"评估法,"5C"包括品质、能力、资本、抵押、条件

8. 下列各项中,属于经济进货批量法假设前提的有(　　)。

A. 企业能集中到货,而不是陆续入库,存货的消耗或销售比较均衡

B. 企业不允许出现缺货情形,即无缺货成本

C. 企业所需的存货市场供应充足,不会因为买不到所需的存货而影响其他方面

D. 企业存货的价格稳定,同时可以有数量折扣

9. 存货的持有成本包括(　　)。

A. 采购成本　　　　B. 订货成本　　　　C. 储存成本　　　　D. 短缺成本

10. 下列表达式中,正确的有(　　)。

A. 最佳现金持有量＝min(机会成本＋管理成本＋短缺成本)

B. 应收账款机会成本＝维持赊销业务占用资金×资金成本

C. 现金折扣成本＝折扣期内付款额×该折扣期内现金折扣率

D. 存货相关总成本＝年订货次数×每次订货成本＋年平均存货×单位储存成本

三、判断题

1. 营运资金又称营运资本或循环资本,用公式表示为"营运资金＝流动资产－流动负债"。　　　　　　　　　　　　　　　　　　　　　　　　　　　(　　)

2. 企业的营运资金通常可以通过银行短期借款、短期融资券、商业信用、应交税费、应交利润等方式来筹集,这体现了营运资金的流动性。　　　　　　　　(　　)

3. 营运资金管理主要是针对构成营运资金的流动资产和流动负债加强管理。(　　)

4. 企业持有过少的现金,可能会造成不能及时购买原材料、生产中断;持有过多的现金,会导致资金收益率下降。　　　　　　　　　　　　　　　　　　(　　)

5. 企业在运用成本分析模式确定现金最佳持有量时,最佳现金持有量就是持有现金而产生的机会成本、管理成本、短缺成本和转换成本之和最小时的现金持有量。(　　)

6. 在不影响企业信誉的前提下,企业应充分利用供货方提供的信用优惠,尽可能推迟应付款的支付期。　　　　　　　　　　　　　　　　　　　　　　　(　　)

7. 企业为了避免存货过多的现象,可以采取加大赊销力度、增加应收账款的方式来加快存货周转。　　　　　　　　　　　　　　　　　　　　　　　　　(　　)

8. 企业对客户的资信调查费用属于应收账款的成本中的坏账成本。　　　(　　)

9. 及时分析应收账款的账龄,可以有效对应收账款进行监控。　　　　　(　　)

10. 企业从预计办理购货到供应商把存货运抵企业可正式投入生产的时间为 10 天,则企业决定购入材料的天数必须至少提前 1 周。   (   )

四、实务题

1. 盛明公司现金收支状况比较稳定,预计全年需要现金 50 万元,一次转换成本为 300元,有价证券收益率为 15%。

要求:请运用存货模式计算最佳现金持有量及最佳现金管理相关总成本。

2. 光明公司有四种现金持有方案,各方案的现金持有量及相关成本如表 4-11 所示,假设现金的机会成本率为 10%。

要求:请计算光明公司最佳现金持有量。

表 4-11   光明公司现金持有方案   金额单位:万元

项目 \ 方案	方案 1	方案 2	方案 3	方案 4
现金持有量	4	5	6	10
机会成本率	10%	10%	10%	10%
管理成本	3	3	3	3
短缺成本	1.0	0.8	0.6	0.4

3. 益达公司每年需耗用甲材料 90 000 件,单位材料储存成本为 4 元,平均每次进货费用为 1 800 元,甲材料全年平均单价为 40 元。

要求:

(1)计算甲材料的经济订货批量。

(2)计算甲材料的年度最佳订货次数。

(3)计算甲材料的相关订货成本。

(4)计算甲材料的相关储存成本。

(5)计算甲材料的经济订货批量存货相关总成本。

(6)计算甲材料的经济进货批量平均占用资金。

4. 先锋公司一直采用赊销方式销售产品,产品的变动成本率为 65%,信用条件为"n/60"。为扩大产品的销售量,先锋公司拟将信用条件变更为"n/90",假定 1 年按 360 天计算,所有客户均于信用期满付款,则前后两方案对比如表 4-12 所示。

表 4-12   两方案对比资料   金额单位:万元

项目	调整前(方案 A, n/60)	调整后(方案 B, n/90)
年赊销额	1 000	1 100
应收账款平均收账期(天)	60	90
变动成本率	65%	65%
资金成本	20%	20%

（续表）

项目	调整前（方案 A，$n/60$）	调整后（方案 B，$n/90$）
管理成本	12	15
坏账损失成本	20	25

要求：

（1）计算信用条件改变前、后先锋公司的信用成本前收益。

（2）计算信用条件改变前、后先锋公司的信用成本。

（3）为先锋公司做出是否应改变信用条件的决策，并说明理由。

（4）为了加速应收账款回收，先锋公司决定将信用条件由原来的"$n/90$"调整为"2/10，1/20，$n/90$"（方案 C），假设公司放宽信用，有 40％的顾客会利用 2％的折扣，有 30％的顾客会使用 1％的折扣，其余顾客放弃折扣于信用期满按时付款，坏账损失增加 28 万元，管理成本增加 17 万元，年赊销额可达 1 300 万元，其他条件不变。请为先锋公司做出是否应改变信用条件的决策，并说明理由。

模块 5

利润分配管理

[考核目标]
1. 理解企业利润分配的基本原则及程序。
2. 了解股利政策理论。
3. 掌握影响股利政策的主要因素。
4. 把握常用的股利分配政策的特点。
5. 掌握现金股利与股票股利的基本内容及区别。
6. 掌握股票分割与股票回购的基本内容及区别。

[实践目标]
1. 能够分析企业利润分配的影响因素。
2. 能够拟定并选择企业的股利分配政策。
3. 能够选择企业股利支付方式。

[素质目标]
1. 培养学生团结协作精神。
2. 培养学生运用专业知识处理实际业务的能力,提高其解决实际问题的能力。
3. 引导学生树立正确的法治意识,增强社会责任感。

[知识点思维导图]

```
                                          ┌ 概念
                        利润分配的认知 ┤ 原则
                                          └ 流程

                                          ┌ 类型
利润分配管理 ┤ 股利分配政策的选择 ┤
                                          └ 影响因素

                                          ┌ 确定股利支付形式
                        股利分配政策的实施 ┤ 确定股利发放日期
                                          └ 股票分割与股票回购
```

任务 5.1　利润分配的认知

一、利润分配的概念

利润分配是指对企业利润分配的主要活动及其形成的财务关系的组织与调节,是企业将一定时期内所创造的经营成果在企业内、外各利益相关者之间进行有效分配的过程。

5-1　动画
利润分配

利润反映了企业在一定时期内生产经营活动的最终财务成果。在市场经济条件下,利润的多少是评价企业经济效益水平和企业管理水平高低的重要依据,它决定着企业收益分配参与者的利益和企业发展的能力,同时也是社会积累的源泉。利润是指企业在一定会计期间的经营成果,是收入弥补成本费用后的余额。由于成本费用包括的内容与表现的形式不同,利润所包含的内容与形式也有一定的区别。它包括营业利润、利润总额和净利润。本章所指利润分配是指对净利润的分配。

考一考

(简答题)什么是利润分配管理?

【正确答案】　利润分配管理是指对企业利润分配的主要活动及其形成的财务关系的组织与调节,是企业将一定时期内所创造的经营成果在企业内、外各利益相关者之间进行有效分配的过程。

二、利润分配的原则

利润分配不仅影响企业的筹资与投资,而且涉及国家、企业、职工及所有者各方面的利益关系,涉及企业长远利益和近期利益、整体利益与局部利益等关系的协调与处理。它是一项政策性较强的工作,必须严格按照国家的法规和制度执行。为合理组织财务活动和正确处理财务关系,企业进行利润分配时应遵循以下原则。

5-2　微课视频
收益分配的
原则和程序

(一) 依法分配原则

为规范企业的利润分配行为,国家制定和颁布了若干法规,这些法规规定了企业利润分配的基本要求、一般程序和重大比例。企业的利润分配必须依法进行,这是正确处理企业各项财务关系的关键。

(二) 分配与积累并重原则

5-3　动画
收益分配原则

企业进行利润分配,要正确处理长期利益和近期利益这两者的关系,坚持分配与积累并重。企业除按规定提取法定盈余公积金以外,可适当留存一部分利润作为积累,这部分未分配利润仍归企业所有者所有。这部分积累的净利润不仅可以为企业扩大生产筹措资金,增强企业发展能力和抵抗风险的能力,还可以提高企业经营的稳定性与安全性,起到以丰补歉、平抑利润分配数额波动、稳定投资报酬率的作用。

(三) 兼顾各方利益原则

企业的净利润归投资者所有,这是企业的基本制度。但是,企业在进行利润分配时,应当

统筹兼顾,维护各利益相关者的合法权益。例如,企业的利润是由全体职工的劳动创造的,他们除获得工资和奖金等劳动报酬外,还可以以适当的方式参与净利润的分配。

(四) 投资与收益对等原则

企业利润分配应当体现"谁投资谁收益",即投资与收益对等原则,这是正确处理企业与投资者利益关系的立足点。企业在向投资者分配利润时,要遵守公开、公平、公正("三公")的原则,不搞幕后交易,不帮助大股东侵蚀小股东利益,一视同仁地对待所有投资者,任何人不得以在企业中的其他特殊地位牟取私利。

(多项选择题)下列各项中,属于企业利润分配原则的有(　　　)。

A. 依法分配原则
B. 投资与收益对等原则
C. 兼顾各方利益原则
D. 分配与积累并重原则
E. 股东利益至上原则

【正确答案】　ABCD

【答案解析】　企业进行利润分配时应遵循以下原则:①依法分配原则。②分配与积累并重原则。③兼顾各方利益原则。④投资与收益对等原则。

(简答题)企业的利润分配涉及哪些方面的利益关系?

【正确答案】　一个企业的利润分配不仅影响企业的筹资与投资,而且涉及国家、企业、职工及所有者各方面的利益关系,涉及企业长远利益和近期利益、整体利益和局部利益等关系的协调与处理。它是一项政策性较强的工作,必须严格按照国家的法规和制度执行。

三、利润分配的流程

利润分配关系着国家、企业及所有者等各方面的利益,必须严格按照国家的法规和制度执行。根据我国《公司法》及相关法律制度的规定,公司净利润的分配应按照弥补以前年度的亏损、提取法定盈余公积金、提取任意盈余公积金、向投资者分配利润或股利的顺序进行。

(一) 弥补以前年度的亏损

我国财务和税务制度规定,企业的年度亏损可以由下一年度的税前利润弥补;下一年度税前利润尚不足以弥补的,可以由以后年度的利润继续弥补,但用税前利润弥补以前年度亏损的连续期限不得超过 5 年。

税前利润未能弥补的亏损,只能由税后利润和以前年度公司留存的利润予以弥补。一是公司的未分配利润,即先用拟向投资者分红的资金弥补亏损。在累积亏损得到弥补前,公司是不能向投资者分配利润的。二是公司的盈余公积金,即当亏损数较大,用未分配利润尚不足以弥补时,经公司股东会议决议,可以用已提取的盈余公积金弥补亏损,其中先用任意盈余公积金弥补,再用法定盈余公积金弥补。

(二) 提取法定盈余公积金

可供分配的利润大于零是计提法定盈余公积金的必要条件。法定盈余公积金以净利润扣除以前年度亏损为基数,按 10% 提取。这样规定的目的是使企业不能用资本发放股利和提取盈余公积金。

当企业法定盈余公积金达到注册资本的 50％时，可不再提取。法定盈余公积金主要用于弥补企业亏损、扩大公司生产经营或按规定转增资本金、发放现金股利或利润等，但转增资本金后的法定盈余公积金一般不得低于注册资本的 25％。

（三）提取任意盈余公积金

任意盈余公积金是按照公司章程或股东会议决议，从公司盈余中提取的公积金。

《中华人民共和国公司法》规定，公司从税后利润中提取法定盈余公积金后，经股东会或股东大会决议，还可以提取任意盈余公积金。任意盈余公积金的提取与否及计提比例由股东会或股东大会根据公司发展的需要和盈余情况决定，法律不做强制规定。

任意盈余公积金按照公司章程或股东会议决议提取和使用，其目的是控制向投资者分配利润的水平以及调整各年利润的波动，公司通过这种方法对投资者分配股利加以限制和调节。

（四）向投资者分配利润或股利

公司本年净利润扣除弥补以前年度亏损、提取法定盈余公积金和任意盈余公积金后的余额，再加上以前年度未分配利润，即为公司本年可供投资者分配的利润。公司应按照同股同权、同利的原则，确定应向投资者分配的利润数额。

根据《中华人民共和国公司法》的规定，股东会或董事会违反相关规定，在公司弥补亏损和提取法定盈余公积金之前向股东分配利润的，股东必须将违反规定分配的利润退还给公司。

 考一考

（多项选择题）下列项目中，属于税后利润分配项目的有（　　　）。

A. 提取法定盈余公积金　　　　B. 提取任意盈余公积金
C. 弥补以前年度亏损　　　　　D. 向投资者分配股利

【正确答案】　ABD

【答案解析】　属于税后利润分配项目的有：①提取法定盈余公积金。②应付优先股股利。③提取任意盈余公积金。④应付普通股股利。

任务 5.2　股利分配政策的选择

活动 5.2.1　股利分配政策的类型

股利分配政策是指在法律允许的范围内，企业是否发放股利、发放多少股利以及何时发放股利的方针及对策。股利分配政策由企业在不违反国家有关法律、法规的前提下，根据本企业的具体情况制定。股利分配政策既要保持相对稳定，又要符合企业财务目标和发展目标。股利分配政策主要包括剩余股利政策、固定或稳定增长的股利政策、固定股利支付率政策和低正常股利加额外股利政策。

5-4-1　思政案例
大手笔分红体现了国有企业的责任和担当（案例内容、案例讨论）

一、剩余股利政策

剩余股利政策是指企业生产经营所获得的税后利润应先较多地考虑满足企业投资项目的需要,即增加资本或公积金的股利政策。也就是说,当企业有良好的投资机会时,其可以根据目标资本结构,测算出投资所需的权益资本额,先从盈余中留用,然后将剩余的盈余作为股利来分配。即净利润应先满足企业的资金需求,如果还有剩余,再派发股利;如果没有,则不派发股利。采用剩余股利政策时,企业要遵循如下四个步骤:

(1)设定目标资本结构,在此资本结构下,企业的加权平均资本将达到最低水平。

(2)确定企业的最佳资本预算,并根据企业的目标资本结构预计资金需求中所需增加的权益资本数额。

(3)最大限度地使用留存收益来满足资金需求中所需增加的权益资本数额。

(4)留存收益在满足企业权益资本增加需求后,若还有剩余再用来发放股利。

【例5-1】　新华公司2×23年税后可分配的净利润为2 000万元,流通在外的普通股为2 000万股。2×24年的投资计划需要资金2 500万元,该公司的目标资本结构为权益资本占60%,债务资本占40%。按照目标资本结构的要求试计算该公司投资方案所需的权益资本数额、可发放的股利额和每股股利。

解　投资方案所需的权益资本数额=2 500×60%=1 500(万元)

可以发放的股利额=2 000-1 500=500(万元)

每股股利=5 000 000÷20 000 000=0.25(元/股)

剩余股利政策的优点是:留存收益优先保证再投资的需要,有助于降低再投资的资金成本,保持最佳的资本结构,实现企业价值的长期最大化。

剩余股利政策的缺点是:若完全遵照执行剩余股利政策,股利发放额就会每年随着投资机会和盈利水平的波动而波动。在盈利水平不变的前提下,股利发放额与投资机会的多寡呈反方向变动;而在投资机会维持不变的情况下,股利发放额将与企业盈利呈同方向波动。剩余股利政策不利于投资者安排收入与支出,也不利于企业树立良好的形象,一般适用于企业初创阶段。

二、固定或稳定增长的股利政策

固定或稳定增长的股利政策是指企业将每年派发的股利额固定在某一特定水平或是在此基础上维持某一固定比率逐年稳定增长的股利政策。企业只有在确信未来不会发生逆转时才会宣布固定或稳定增长的股利政策。

这种股利分配政策的决策者支持股利相关论。他们认为企业的股利分配政策会对企业的股票价格乃至企业价值产生影响,股利的发放是向投资者传递企业经营状况的某种信息。

【例5-2】　新华公司现有发行在外的普通股1 000万股,每股维持1元的固定股利支付。若该公司预计下一年度税后利润为3 000万元,则其应该如何分配利润?

解　若该公司预计下一年度税后利润为3 000万元,则该公司应先将1 000万元的税后利润用于股利发放,然后将剩余的2 000万元作为投资所用。如果投资需要3 500万元的话,则投资所需的另外1 500万元需要从市场上筹集。

固定或稳定增长股利政策的优点有：①稳定的股利向市场传递着企业正常发展的信息，有利于树立企业的良好形象，增强投资者对企业的信心，稳定股票的价格。②稳定的股利额有助于投资者安排股利收入和支出，有利于吸引那些打算进行长期投资并对股利有很强依赖性的股东。③稳定的股利政策可能会不符合剩余股利理论，但考虑到股票市场会受多种因素影响（包括股东的心理状态和其他要求），为了将股利维持在稳定的水平上，即使推迟某些投资方案或暂时偏离目标资本结构，也可能比降低股利或股利增长率更为有利。

固定或稳定增长股利政策的缺点有：①股利的支付与企业的盈利相脱节，造成投资风险与投资的收益不对称。②不论企业盈利多少，其均要支付固定的或按固定比率增长的股利，这可能会导致企业资金紧缺，增大财务压力，甚至可能侵蚀企业的留存利润和企业的资本。

因此，采用固定或稳定增长的股利政策，要求企业对未来的盈利和支付能力做出准确的判断。一般来说，企业确定的固定股利额不宜太高，以免陷入无力支付的被动局面。固定或稳定增长的股利政策通常适用于经营比较稳定或正处于成长期的企业，且很难被长期采用。

三、固定股利支付率政策

固定股利支付率政策是指企业将每年净利润的某一固定百分比作为股利分派给股东的股利政策。这一百分比通常称为股利支付率。股利支付率一经确定，一般不得随意变更。在这一股利政策下，只要企业的税后利润一经计算确定，所派发的股利也就相应确定了。固定股利支付率越高，企业留存的净利润就越少。

> **【例 5-3】**　新华公司长期以来用固定股利支付率政策进行股利分配，确定的股利支付率为 30%。公司 2×23 年税后净利润为 1 500 万元，如果仍然继续执行固定股利支付率政策，试计算公司 2×23 年度将要支付的股利和留存利润。
>
> **解**　公司 2×23 年度将要支付的股利 = 1 500 × 30% = 450（万元）
>
> 　　　　留存利润 = 1 500 × (1 − 30%) = 1 500 − 450 = 1 050（万元）
>
> 　如果公司 2×24 年度确定的投资预算为 2 000 万元，目标资本结构为权益资本占 60%。按照目标资本结构的要求，公司投资方案所需的权益资本额为 1 200 万元（2 000 × 60%），公司 2×23 年度外部筹措权益资金为 150 万元（1 200 − 1 050）。

固定股利支付率政策的优点有：①采用固定股利支付率政策，股利与企业盈余紧密地配合，体现了"多盈多分、少盈少分、不盈不分"的股利分配原则。②企业的获利能力在年度间是经常变动的，所以每年的股利也应当随着企业收益的变动而变动。采用固定股利支付率政策，企业每年按固定的比例从税后利润中支付现金股利，从企业的支付能力的角度看，这是一种稳定的股利政策。

固定股利支付率政策的缺点有：①大多数企业每年的收益很难保持稳定不变，导致年度间的股利额波动较大，由于股利的信号传递作用，波动的股利很容易给投资者带来经营状况不稳定、投资风险较大的不良印象，成为企业的不利因素。②容易使企业面临较大的财务压力。这是因为企业实现的盈利多，并不能代表企业有足够的现金流用来支付较多的股利额。③合适的固定股利支付率的确定难度比较大。企业每年面临的投资机会、筹资渠道都不同，而这些都

可能影响到企业的股利分派,所以,一成不变地执行固定股利支付率政策的企业在实际中并不多见,固定股利支付率政策只是比较适用于那些处于稳定发展且财务状况也较稳定的企业。

四、低正常股利加额外股利政策

低正常股利加额外股利政策是指企业事先设定一个较低的正常股利额,每年除了按正常股利向股东发放股利外,还在企业盈利情况较好、资金较为充裕的年度向股东发放额外股利的股利政策。但是,采用这种股利政策,其额外股利并不固定化,不意味着企业永久地提高了股利支付率。这种股利政策下每股股利的计算公式为:

$$Y = a + bX$$

式中:Y——每股股利;

X——每股收益;

a——低正常股利;

b——股利支付率。

低正常股利加额外股利政策的优点有:①该政策赋予企业较大的灵活性,使企业在股利发放上留有余地,并具有较大的财务弹性。企业可根据每年的具体情况,选择不同的股利发放水平,以完善企业的资本结构,稳定和提高股价,进而实现企业价值的最大化。②该政策使那些依靠股利度日的股东每年至少可以得到虽然较低但比较稳定的股利收入,从而吸引住这部分股东。

低正常股利加额外股利政策的缺点有:①由于年度间企业盈利的波动使得额外股利不断变化,造成分派的股利不同,容易给投资者造成收益不稳定的感觉。②当企业在较长时间持续发放额外股利后,可能会被股东误认为这是"正常股利",一旦取消,容易给投资者造成企业财务状况恶化的负面印象,从而导致股价下跌。

相对来说,对那些盈利随着经济周期波动较大的企业或者企业的盈利与现金流量很不稳定时,低正常股利加额外股利政策也许是一种不错的选择。该股利政策为我国企业所普遍采用。

 考一考

(单项选择题)下列股利分配政策中,能保持股利与利润之间一定比例关系的政策是( )。

A. 剩余股利政策   B. 固定股利政策

C. 固定股利支付率政策   D. 低正常股利加额外股利政策

【正确答案】 C

【答案解析】 本题的考核点是固定股利支付率政策的特点。固定股利支付率政策要求企业每年按固定比例从净利润中支付股利。该政策保持了股利与利润之间的一定比例关系,体现了风险投资与风险收益对等的原则。

(多项选择题)固定或稳定增长股利政策的优点有( )。

A. 有利于企业股票价格的稳定   B. 有利于投资者安排收入与支出

C. 有利于股利支付与企业盈利能力相关联   D. 有利于企业保持最佳资本结构

E. 有利于赋予企业较大的财务弹性

【正确答案】　AB

【答案解析】　本题考查固定或稳定增长股利政策的优点。固定或稳定增长股利政策的优点有：有利于树立公司良好的形象，有利于企业股票价格的稳定，从而增强投资者对企业的信心；稳定的股利有利于投资者安排收入与支出。

5-4-2　思政案例
大手笔分红体现了国有企业的责任和担当（案例解析）

活动 5.2.2　影响股利分配政策的因素

企业的利润分配政策虽说是由企业管理者制定的，但实际分配时在客观、主观上受许多因素的制约，决策人只能遵循当时的经济环境和法律环境做出有限的选择。一般认为，企业股利政策的影响因素主要有法律因素、股东因素、企业因素及其他因素等几个方面。

一、法律因素

为了保护债权人、投资者和国家的利益，国家有关法规对企业的股利分配的限制主要有以下四个方面。

（一）资本保全约束

资本保全是企业财务管理应遵循的一项重要原则，它规定企业不能用资本发放股利。例如，我国法律规定，经股东大会或类似机构决议，企业可以用资本公积转增资本，但是不能用资本公积分派现金股利；盈余公积主要用于弥补亏损和转增股本，在一般情况下不得用于向投资者分配利润或现金股利。资本保全的目的是防止企业任意减少资本结构中所有者权益，以保护债权人的利益。

（二）资本积累约束

企业必须按税后利润的一定比例和基数提取各种公积金，要求在具体的分配政策上，贯彻"无利不分"的原则，即企业当年发生亏损时，一般不得给投资者分配利润。

（三）偿债能力约束

偿债能力是指企业按时足额偿付各种到期债务的能力。对股份有限公司而言，当其支付现金股利会影响公司正常经营和偿还债务时，发放现金股利的数额就会受到限制。

（四）超额累积利润约束

企业不得超额累积利润，如果企业的留存利润超过法律认可的合理水平，将被加征额外税款。这是因为股东所获得的收益包括股利和资本利得，股利的税率一般大于资本利得，企业可通过少发股利、累积利润使股价上涨来帮助股东避税。西方许多国家都注意到了这一点，并在法律上明确规定企业不得超额累积利润，一旦企业留存收益超过法律认可的水平，将被加征额外税款。我国法律目前对此尚未做出规定。

二、股东因素

股东因素又称投资者因素，即股东会从收入、控制权、避税、规避风险及投资目的等方面考虑，对企业的股利政策提出不同的意见。企业的股利政策不可能使每个股东财富最大化，企业制定股利政策的目的是对绝大多数股东的财富产生有利影响。

（一）稳定的收入

如果一个企业拥有很大比例的富有股东，这些股东多半不会依赖企业发放的现金股利维

持生活,他们对定期支付现金股利的要求不会显得十分迫切;相反,如果一个企业绝大部分股东属于低收入阶层和养老基金等机构投资者,需要企业发放的现金股利来维持其生活或用于发放养老金等,那么,这部分股东会特别关注现金股利,尤其是稳定的现金股利发放。

(二)控制权

企业必须认识到高股利支付率会导致现有股东股权和盈利的稀释,如果企业支付大量现金股利,然后再发行新的普通股以融通所需资金,现有股东的控制权就有可能被稀释。另外,随着新普通股的发行,流通在外的普通股股数增加,最终将导致普通股的每股盈利和每股市价的下降,对现有股东产生不利影响。

(三)避税考虑

企业的股利政策不得不受到股东的所得税负影响。在我国,股票交易尚未征收资本利得税,企业实施低股利支付政策,可以给股东带来更多的资本利得收入,达到避税的目的。

(四)规避风险

"双鸟在林,不如一鸟在手"。在一部分投资者看来,股利的风险小于资本利得的风险,当期股利的支付解除了投资者心中的不确定性。因此,他们往往会要求企业支付较多的股利,从而减少股东投资风险。

(五)投资目的

企业投资者的投资目的通常有收益性和稳定购销关系两种。作为接受投资的企业,在进行投资分红时,必须事先了解投资者的投资目的,结合投资机会,选择其分配方案。若其投资目的属于收益性,在分配时应考虑投资者的收益预期;若属于通过投资来稳定购销关系,应加强分工协作,股利分配政策就侧重于留存而不是分红。

三、企业因素

企业资金的灵活周转是企业生产经营得以正常进行的必要条件。所以,企业长期发展和短期经营活动对现金的需求,便成为对股利最重要的限制因素。企业因素主要有以下几个方面。

(一)资产的流动性

企业现金股利的支付能力在很大程度上受其资产变现能力的限制。企业若较多地支付现金股利,会减少企业的现金持有量,使资产的流动性降低。企业资产的流动性越好,说明其变现能力越强,股利支付能力也就强。高速成长的营利性企业,其资产可能缺乏流动性,因为其大部分资金投资在固定资产和永久性流动资产上了,这类企业当期利润虽然多但资产变现能力差,企业的股利支付能力就会削弱。

(二)投资机会

有着良好投资机会的企业需要有强大的资金支持,往往少发现金股利,而将大部分盈余留存下来进行再投资;而对于缺乏良好投资机会的企业,保留大量盈余的结果必然是大量资金闲置,于是其倾向于支付较高的现金股利。所以,处于成长中的企业因一般具有较多的良好投资机会而多采取低股利政策;处于经营收缩期的企业则因缺少良好的投资机会而多采取高股利政策。

(三)筹资能力

如果企业规模大、经营好、利润丰厚,其筹资能力一般很强,在决定股利支付数额时就会有较大选择余地。但对于规模小、新创办、风险大的企业,其筹资能力有限,这类企业应尽量减少现金股利支付,而将利润更多地留存在企业,作为内部筹资。

（四）盈利的稳定性

企业的现金股利来源于税后利润。盈利相对稳定的企业，有可能支付较高股利，而盈利不稳定的企业，一般采用低股利政策。这是因为，对于盈利不稳定的企业，低股利政策可以减少因盈利下降而造成的股利无法支付、企业形象受损、股价急剧下降等风险，还可以将更多的盈利用于再投资，以提高企业的权益资本比重，减少财务风险。

（五）资本成本

留用利润是企业内部筹资的一种重要方式，同发行新股或举借债务相比，不但筹资成本较低，而且有利于降低筹资的外在成本。有的企业一方面大量发放股利，另一方面又以支付高额资本成本为代价筹集其他资本，这种舍近求远的做法不但是不恰当的，而且会有损股东利益。因而从资本成本考虑，如果企业扩大规模，需要增加权益资本时，不妨采取低股利政策。

（六）股利政策惯性

在一般情况下，企业不宜经常改变其股利政策。企业确定股利政策时，应充分考虑股利政策调整可能带来的负面影响。如果企业历年采取的股利政策具有一定的连续性和稳定性，那么重大的股利政策调整有可能对企业的声誉、股票价格、负债能力、信用等产生影响。靠股利来生活和消费的股东通常也不愿意投资于股利波动频繁的股票。

四、其他因素

影响股利政策的其他因素主要包括债务合同约束、机构投资者的投资限制和通货膨胀的影响等。

（一）债务合同约束

当企业以长期借款、债券、租赁合约等形式向外筹资时，常常按照对方的要求，接受一些有关股利支付的限制性条款。其一般包括：①未来的股利只能以签订合同之后的收益发放，即不能以过去的留存收益来发放股利。②营运资金低于某一特定金额时不得发放股利。③将利润的一部分以偿债基金的形式留存下来。④利息保障倍数低于一定水平时不得发放股利。企业出于未来筹资的考虑，一般能自觉遵守与债权人事先签订的有关合同的限制性条款，以协调企业与债权人之间的关系。

（二）机构投资者的投资限制

机构投资者包括养老基金、储蓄银行、信托基金、保险企业等。机构投资者对投资股票种类的选择，往往与股利特别是稳定股利的支付有关。如果某种股票连续几年不支付股利或所支付的股利金额起伏较大，则该股票一般不能成为机构投资者的投资对象。因此，如果某一企业想更多地吸引机构投资者，则应采用较高而且稳定的股利政策。

（三）通货膨胀的影响

在通货膨胀的情况下，企业固定资产的购买水平会下降，会导致没有足够的资金来源重置固定资产。这时，较多的留存收益就会被作为弥补固定资产购买力水平下降的资金来源。因此，在通货膨胀时，企业一般采取偏紧的利润分配政策。

 考一考

（多项选择题）从企业的角度来看，制约股利分配的因素有（　　　　）。

A．控制权稀释　　　　　　　　　　　B．筹资能力大小

C．盈利变化　　　　　　　　　　　　D．未来投资机会

【正确答案】 BCD

【答案解析】 从企业的角度来看,影响股利分配的因素有盈余的稳定性、资产的流动性、举债能力、投资机会、资本成本、债务需要等。本题中,选项 A,属于股东因素,不属于企业因素。

5-5　教学案例

上市公司年度
利润分配方案
需要考虑的因素

(多项选择题)影响股利政策的其他因素主要包括(　　　　)。

A．控制权　　　B．超额累积利润约束　　　C．债务合同限制　　　D．通货膨胀限制

【正确答案】 CD

【答案解析】 影响利润分配的其他因素主要包括债务合同限制、机构投资者的投资限制和通货膨胀限制。控制权属于股东因素,超额累积利润约束属于法律因素。

任务 5.3　股利分配政策的实施

活动 5.3.1　确定股利支付形式

企业在决定发放股利后,便要做出以何种方式发放股利的决策。企业股利支付形式有现金股利、财产股利、负债股利和股票股利等。其中,最为常见的是现金股利和股票股利。

一、现金股利

5-6　微课视频

股利支付
的形式

现金股利又称红利,是指企业以现金的方式向股东支付的股利。现金股利是企业最常见的,也是最易被投资者接受的股利支付方式。企业支付现金股利,必须具备两个基本条件:一是企业要有累积盈余(在特殊情况下可用弥补亏损后的盈余公积金支付);二是要有足够的现金。因此,企业在支付现金股利前,必须做好财务上的安排,以便有充足的现金支付股利。企业一旦向股东宣告发放股利,就对股东承担了支付的责任,必须如期履约;否则,不仅会丧失企业信誉,而且会带来不必要的麻烦。

现金股利的财务影响表现在:在会计处理上,当企业宣告发放现金股利后,即将发放的股利就形成了企业一项流动负债,同时会引起企业未分配利润的减少;当企业实际支付股利时,又会引起流动负债和现金的减少。因此,现金股利支付方式不仅会引起企业资产总额的减少,还会引起股东权益总额的减少,并且两者减少的数额相同。

二、财产股利

财产股利是指以现金以外的资产支付的股利。最常见的财产股利是以企业所拥有的其他企业的股票、债券等有价证券作为股利支付给股东。当企业有未分配利润,但无现金可供支付股利时,可采用财产股利支付方式。

财产股利的财务影响表现在:在会计处理上,当企业宣告发放财产股利时,即将发放的财产股利就形成了企业的一项流动负债,同时引起企业未分配利润的减少;而实际支付财产股利时,又会引起流动负债和短期投资的减少。因此,财产股利和现金相同,不仅会引起企业资产总额的减少,还会引起股东权益总额的减少。

三、负债股利

负债股利是指以负债形式支付的股利。在通常情况下,企业以应付票据支付给股东,在不得已的情况下也可发放企业债券抵付股利,这是企业在面临现金不足时采取的权宜之计。

负债股利的财务影响表现在:在会计处理上,当宣告发放负债股利时,即将发放的负债股利就形成了企业的一项流动负债;同时,会引起企业未分配利润的减少;而实际支付负债股利时,只会引起流动负债各项目之间资金的转移。因此,负债股利支付方式不仅会引起负债总额的增加,还会引起股东权益总额的减少。负债股利虽然可达到延期支付股利的目的,使企业在一定时期内运用这部分资金,但也由此承担了一项负债,增加了企业的财务风险。

财产股利和负债股利实际上可以看作现金股利的替代方式,这两种股利支付方式在实务中很少被使用,但没有被法律禁止。

四、股票股利

股票股利是指企业以增发股票作为股利支付方式。在我国实务中,股票股利通常也被称为"红股"。以股票作为股利,一般都是按在册股东持有股份的一定比例来发放的。股票股利的最大优点就是节约现金支出,其常被现金短缺的企业所采用。

发放股票股利的财务影响是:在会计处理上,股票股利只是资金在资产负债表中股东权益各项目之间的转移,即它只不过是将资金从未分配利润账户中转移到普通股账户和资本公积账户,而不是资金的实际使用。显然,企业发放股票股利是一种增资行为,需经股东大会同意,并按法定程序办理增资手续。但发放股票股利与其他增资行为不同的是,它不会直接增加股东财富,企业的财产价值和股东的股权结构也不会改变,改变的只是股东权益内部各项目的金额。

【例5-4】　新华公司在发放股票股利前的股东权益情况如表5-1所示。

表5-1　　　　　　　　　　　　发放股票股利前的股东权益　　　　　　　　　　　　单位:元

股东权益	金额
普通股股本(面值为1元,已发行200 000股)	200 000
资本公积	400 000
未分配利润	2 000 000
股东权益合计	2 600 000

假定该公司宣布发放10%的股票股利,即发放20 000股普通股股票,现有股东每持100股可得10股新发股票。如该股票当时市价为20元,发放股票股利以市价计算,试计算该公司未分配利润划出的资金、普通股股本增加金额、资本公积增加金额。

未分配利润划出的资金＝20×200 000×10%＝400 000(元)
普通股股本增加金额＝1×200 000×10%＝20 000(元)
资本公积增加金额＝400 000－20 000＝380 000(元)

该公司发放股票股利后的股东权益如表 5-2 所示。

表 5-2　　　　　　　　　　发放股票股利后的股东权益　　　　　　　　单位:元

股东权益	金额
普通股股本(面值为 1 元,已发行 200 000 股)	220 000
资本公积	780 000
未分配利润	1 600 000
股东权益合计	2 600 000

可见,发放股票股利不会对企业股东权益总额产生影响,但会发生资金在各股东权益项目之间的再分配。值得说明的是,[例 5-4]中以市价计算股票股利价格的做法是很多西方国家所通行的,除此之外,也有国家按股票面值计算股票股利的价格,我国目前采用这种做法。

企业发放股票股利后,如果盈利总额不变,会由于普通股股数增加而引起每股盈余和每股市价的下降,但又由于股东所持股份的比例不变,每位股东所持股票的市场价值总额仍保持不变。这可从下面的例子中得到说明。

【例 5-5】　承[例 5-4],假定该公司本年盈余为 440 000 元,某股东持有 20 000 股普通股,发放股票股利对该股东的影响如表 5-3 所示。

表 5-3　　　　　　　　　　发放股票股利对某股东的影响　　　　　　　　金额单位:元

项目	发放股票股利前	发放股票股利后
每股收益	440 000÷200 000＝2.2	440 000÷220 000＝2
每股市价	20	20÷(1＋10%)＝18.18
持股比例	20 000÷200 000＝10%	22 000÷220 000＝10%
所持股总价值	20×20 000＝400 000	18.18×22 000≈400 000

股票股利不直接增加股东的财富,也不增加企业的价值,但对股东和企业都有特殊的意义。股票股利对股东的意义在于:

(1)如果企业在发放股票股利后同时发放现金股利,股东会因持股数的增加而得到更多的现金。

(2)有时企业发放股票股利后,股价并不呈同比例下降,这样更增加了股东的财富。因为股票股利通常为成长中的企业所采用,投资者可能会认为,企业的盈余将会有大幅度的增长并能抵销增发股票所带来的消极影响,从而使股价稳定不变或略有上升。

(3)在股东需要现金时,企业可以将分得的股票股利出售,有些国家税法规定出售股票缴纳的资本得利税税率比收到现金股利所需缴纳的所得税税率低,这使股东从中获得纳税上的好处。

股票股利对企业的意义在于:

(1)能达到节约现金的目的。企业采用股票股利或股票股利与现金股利相互配合的政策,既能使股东满意,又能使企业留存一定现金,便于进行再投资,有利于企业长期发展。

(2)在盈余和现金股利不变的情况下,企业发放股票股利可以降低每股价值,从而吸引更多的投资者。

(3)企业发放股票股利往往向社会传递企业将继续发展的信息,从而提高投资者对企业的信心,在一定程度上可以稳定股票价格。但在某些情况下,企业发放股票股利也会被认为是企业资金周转不灵的征兆,从而降低投资者对企业的信心,加剧股价的下降。

(4)发放股票股利的费用比发放现金股利的费用大,会增加企业的负担。

(多项选择题)上市公司发放股票股利可能导致的结果有( )。

A. 公司股东权益内部结构发生变化　　B. 公司股东权益总额发生变化

C. 公司每股利润下降　　D. 公司股份总额发生变化

【正确答案】 ACD

【答案解析】 上市公司发放股票股利,不会对公司股东权益总额产生影响,但会发生资金在各股东权益项目间的再分配。上市公司发放股票股利后,若盈利总额不变,会由于普通股股数增加而引起每股利润下降,但又由于股东所持股份的比例不变,每位股东所持股票的市场价值总额仍保持不变,同时,公司股份总额即总股数在增加。

活动 5.3.2　确定股利支付日期

股份有限公司的分配方案通常由公司董事会拟定,并经股东大会批准后才能实施。股利发放需要依次经过以下时点:预案公布日、宣告日、股权登记日、除息日和股利支付日。

一、预案公布日

上市公司分配股利前,先要由董事会制定分红预案,其内容包括本次分红的数量、分红的方式、股东大会召开的时间、地点和表决方式等,分红预案由公司董事会在该日向社会公布。

二、宣告日

宣告日即公司董事会将股利支付情况予以公告的日期。上市公司公告将宣布每股股利、股权登记日、除息日和股利支付日等事项。我国的股份有限公司通常 1 年派发一次股利,也有在年中派发中期股利的。

三、股权登记日

股权登记日即有权领取股利的股东资格登记截止日期。只有在股权登记日前在公司股东

名册上登记的股东,才有权分享股利,而在这一天之后才列于公司股东名单上的股东将得不到此次发放的股利。证券交易所的中央清算登记系统为股权登记提供了很大的方便,一般在营业结束的当天即可打印出股东名册。

四、除息日

除息日即领取股利的权利与股票相互分离的日期。在除息日前,股利权从属于股票,持有股票者即享有领取股利的权利;从除息日开始,股利权与股票相分离,新购入股票的投资者不能分享已宣布发放的股利。通常在除息日之前进行交易的股票,其价格高于在除息日之后进行交易的股票价格,其原因主要在于前种股票的价格包含了应得的股利收入在内。

五、股利支付日

股利支付日即向股东发放股利的日期。在这一天,公司用各种方式向股东支付股利,并冲销股利负债。

【例 5-6】 某上市公司于 2×24 年 4 月 10 日公布 2×23 年度最后的分红方案,其发布的公告如下:"2×24 年 4 月 9 日公司在上海召开股东大会,通过了 2×24 年 4 月 2 日董事会关于每股分派 0.2 元的 2×23 年股息分配方案。股权登记日为 4 月 25 日,除息日为 4 月 26 日,股东可以在 5 月 10 日至 25 日之间通过深圳证券交易所领取股息。特此公告。"试确定该公司股利支付的相关日期。

解 本例中,2×24 年 4 月 10 日为该公司的预案公布日;4 月 10 日为宣告日;4 月 25 日为股权登记日;4 月 26 日为除息日;5 月 10 日至 25 日为股利支付日。

 考一考

(判断题)在除息日之前,股利权利从属于股票;从除息日开始,新购入股票的投资者不能分享本次已宣布发放的股利。   (   )

【正确答案】 √

【答案解析】 在除息日,股票的所有权和领取股息的权利分离,股利权利不再从属于股票,所以,在这一天购入公司股票的投资者不能享有已宣布发放的股利。

(单项选择题)下列表述中,不正确的是(   )。

A. 在除息日之前,股利权从属于股票

B. 从除息日开始,新购入股票的人不能分享本次已宣布发放的股利

C. 在股权登记日之前持有或买入股票的股东才有资格领取本期股利,在当天买入股票的股东没有资格领取本期股利

D. 自除息日起的股票价格中不包含本次派发的股利

【正确答案】 C

【答案解析】 凡是在股权登记日这一天登记在册的股东(即在此日及之前持有或买入股票的股东)才有资格领取本期股利。

活动 5.3.3　股票分割与股票回购

5-7　动画
为什么要
分割股票

一、股票分割

股票分割又称股票拆分,是指将面额较高的股票拆成几张面额较小的股票的行为。例如,某公司将原来的 1 股股票拆分成 2 股股票,即属于股票分割。

5-8　微课视频
股票分割

股票分割对公司的资本结构不会产生任何影响,一般只会使发行在外的股数增加,使得每股面额降低,每股盈余下降,但公司价值不变,股东权益总额、权益各项目的金额及其相互间的比例也不会改变。这与发放股票股利时的情况既有相同之处,又有不同之处。

股票分割的主要作用有:

（1）股票分割可以促进股票的流通和交易。这是因为股票分割会在短时间内使股票每股市价降低,买卖该股票所需资金减少,易于增加该股票投资者之间换手,并且可以使更多的资金实力有限的潜在股东变成持股的股东。

（2）股票分割可以向投资者传递公司发展前景良好的信息,有助于提高投资者对公司的信心。

（3）股票分割可以为公司发行新股做准备。公司股票价格太高,会使许多潜在投资者力不从心而不敢轻易对公司的股票进行投资。在新股发行之前,公司利用股票分割来降低股价,有利于新股的发行。

（4）股票分割有助于公司并购政策的实施,增加对被并购方的吸引力。

（5）股票分割所带来的股票流通性的提高和股东数量的增加,会在一定程度上加大对公司股票恶意收购的难度。

（6）股票分割在短期内不会给投资者带来太大的收益或亏损,即给投资者带来的不是现实利益,而是今后可多分股息和更高收益的希望,是利好消息,因此其对除权日后股价的上涨有刺激作用。

【例 5-7】　某公司原发行面额为 2 元的普通股 200 000 股,若该公司决定实施 1 股换成 2 股的比例进行股票分割,分割前、后的股东权益项目见表 5-4 和表 5-5。试计算该公司股票分割前、后的股东权益。

表 5-4　　股票分割前的股东权益　　单位:元

股东权益	金额
普通股(面值为 2 元,200 000 股流通在外)	400 000
资本公积	800 000
未分配利润	800 000
股东权益合计	2 000 000

表 5-5　　股票分割后的股东权益　　单位:元

股东权益	金额
普通股(面值为 1 元,400 000 股流通在外)	400 000
资本公积	800 000
未分配利润	800 000
股东权益合计	2 000 000

解 由表 5-4 和表 5-5 可看出，该公司实行股票分割后，普通股每股面值从 2 元变为 1 元，股数从 200 000 股变为 400 000 股，普通股总价值仍为 400 000 元不变。资本公积、未分配利润均不受影响，股东权益合计也不变。

假定公司本年净利润为 400 000 元，那么股票分割前的每股收益为 2 元（400 000 ÷ 200 000）。假定股票分割后公司净利润不变，分割后的每股收益为 1 元（400 000 ÷ 400 000），每股市价也因此而下降了。

可见，除了会计处理，股票分割与股票股利非常接近。从实务上来看，两者差别也很小，我们一般要根据证券管理部门的具体规定对两者加以区分。例如，有的国家证券交易机构规定，发放 25% 以上的股票股利即属于股票分割。

二、股票回购

股票回购是指上市公司从股票市场上购回本公司发行在外的一定数额的股票的行为。股票回购即上市公司通过购回股票的方式将现金分配给股东，是现金股利的一种替代方式。股票回购使上市公司发行在外的流通股减少，因而能够使股价上涨。对不少上市公司而言，与其确定没把握长期维持的高股利政策，不如把暂时过剩而无适当投资机会的现金以回购的方式分配给股东。但采取回购活动前，上市公司必须把购回股票的方案公告股东，购回的价格也应合理；否则，股票回购后股价下降，会给未出售股票的股东带来损失。

公司在股票回购完成后，可以将所回购的股票注销，但在绝大多数情况下，公司将回购的股份作为库存股保留，仍属于发行在外的股份，但不参与每股收益的计算和收益分配。库存股日后可移作他用，如雇员福利计划、发行可转换债券等，或在需要资金时将其出售。

【例 5-8】 某公司有盈余 5 000 000 元，流通在外的普通股为 1 000 000 股。公司管理当局计划将其中的 2 000 000 元盈余分配给股东，拟以每股 32 元的价格回购 62 500 股流通在外的股票。目前，该公司股票市价为每股 30 元，预期每股股利为 2 元。如果股票购回前后市盈率保持不变、公司盈余保持不变，试分析股票回购将对剩余股东产生的影响。

解 具体分析如表 5-6 所示。

表 5-6　　　　　　　　　　股票回购对剩余股东的影响分析　　　　　　　　金额单位：元

项目	股票回购前	股票回购后
① 盈余总额	5 000 000	5 000 000
② 流通在外股数（股）	1 000 000	937 500
③ 每股盈余（①÷②）	5	5.33
④ 市盈率（倍）	6	6
⑤ 每股市价（③×④）	30	32

从表 5-6 中可以看出，若公司选择发放现金股利，股票每股可得 32 元（30 元市价＋2元股利），而在股票回购的情况下，股东每股市价也是 32 元。不同的是，前者所得的 2 元是股利，后者是资本利得。但股东所得的资本利得税税率低于股利收入的所得税税率，则股

票回购可使股东得到更多的实惠。当然,市盈率有可能随着股票回购而发生变动,剩余的股票是盈是亏,将取决于市盈率的高低走向。另外,股东对于现金股利和资本利得的偏好也不一致,公司在进行股利决策时也应考虑。

 **考一考**

(判断题)股票分割可能会增加股东的现金股利,使股东感到满意。　　　　　　　(　　)

【正确答案】　√

【答案解析】　股票分割的作用有:①有利于促进股票的流通和交易。②有利于增强投资者对公司的信心。③可以为公司发行新股做准备。④有助于公司并购政策的实施,增加对被并购方的吸引力。⑤会在一定程度上加大对公司股票恶意收购的难度。⑥对除权日后股价的上涨有刺激作用。

(单项选择题)下列关于股票分割的叙述中,不正确的是(　　)。

A. 改善企业资本结构　　　　　　　　　B. 使公司每股市价降低

C. 有助于提高投资者对公司的信心　　　D. 促进新股的发行

【正确答案】　A

【答案解析】　本题考核股票分割的相关概念。股票分割是指将一张较大面值的股票拆成几张较小面值的股票。它对公司的资本结构不会产生任何影响,一般只会使发行在外的股票总数增加,股票面值变小。股票分割之后,股数增加,会使公司股票每股市价降低;股票分割可以向市场和投资者传递公司发展前景良好的信息,有助于提高投资者对公司的信心。在新股发行之前,公司利用股票分割来降低股票价格,可以促进新股的发行。

模 块 测 试

一、单项选择题

1. 我国上市公司不得用于支付股利的权益资金是(　　)。

A. 资本公积　　　　　　　　　　　　　B. 任意盈余公积

C. 法定盈余公积　　　　　　　　　　　D. 上年未分配利润

2. 制定股利政策时,下列不属于股东因素的是(　　)。

A. 控制权考虑　　　　　　　　　　　　B. 避税考虑

C. 稳定的收入　　　　　　　　　　　　D. 偿债能力考虑

3. 在通货膨胀时期,企业一般采取(　　)的利润分配政策。

A. 很紧　　　　　　B. 很松　　　　　　C. 偏紧　　　　　　D. 偏松

4. 下列股利分配政策中,能保持股利与利润之间一定的比例关系的政策是(　　)。

A. 剩余股利政策　　　　　　　　　　　B. 固定股利政策

C. 固定股利支付率政策　　　　　　　　D. 低正常股利加额外股利政策

5. (　　)适用于经营比较稳定或正处于成长期、信誉一般的公司。

A. 剩余股利政策　　　　　　　　B. 固定股利政策

C. 固定股利支付率政策　　　　　D. 低正常股利加额外股利政策

6. (　　)既可以在一定程度上维持股利的稳定性,又有利于企业的资本结构达到目标资本结构,使灵活性与稳定性能够很好地结合。

A. 剩余股利政策　　　　　　　　B. 固定股利政策

C. 固定股利支付率政策　　　　　D. 低正常股利加额外股利政策

7. 上市公司按照剩余股利政策发放股利的好处是(　　)。

A. 有利于公司合理安排资金结构　　B. 有利于投资者安排收入与支出

C. 有利于公司稳定股票的市场价格　　D. 有利于公司树立良好的形象

8. 企业在确定收益分配政策时,应当考虑相关因素的影响,其中,偿债能力约束属于(　　)。

A. 股东因素　　　B. 公司因素　　　C. 法律因素　　　D. 债务契约因素

9. 某公司2×23年税后净利润为2 000万元,2×24年投资计划需要资金2 200万元。如果该公司采用剩余股利政策,2×23年发放的股利为680万元,则该公司目标资本结构中权益资本所占的比例为(　　)。

A. 40%　　　　　B. 50%　　　　　C. 60%　　　　　D. 68%

二、多项选择题

1. 影响股利政策的法律约束因素包括(　　)。

A. 资本保全约束　　　　　　　　B. 资本积累约束

C. 偿债能力　　　　　　　　　　D. 超额累积利润限制

2. 下列项目中,属于公司利润分配项目的有(　　)。

A. 提取法定盈余公积金　　　　　B. 提取任意盈余公积金

C. 弥补以前年度亏损　　　　　　D. 向投资者分配股利

3. 固定股利政策的优点包括(　　)。

A. 有利于树立公司良好形象,增强投资者信心

B. 使公司可灵活安排资金支出

C. 能使股利与公司盈余紧密配合,多盈多分,少盈少分

D. 有利于投资者安排股利收入与支付

4. 从企业的角度来看,制约股利分配的因素有(　　)。

A. 控制权稀释　　　　　　　　　B. 筹资能力大小

C. 盈利变化　　　　　　　　　　D. 未来投资机会

5. 上市公司发放股票股利可能导致的结果有(　　)。

A. 公司股东权益内部结构发生变化　　B. 公司股东权益总额发生变化

C. 公司每股利润下降　　　　　　D. 公司股份总额发生变化

6. 公司在确定利润分配政策时须考虑股东因素,其中,主张限制股利是出于(　　)考虑。

A. 稳定收入　　　　　　　　　　B. 避税

C. 控制权　　　　　　　　　　　D. 规避风险

7. 影响股利政策的其他因素主要包括(　　)。

A. 控制权　　　　　　　　　　　B. 超额累积利润约束

C. 债务合同限制　　　　　　　　　　D. 通货膨胀限制

8. 企业财务活动中的利润分配活动应当遵循的原则包括(　　)。

A. 依法分配原则　　　　　　　　　　B. 资本保全原则

C. 兼顾各方面利益原则　　　　　　　D. 投资与收益对等原则

9. 股份公司发放股利不得来源于(　　)。

A. 股本　　　　　　　　　　　　　　B. 盈余公积金

C. 资本公积金　　　　　　　　　　　D. 税前利润

10. 企业利润分配的流程主要包括(　　)。

A. 弥补以前年度的亏损　　　　　　　B. 提取法定盈余公积金

C. 提取任意盈余公积金　　　　　　　D. 向投资者分配利润或股利

三、判断题

1. 通常在除息日之前进行交易的股票,其价格高于在除息日后进行交易的股票价格。

(　　)

2. 在通货膨胀时期,企业一般采取偏松的利润分配政策。　　　　　　　　(　　)

3. 剩余股利政策能保持理想的资本结构,使企业价值长期最大化。　　　　(　　)

4. 现金股利是最常见的股利发放方式。　　　　　　　　　　　　　　　　(　　)

5. 公司发放股票股利,可能引起股东权益减少。　　　　　　　　　　　　(　　)

6. 财产股利和负债股利实际上是现金股利的替代。　　　　　　　　　　　(　　)

7. 固定股利政策体现了"多盈多分,少盈少分"的原则。　　　　　　　　　(　　)

8. 在股权登记日取得股票的股东无权享受已宣告发放的股利。　　　　　　(　　)

9. 固定股利政策的一个主要缺点是当企业盈余较少甚至亏损时,仍须支付固定数额的股利,可能导致企业财务状况恶化。　　　　　　　　　　　　　　　　　　(　　)

10. 盈余公积金是必须提取的。　　　　　　　　　　　　　　　　　　　(　　)

四、实务题

1. 某公司 2×21 年提取了公积金后的税后利润为 800 万元,2×22 年的投资计划所需资金为 1 000 万元,公司的目标资本结构为权益资本占 60%,债务占 40%。该公司 2×21 年流通在外的普通股为 400 万股,公司采用剩余股利政策。

要求:试计算该公司 2×21 年股东可获得的每股股利。

2. 某公司 2×21 年度的税后利润为 1 000 万元,该年分配股利 500 万元。该公司 2×22 年度的税后利润为 1 200 万元。为扩大生产能力,该公司 2×23 年拟投资 1 000 万元来引进一条生产线。该公司的目标资本结构为权益资金占 80%,负债资金占 20%。

要求:

(1) 在保持目标资本结构的前提下,试计算该公司 2×23 年投资方案所需的自有资金金额和需要外部债权资金筹集数额。

(2) 在不考虑目标资本结构的前提下,如果公司执行固定股利支付率政策,计算该公司的股利支付率和 2×22 年度应分配的现金股利。

(3) 如果该公司执行的是剩余股利政策,试计算该公司 2×22 年度可以发放的现金股利。

模块 6

预 算 管 理

[考核目标]

1. 了解预算管理的含义、特征和作用。
2. 了解固定预算、增量预算和定期预算的含义及内容。
3. 理解预算管理的编制程序和方法。

[实践目标]

1. 能运用弹性预算、零基预算和滚动预算的特征及操作技巧来编制预算。
2. 能够掌握全面预算的编制方法。

[素质目标]

1. 培养学生的工作责任感。
2. 培养学生的预算分析和决策能力,使其能够运用所学知识对预算数据进行计算分析,为企业的战略规划和经营决策提供有力支持。
3. 培养学生的团队合作与沟通能力。

[知识点思维导图]

预算管理
- 预算管理的认知——含义、特征、作用、分类与预算体系、组织
- 预算管理方法的选择
  - 预算管理的编制方法
    - 固定预算法与弹性预算法
    - 增量预算法与零基预算法
    - 定期预算法与滚动预算法
  - 预算管理的编制程序——下达目标、编制上报、审查平衡、审议批准、下达执行
- 全面预算的编制
  - 经营预算的编制——销售、生产、直接材料、直接人工、制造费用、生产成本、销售及管理费用预算的编制
  - 专门决策预算的编制
  - 现金预算的编制

任务 6.1　预算管理的认知

6-1-1　思政案例
预算管理（案例
内容、案例讨论）

活动 6.1.1　预算管理概述

一、预算管理的含义

预算管理是一系列专门反映企业未来一定预算期内预计财务状况、经营成果和现金收支等价值指标的各种预算的总称。它具体包括反映现金收支活动的现金预算、反映企业经营状况的预计资产负债表、反映企业经营成果的预计利润表和预计现金流量表等内容。

6-2　动画
预算管理

二、预算管理的特征

预算管理具有两个特征：第一，编制预算的目的是促成企业以最经济有效的方式实现预定目标，因此，预算管理必须与企业的战略或目标保持一致；第二，预算管理作为一种数量化的详细计划，它是对未来活动的细致、周密安排，是未来经营活动的依据。

6-3　微课视频
预算管理
概述

活动 6.1.2　预算管理的作用

预算管理在企业经营管理体系中具有重要的作用，主要表现在以下几个方面。

一、明确目标

预算管理规定了企业一定时期的总目标和各个部门的具体目标。通过预算管理，企业可以分门别类、有层次地表达其各种目标，如销售、生产、成本费用、收入和利润等，并把这些目标分解为各个部门的具体目标。各部门为了实现每个具体的目标，需要合理安排各自的经济活动；各个部门和职工为了解本部门、本人在财务目标中的地位、作用和责任，需要根据预算管理来安排自己的活动，努力完成自己的任务，以完成各个具体目标。由此，企业的总目标也就得以实现。

二、相互协调

企业各个部门因其职责不同，均会站在自己的立场考虑各自的经济活动，可能会带有片面性，可能会出现相互矛盾、相互冲突的现象。预算管理围绕企业的总目标，把企业经营过程中的各个环节、各个部门严密地组织起来，对经济活动进行沟通协商，使各方面的力量相互协调、相互配合，使企业成为一个为完成其总目标而良好运转的有机整体。

三、监督控制

预算管理一经确定，就进入实施阶段，其重心即转入监督控制，以保证企业的经营活动严格按照预算执行。通过预算和实际情况的对比，企业可以了解实际情况是否合理，是否出现偏差，如果有偏差，则要进一步分析差异的原因，及时修正经营活动，使经营活动在预算的范围内

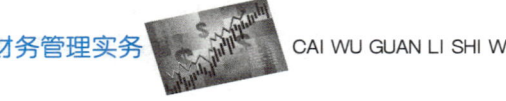

进行,从而促使企业目标的完成。

四、业绩考核

预算管理的编制是企业内部目标规划的过程,而业绩考核制度是保质保量完成总体目标的保障。预算管理是企业财务活动的行为标准,可以作为各部门业绩考核的依据,经过分解落实的预算规划目标与部门、责任人的业绩考评结合起来,可以成为企业评估业绩好坏、实行奖惩制度的依据。

活动 6.1.3 预算的分类与全面预算体系

一、预算的分类

(一)根据预算内容不同,预算可分为经营预算、专门决策预算和财务预算

经营预算是指与企业日常经营活动直接相关的各种预算。它主要包括销售预算、生产预算、直接材料预算、直接人工预算、制造费用预算、生产成本预算、销售及管理费用预算等。

专门决策预算是指企业不经常发生的重要决策预算。专门决策预算直接反映相关决策的结果,是实际中选方案的进一步规划。例如,资本支出预算的编制依据可以追溯到决策之前搜集到的有关资料,只不过预算比决策估算更细致、更准确一些。又如,企业对一切固定资产购置都必须在做好可行性分析的基础上来编制预算,具体反映投资额需要多少、何时进行投资、资金从何筹得、投资期限多长、何时可以投产、未来每年的现金流量是多少等。

财务预算是指企业在计划期内反映有关预计现金收支、财务状况和经营成果的预算。财务预算从价值方面总括地反映企业经营预算与专门决策预算的结果。也就是说,经营预算和专门决策预算中的资料都可以用货币金额反映在财务预算内,这样一来,财务预算就成为各项业务预算和专门决策预算的整体规划,其他预算则相应称为辅助预算或分预算。

(二)根据预算指标覆盖时间的长短,预算可分为长期预算和短期预算

通常我们将预算期在 1 年以内(含 1 年)的预算称为短期预算,预算期在 1 年以上的预算称为长期预算。预算的编制时间可以视预算的内容和实际需要而定,可以是 1 周、1 月、1 季、1 年或若干年等。在预算编制过程中,我们往往应结合各项预算的特点,将长期预算和短期预算结合使用。在一般情况下,企业的经营预算和财务预算多为 1 年期的短期预算,年内再按照季或月细分,而且预算期间往往与会计期间保持一致。

二、全面预算体系

全面预算体系是一个由经营预算、专门决策预算和财务预算这三大类及其下属的详细预算组成的完整体系,用于指导企业的生产、销售和财务等活动。其结构如图 6-1 所示。

$$
\text{全面预算体系}\begin{cases}\text{经营预算} \\ \text{专门决策预算} \\ \text{财务预算——现金预算、预计利润表、预计资产负债表}\end{cases}\text{辅助预算}
$$

图 6-1 全面预算体系的结构

活动 6.1.4 预算管理的组织

预算管理工作的组织涵盖范围包括决策层、管理层、执行层和考核层的组织情况。各层级的组织具体如下。

一、决策层的组织

企业董事会或决策机构应当对企业预算管理工作负总责。企业董事会或经理办公会可以根据情况设立预算管理委员会或指定财务管理部门负责预算管理事宜,并对企业法人代表负责。

二、管理层的组织

预算管理委员会或财务管理部门主要负责拟定预算的目标、政策,制定预算管理的具体措施和办法,审议、平衡预算方案,组织下达预算,协调解决预算编制和执行中的问题,组织审计、考核预算的执行情况,督促企业完成预算管理目标。

企业财务管理部门具体负责企业预算管理的跟踪管理,监督预算管理的执行情况,分析财务预算与实际执行的差异及原因,提出改进管理的意见与建议。

三、执行层的组织

企业内部生产、投资、物资、人力资源、市场营销等职能部门具体负责本部门业务涉及的财务预算编制、执行、分析等工作,并配合预算管理委员会或财务管理部门做好企业财务预算的综合平衡、协调、分析、控制与考核等工作。其主要负责人参与企业预算委员会的工作,并对本部门预算执行结果承担责任。

四、考核层的组织

企业所属基层单位是企业预算的基本单位,在企业财务管理部门的指导下,负责本单位现金流量、经营成果和各项成本费用预算的编制、控制、分析工作,接受企业的检查、考核。其主要负责人对本单位财务预算的执行结果承担责任。

6-1-2 思政案例
预算管理
(案例解析)

任务 6.2 预算管理方法的选择

活动 6.2.1 预算管理的编制方法

预算管理的编制是一项专业性、技术性和操作性很强的工作。预算管理的编制需要采用专门的方法,企业可以根据不同的预算项目,分别采用固定预算、弹性预算、增量预算、零基预算、定期预算和滚动预算等方法进行编制。

6-4 微课视频
预算编制方法

一、固定预算法与弹性预算法

编制预算的方法按照其业务量基础的数量特征不同,可以分为固定预算法和弹性预算法两类。

(一)固定预算法

1. 固定预算法的概念

固定预算法又称静态预算法,是把企业预算期的业务量固定在某一预计水平上,以此为基础来确定其他项目预计数的预算方法。它是根据预算期内正常的、可实现的某一业务量作为唯一基础编制的预算。预算期内编制财务预算所依据的成本费用和利润信息都是基于一个预定的业务量水平的基础上确定的。固定预算法适用于固定费用或者数额比较稳定的预算项目,如固定资产预算、折旧预算、员工工资预算等。

2. 固定预算法的优点和缺点

固定预算法的优点是编制简单。固定预算法的缺点在于:一是过于呆板。因为编制预算的业务量基础是实现假定的某个业务量,在这种方法下,无论预算期内业务量水平实际可能发生哪些变动,都只按照事先确定的某一个业务量水平作为编制预算的基础。二是可比性差。当实际的业务量与编制预算所依据的业务量发生较大差异时,有关预算指标的实际数与预算数就会因业务量基础不同而失去可比性,不利于预算的控制和考核。

(二)弹性预算法

1. 弹性预算法的概念

弹性预算法又称变动预算,是以成本习性分析为基础,将所有的成本划分为变动成本与固定成本两个部分,在编制预算时,固定成本在相关的业务量范围内稳定不变,而变动成本则随业务量的变动而予以增减,分别按一系列可能达到的预计业务量水平编制的能适应企业在预算期内任何生产经营水平的预算方法。弹性预算法会随着业务量的变动而做机动调整,适用面广,具有弹性。它一般适用于编制全面预算中所有与业务量有关的预算,但主要用于编制成本费用和利润预算,尤其是编制费用预算。

2. 弹性预算法的优点和缺点

弹性预算法的优点在于:一是预算范围宽。弹性预算法不再是只适应业务量水平的一个预算,而是能够随着业务量水平的变动做机动调整的一组预算,它能够反映预算期内与一定相关范围内的可预见的多种业务量水平相对应的不同预算额,从而扩大了预算的适用范围,便于预算指标的调整。弹性预算一经编制,只要各项消耗标准和价格等依据不变,便可连续使用,大大减少工作量。二是可比性强。在预算期实际业务量与计划业务量不一致的情况下,企业可以将实际指标与实际业务量相应的预算额进行对比,从而能够使预算执行情况的评价与考核建立在更加客观和可比的基础上,比较确切并容易被考核人所接受,便于更好地发挥预算的控制作用。

弹性预算法的缺点在于:一是编制过程较为复杂;二是可控性差,弹性预算指标留有一定的调整余地,可以在一定范围内灵活执行预算确定的各项目标和要求,但灵活性掌握得不好容易失控。

3. 弹性预算法的编制步骤

弹性预算法可用于编制与业务量有关的各种预算,下面以编制弹性成本预算为例进行介绍。

(1) 确定业务量的计量单位。业务量的计量单位应根据企业的具体情况进行选择。一般来说,生产单一产品的部门,可以选用产品实物计量;生产多品种产品的部门,可以选用人工工时、机器工时等计量;修理部门可以选用修理工时等计量。以手工操作为主的企业应选用人工工时计量,机械化程度较高的企业可选用机器工时计量。

(2) 确定业务量范围。业务量范围是指弹性预算所使用的业务量区间。一般来说,业务量范围可定在正常生产能力的 $70\%\sim110\%$,或以历史上最高业务量和最低业务量为其上下限。

(3) 确定成本项目的成本习性。按照成本习性,企业的成本可以分为固定成本和变动成本两大类,业务量变动后,只有变动成本随之而变动,固定成本不变。这样,在编制弹性预算时,企业只需将全部成本中的变动成本部分按照业务量的变动加以调整即可,固定成本可以保持在一个水平上不变。

(4) 确定预算期各业务水平的预算额。企业应按照所确定的业务量范围和间隔区间,计算预算额。弹性成本预算的计算公式为:

$$弹性成本预算 = 单位变动成本预算 \times 业务量 + 固定成本预算$$

4. 弹性预算的编制方法

企业编制弹性预算,首先,要按成本习性将全部成本最终区分为固定成本和变动成本两大类,并建立成本总额与业务量之间数量关系的习性模型:

$$成本弹性预算 = 固定成本预算数 + \sum(单位变动成本预算数 \times 预计业务量)$$

固定成本总额在一定时期、一定业务量范围内固定不变,应根据总额来控制;变动成本总额在一定时期、一定业务量范围内随业务量的变动而变动,应根据业务量来控制。

其次,在此基础上,企业再按事先选择的业务量计量单位和确定的有效变动范围,根据业务量与有关成本费用项目之间的内在关系即可编制弹性成本预算。

弹性成本预算的具体编制方法有公式法和列表法两种。

(1) 公式法。公式法是指假设成本和业务量之间存在线性关系的一种弹性预算编制方法。其成本总额、固定成本总额、业务量和单位变动成本之间的变动关系可以表示为:

$$y = a + bx$$

式中: y——总成本;

　　　a——固定成本;

　　　b——变动单位成本;

　　　x——业务量。

公式法要求按照上述成本与业务量之间的线性假定,将企业各项成本总额分解为变动成本和固定成本两部分。

公式法的优点是在一定范围内预算可以随业务量的变动而变动,可比性和适应性强,编制预算的工作量相对较小。其缺点是按照公式进行成本分解比较麻烦,需对每个费用子项目甚至细目需逐一进行成本分解,工作量很大。

(2) 列表法。列表法是指通过列表的方式,将与各种业务量对应的预算数列示出来的一

种弹性预算编制方法。

列表法的主要优点是可以直接从表中查得各种业务量下的成本费用预算,不用再另行计算,直接、简便。其缺点是编制工作量较大,而且由于预算数不能随着业务量的变动而任意变动,弹性仍然不足。

二、增量预算法与零基预算法

编制预算的方法按其编制基础的不同,可分为增量预算法和零基预算法两类。

(一) 增量预算法

1. 增量预算法的概念

增量预算法又称调整预算法,是指以基期成本费用水平为基础,结合预算期业务量水平及有关影响成本因素的未来变动情况,通过调整有关费用项目而编制预算的方法。增量预算可参考"预算值=基期值×(1+变动率)"的计算公式进行编制。

2. 增量预算法的编制假设

增量预算法以过去的费用发生水平为基础,主张不需在预算内容上做较大的调整。增量预算的编制应遵循如下假定:

第一,企业现有的业务活动是合理的,不需要进行调整。

第二,企业现有各项业务的开支水平是合理的,在预算期予以保持。

第三,未来预算期的费用变动是在现有费用的基础上进行调整的结果。

3. 增量预算法的优点和缺点

增量预算法的优点是方法简单、工作量小。其缺点表现在:一是受原有费用项目的限制,可能导致保护落后;二是滋长预算中的"平均主义"和"简单化";三是不利于企业未来的发展。

4. 增量预算法的适用范围

增量预算法适用于历史资料较全的项目、部门的预算编制。

(二) 零基预算法

1. 零基预算法的概念

零基预算法的全称为"以零为基础的编制计划和预算的方法",它是指在编制费用预算时,不考虑以往会计期间所发生的费用项目或费用数额,而是一切以零为出发点,从实际需要出发逐项审议预算期内各项费用的内容及开支标准是否合理,在综合平衡基础上编制费用预算的方法。

2. 零基预算法的优点和缺点

零基预算法的优点表现在:一是不受现有费用的限制;二是不受现行预算的束缚;三是能够调动各方面节约费用的积极性;四是有利于促使各基层单位精打细算,合理使用资金。其缺点表现在:一是业绩差的人员会认为零基预算是对他的一种威胁,因此拒绝接受;二是工作量较大,费用较昂贵;三是评级和资源分配具有主动性,容易引起部门间的矛盾;四是容易引起人们注重短期利益而忽视企业长期利益。

3. 零基预算法的适用范围

零基预算法适用于历史资料不全的项目或部门、变动较大的部门、新部门、新项目的预算编制。

4. 零基预算的编制程序

第一,企业内部各级部门的员工,根据企业的生产经营目标,详细讨论计划期内应该发生的费用项目,并对每一费用项目编写一套方案,提出费用开支的目的及需要开支的费用数额。

第二,划分不可避免的费用项目和可避免的费用项目。在编制预算时,企业对不可避免的费用项目必须保证资金供应;对可避免的费用项目,则需要逐项进行成本与效益分析,尽量控制将不可避免的项目纳入预算中。

第三,划分不可延缓费用项目和可延缓费用项目。在编制预算时,企业应根据预算期内可供支配的资金数额在各费用之间进行分配,应优先安排不可延缓费用项目的支出,再根据需要,按照费用项目的轻重缓急确定可延缓项目的开支。

三、定期预算法与滚动预算法

编制预算的方法按其预算期的时间特征不同,可分为定期预算法和滚动预算法两类。

(一)定期预算法

定期预算法是指在编制预算时以不变的会计期间(如日历年度)作为预算期的一种编制预算的方法。

定期预算法的优点在于能够使预算期间与会计年度相配合,便于将实际数与预算数进行对比,便于考核和评价预算的执行结果。其缺点是在时间上人为地将企业连续不断的生产经营活动进行分割,使管理人员的视野局限于预算期间的活动,缺乏长远的打算,不利于企业的长期稳定与有序发展,预算的连续性较差。

(二)滚动预算法

滚动预算法又称永续预算法,是指在编制预算时,将预算期与会计年度脱离,随着预算的执行不断延伸补充预算,逐期向后滚动,使预算期永远保持为一个固定期间的预算编制方法。

其主要特点是:不将预算期与会计年度挂钩,而是始终保持 12 个月,每过去 1 个月,就根据新的情况进行调整和修订后几个月的预算,并在原预算基础上增补下个月预算,从而逐期向后滚动,连续不断地以预算形式规划未来经营活动。这种预算要求 1 年中头几个月的预算要详细完整,后几个月可以略粗一些。

活动 6.2.2　预算管理的编制程序

企业编制预算管理,一般按照"上下结合、分级编制、逐级汇总"的程序进行。预算管理的编制程序具体分为以下几个步骤。

一、下达目标

企业董事会或总经理办公会根据企业发展战略和预算期经济形势的初步预测,在决策的基础上提出下一年度企业预算管理目标,包括销售目标、成本费用目标、利润目标和现金流量目标,并确定预算管理编制的政策,由预算管理层下达各部门。

6-5　动画
财务预算

二、编制上报

各预算执行单位(部门)按照预算管理层下达的预算管理目标和政策,结合自身特点和预测的执行条件,提出详细的本部门预算管理方案,上报企业财务管理部门。

三、审查平衡

企业财务管理部门对各预算执行单位(部门)上报的预算管理方案进行审查、汇总,提出综合平衡的建议。在审查、平衡过程中,预算管理层应当进行充分协调,对发现的问题提出初步调整的意见,并反馈给各有关部门予以修正。

四、审议批准

企业财务管理部门在各部门修正、调整的基础上,编制出企业预算管理方案,报预算管理层讨论。对于不符合企业发展战略或者预算管理目标的事项,企业预算管理层应当责成有关部门进一步修订、调整。在讨论、调整的基础上,企业财务管理部门正式编制企业年度财务预算草案,提交董事会或总经理办公室审议批准。

五、下达执行

企业财务管理部门对董事会或总经理办公会审议批准的年度总预算,分解成一系列的指标体系,由预算管理层逐级下达各部门执行。

任务 6.3　全面预算的编制

活动 6.3.1　经营预算的编制

6-6　微课视频
全面预算
的编制

一、销售预算

销售预算是指通过对上年销售情况的分析并结合预期相关因素变化,根据企业预计年度的目标利润确定预计的销售量、销售单价和销售收入等编制的一种预算。其主要内容是销售量、销售单价和销售收入。销售预算是整个预算的编制起点,其他预算的编制都以销售预算作为基础,并根据预算期销售收入与回收赊销货款的可能情况反映现金收入,以便为编制现金收支预算提供信息。

销售预算通常还包括预计现金收入的计算,主要是根据预计的各季度现金销售收入与回收赊销货款反映现金收入,以便为编制现金收支预算提供必要的信息。

在实际工作中,企业因销售的部分产品无法即时收回全部货款而产生应收账款。在编制销售预算时,企业需要将预计销售收入和预计收到的现金收入分开列示,以便能更好地掌握货款的收回情况和现金流入情况,也方便后续编制现金预算。

【例 6-1】　甲公司 A 产品 2×24 年度的销售预算如表 6-1 所示,其销售收入,本季度能收到 80%,下季度收到剩余的 20%,不考虑坏账等其他相关因素,公司年初应收账款为6 300 元。

| 表 6-1 | 甲公司 A 产品 2×24 年度的销售预算 | | | | 单位：元 |
季度	一	二	三	四	全年
预计销售量	100	120	150	230	600
预计单位售价	200	200	200	200	200
销售收入	20 000	24 000	30 000	46 000	120 000
预计现金收入					
上年应收账款	6 300				6 300
第一季度应收账款	16 000	4 000			20 000
第二季度应收账款		19 200	4 800		24 000
第三季度应收账款			24 000	6 000	30 000
第四季度应收账款				36 800	36 800
现金收入合计	22 300	23 200	28 000	42 800	117 100

 考一考

（单项选择题）华南有限责任公司预计下一年第一季度销售 A 产品 10 个，第二季度销售 A 产品 8 个，A 产品单价为 50 000 元/个，销售收入当季收取 60%，剩余部分下季度全部收回，则该公司第二季度现金收入为（　　）元。

A. 440 000　　　　B. 500 000　　　　C. 400 000　　　　D. 900 000

【正确答案】　A

【答案解析】　第二季度现金收入＝10×50 000×（1－60%）＋8×50 000×60%＝440 000（元）。

二、生产预算

生产预算是指为规划预算期生产规模而编制的一种业务预算。生产预算是根据销售预算编制的，企业的生产和销售通常不能做到"同步同量"，生产数量除了满足销售数量外，还需要设置一定的存货，以保证能在出现意外需求时按时供货，并可均衡生产，节省赶工的开支。其主要内容包括销售量、期初和期末存货、生产量。企业在编制生产预算时，需要考虑预计期初存货量和预计期末存货量。这是因为企业的生产除了要满足销售，还需保有一定的存货，以避免突发情况所导致的生产不足。预计生产量可用下列公式计算：

$$预计生产量＝预计销售量＋预计期末存货量－预计期初存货量$$

【例 6-2】　承[例 6-1]，甲公司 A 产品 2×24 年度的生产预算如表 6-2 所示，公司 A 产品每季度末的存货量为下季度预计销售量的 10%，预计 2×24 年期初和期末的存货量分别为 10 件和 20 件。

表 6-2		甲公司 A 产品 2×24 年度的生产预算			单位：件
季度	一	二	三	四	全年
预计销售量	100	120	150	230	600
加：预计期末存货	12	15	23	20	20
合　计	112	135	173	250	620
减：预计期初存货	10	12	15	23	10
预计生产量	102	123	158	227	610

（单项选择题）某企业第一季度末的产成品库存量为 150 件，预计第二季度销售量为 300
件，第二季度末产成品库存量为 100 件，则预计第二季度的生产量为（　　）件。

A. 250　　　　　B. 350　　　　　C. 450　　　　　D. 500

【正确答案】　A

【答案解析】　预计第二季度的生产量＝300＋100－150＝250（件）。

三、直接材料预算

直接材料预算是指为规划预算期直接材料消耗情况及采购活动而编制的，用于反映预算
期直接材料的单位产品用量、生产需要量、期初和期末存量等信息的一种业务预算。在生产预
算的基础上，企业可以编制直接材料预算，但同时还要考虑期初、期末原材料存货的水平。直
接材料生产上的需要量同预计采购量之间的关系可用计算公式表示为：

预计采购量＝生产需要量＋期末库存量－期初库存量

期末库存量一般是按照下期生产需要量的一定百分比来计算的。生产需要量的计算公式为：

生产需要量＝预计生产量×单位产品材料耗用量

直接材料预算涉及材料采购货款的支付。材料采购货款支付与产品销售收款类似，款项
可能需要多次才能全部付清。因此，在预测直接材料采购量后，企业还需要根据直接材料采购
量，以及采购单价、货款支付的条件等，编制材料采购现金支出预算。

【例 6-3】　承［例 6-2］，甲公司 2×24 年度的直接材料预算如表 6-3 所示，其中，期末
材料存量预计为下季度生产量的 10%。第一季度期初存量预计为 100 千克，第四季度期
末存量预计为 200 千克。年初应付账款为 2 420 元，预计直接材料的货款在本季度支付
50%，下季度支付 50%。

表 6-3		甲公司 2×24 年度的直接材料预算		数量单位：千克 金额单位：元	
季度	一	二	三	四	全年
预计生产量	102	123	158	227	610
单位产品材料耗用量	10	10	10	10	10

（续表）

季度	一	二	三	四	全年
生产需用量	1 020	1 230	1 580	2 270	6 100
加:预计期末存量	123	158	227	200	200
合计	1 143	1 388	1 807	2 470	6 300
减:预计期初存量	100	123	158	227	100
预计材料采购量	1 043	1 265	1 649	2 243	6 200
单价(元/千克)	5	5	5	5	5
预计采购金额	5 215	6 325	8 245	11 215	40 600
期初应付账款	2 420				2 420
第一季度应付账款	2 607.5	2 607.5			5 215
第二季度应付账款		3 162.5	3 162.5		6 325
第三季度应付账款			4 122.5	4 122.5	8 245
第四季度应付账款				5 607.5	5 607.5
现金支出合计	5 027.5	5 770	7 285	9 730	27 812.5

 考一考

（单项选择题）某企业下一年度 P 产品的预计生产量为 1 000 件,单位产品耗用材料 15 千克,该材料期初存量为 1 000 千克,预计期末存量为 2 000 千克,则全年预计采购量为(　　)千克。

A. 19 000　　　　B. 18 000　　　　C. 17 000　　　　D. 16 000

【正确答案】　D

【答案解析】　预计采购量＝1 000×15＋2 000－1 000＝16 000(千克)。

（多项选择题）A 企业编制第四季度的材料采购预算,预计季初材料存量为 400 千克,该季度生产需用量为 2 000 千克,预计期末存量为 240 千克,材料采购单价为 8 元。若材料采购货款有 60% 当季付清,余款在下季度付清,不考虑相关税费,则下列各项中,说法正确的有(　　)。

A. 预计采购量为 1 840 千克　　　　　B. 材料采购金额为 14 720 元

C. 期末应付账款金额为 8 832 元　　　D. 期末应付账款金额为 5 888 元

【正确答案】　ABD

【答案解析】　预计采购量＝2 000＋240－400＝1 840(千克),材料采购金额＝1 840×8＝14 720(元),期末应付账款金额＝14 720×(1－60%)＝5 888(元)。

四、直接人工预算

直接人工预算是指反映预算期内人工工时消耗水平及人工成本开支的业务预算。直接人工预算也是以生产预算为基础编制的,其主要内容有预计生产量、单位产品工时、预计人工总工时、每小时人工成本和人工总成本。直接人工预算也能为编制现金预算提供资料。预计人工总工时和预计人工总成本的计算公式为:

$$预计人工总工时=预计生产量×单位产品工时$$
$$预计人工总成本=预计人工总工时×每小时人工成本$$

【例6-4】 承[例6-3],甲公司2×24年度的直接人工预算如表6-4所示。

表6-4 甲公司2×24年度的直接人工预算

季度	一	二	三	四	全年
预计生产量(件)	102	123	158	227	610
单位产品工时(小时)	10	10	10	10	10
预计人工总工时(小时)	1 020	1 230	1 580	2 270	6 100
每小时人工成本(元)	5	5	5	5	5
人工总成本(元)	5 100	6 150	7 900	11 350	30 500

 考一考

(判断题)直接人工预算是以直接材料预算为基础编制的。 （ ）

【正确答案】 ×

【答案解析】 直接人工预算是以生产预算为基础编制的。

五、制造费用预算

制造费用预算是指除了直接材料和直接人工预算以外的其他一切生产成本的预算。制造费用按其成本性态可分为变动制造费用和固定制造费用两部分。变动制造费用以生产预算为基础来编制,即根据预计生产量和预计的变动制造费用分配率来计算;固定制造费用是期间成本直接列入损益,它作为当期利润的一个扣减项目,与本期的生产量无关,一般可以按照零基预算的编制方法编制。

计算变动制造费用和固定制造费用的分配率,可以为后面产品成本预算提供信息。制造费用分配率公式为:

$$制造费用分配率=\frac{制造费用}{相关分配标准预算}$$

其中,相关分配标准可以选择预算生产量或预算直接人工工时总数。

由于折旧费是不需要付现的支出,企业在计算预计现金支出的费用时,需要把折旧费从制造费用总额中剔除。

【例6-5】　甲公司2×24年度的制造费用预算如表6-5所示,该公司间接材料分配率为0.2元/工时,间接人工分配率为0.3元/工时,修理费分配率为0.15元/工时,水电费分配率为0.25元/工时,制造费用分配的相关分配标准按预算直接人工总工时数计算(表6-4)。试编制甲公司2×24年度的制造费用预算。

表 6-5　　　　　　　　　甲公司 2×24 年度的制造费用预算　　　　　单位:元

季度	一	二	三	四	全年
变动制造费用:					
间接材料	204	246	316	454	1 220
间接人工	306	369	474	681	1 830
修理费	153	184.5	237	340.5	915
水电费	255	307.5	395	567.5	1 525
小计	918	1 107	1 422	2 043	5 490
固定制造费用:					
管理人员工资	400	400	400	400	1 600
修理费用	800	1 000	1 400	1 200	4 400
折旧	1 600	1 600	1 600	1 600	6 400
保险费	90	150	180	230	650
财产税	150	150	150	150	600
小计	3 040	3 300	3 730	3 580	13 650
合计	3 958	4 407	5 152	5 623	19 140
减:折旧	1 600	1 600	1 600	1 600	6 400
现金支出的费用	2 358	2 807	3 552	4 023	12 740

其中,变动制造费用分配率=5 490÷6 100=0.9(元/小时)
　　　　固定制造费用分配率=13 650÷6 100=2.24(元/小时)

 **考一考**

(判断题)变动制造费用通常不是以生产预算为基础编制的,所以与本期产量无关。

(　)

【正确答案】　×

【答案解析】　变动制造费用是以生产预算为基础编制的。

(判断题)在计算制造费用预算中的预计现金支出时,需要将折旧、摊销等非付现成本剔除。

(　)

【正确答案】　√

六、生产成本预算

生产成本预算是指反映预算期内产品生产成本水平的一种业务预算。

为了计算产品的销售成本,企业必须先确定产品的生产总成本和单位成本。生产成本预算是生产预算、直接材料预算、直接人工预算、制造费用预算的汇总。

6-7 教学案例
生产成本弹性
预算表的编制

【例6-6】 承[例6-5],甲公司2×24年度生产成本预算如表6-6所示。

表6-6　　　　　　　　　　甲公司2×24年度生产成本预算　　　　　　　金额单位:元

成本项目	单位成本			生产成本 (610件)	期末存货 (20件)	销货成本 (600件)
	每千克或 每小时	投入量	成本			
直接材料	5	10千克	50	30 500	1 000	30 000
直接人工	5	10小时	50	30 500	1 000	30 000
变动制造费用	0.9	10小时	9	5 490	180	5 400
固定制造费用	2.24	10小时	22.4	13 664	448	13 440
合　计			131.4	80 154	2 628	78 840

 考一考

(判断题)产品生产成本预算是销售预算、生产预算、直接材料预算、直接人工预算、制造费用预算的汇总。　　　　　　　　　　　　　　　　　　　　　（　　）

【正确答案】 √

(判断题)产品生产成本预算的编制受销售及管理费用预算的影响。　　　（　　）

【正确答案】 ×

【答案解析】 产品生产成本预算的编制与销售及管理费用预算无关。

七、销售及管理费用预算

销售及管理费用预算是指为了实现产品销售和维持一般管理业务所发生的各项费用支出的一种预算。它以销售预算为基础,按照成本的性态可分为变动销售及管理费用和固定销售及管理费用。其编制方法与制造费用预算相同。

【例6-7】 甲公司2×24年度的销售及管理费用预算如表6-7所示。

表6-7　　　　　　　　甲公司2×24年度的销售及管理费用预算　　　　　　单位:元

项目	金额
销售费用:	
销售人员工资	2 000
广告费	4 000

（续表）

项目	金额
包装、运输费	1 500
保险费	700
管理费用：	
管理人员工资	6 000
福利费	800
保险费	600
办公费	1 600
合计	17 200
每季度支付现金	4 300

考一考

（判断题）销售及管理费用预算不会影响产品成本预算的编制。　　　　　　　　（　　）

【正确答案】　√

活动 6.3.2　专门决策预算的编制

专门决策预算主要是长期投资预算，又称资本支出预算，通常是指与项目投资决策相关的专门预算。它往往涉及长期建设项目的资金投放与筹集，并经常跨越多个年度。编制专门决策预算的依据，是项目财务可行性分析资料和企业筹资决策资料。

专门决策预算的要点是能准确反映项目资金投资支出与筹资计划，它同时也是编制现金预算和预计资产负债表的依据。

【例 6-8】　假设甲公司决定 2×24 年投产一条新生产线，年内安装完毕并于年末投入使用，有关投资与筹资的专门决策预算如表 6-8 所示。

表 6-8　　　　　　　　　　　　甲公司 2×24 年度专门决策预算表　　　　　　　　　　单位：元

项目	一	二	三	四	全年
投资支出预算	50 000	40 000	70 000	80 000	240 000
借入长期借款	40 000	—	—	80 000	120 000

考一考

（判断题）专门决策预算主要是长期投资预算（又称资本支出预算），通常是指与项目投资决策相关的专门预算，涉及长期建设项目的资金投放与筹集，并可能跨越多个年度。　（　　）

【正确答案】　√

（判断题）经营预算是全面预算编制的起点，因此专门决策预算应当以经营预算为依据。

（　　）

【正确答案】　×

【答案解析】　专门决策预算主要涉及长期投资，与项目投资决策相关，与经营预算无关。

活动 6.3.3　财务预算的编制

财务预算的编制包括现金预算的编制和预计会计报表的编制。此处仅介绍现金预算的编制。

一、现金预算的概念

现金预算又称现金收支预算，是指反映预算期企业全部现金收入和全部现金支出的预算。

完整的现金预算一般包括以下四个组成部分：① 现金收入；② 现金支出；③ 现金收支差额；④ 资金的筹集与应用。其中，现金收入是指经营业务活动的现金收入，主要来自现金余额和产品销售现金收入；现金支出除了涉及有关直接材料、直接人工、制造费用和销售及管理费用、缴纳税金、股利分配等方面的经营性现金支出外，还包括购买设备等资本性支出；现金收支差额反映现金收入合计与现金支出合计之间的差额，若差额为正，说明现金有多余，可用于偿还过去银行取得的借款，或用于购买短期证券，若差额为负，说明现金不足，要向银行取得新的借款；资金的筹集与运用主要反映预算期内向银行借款还款、支付利息以及进行短期投资、投资收回等。下面分别介绍各项预算的编制，为现金预算的编制提供数据和编制依据。

二、现金预算的编制方法

现金预算的编制是以各项日常业务预算和特种决策预算为基础来反映各预算的收入款项和支出款项。其目的在于为企业资金不足时如何筹措资金、资金多余时怎样运用资金提供依据，并且提供现金收支的控制限额，以便发挥现金管理的作用。

现金预算的编制，首先通过上述经营预算和专门决策预算，预算出企业预算期内的现金收入和现金支出；其次依据预算期内的现金收入和现金支出计算出企业预算期内的现金收支差额；最后依据预算期内的现金收支差额和企业相关现金管理政策，确定筹集或运用现金的数额。

编制现金预算的主要目的是加强在预算期内对现金流量的控制，了解企业在预算期内现金收支及资金余缺情况，以便今后合理运用或及时筹措资金。

【例 6-9】 承[例 6-1]至[例 6-7],甲公司 2×24 年度的现金预算如表 6-9 所示,它建立在前面经营预算的基础之上。该公司每季度末需保留的现金余额为 13 000 元,不足则向银行借款。借款和还款的数额为 1 000 元的倍数。其借款年利率为 10%,年初借入,年末还本付息。

表 6-9 甲公司 2×24 年度的现金预算 单位:元

项目	一	二	三	四	全年
期初现金余额	10 000.0	13 514.5	14 687.5	16 650.5	10 000.0
加:现金收入	22 300.0	23 200.0	28 000.0	42 800.0	116 300.0
可供使用资金	32 300.0	36 714.5	42 687.5	59 450.5	126 300.0
减:各项支出					
直接材料	5 027.5	5 770.0	7 285.0	9 730.0	27 812.5
直接人工	5 100.0	6 150.0	7 900.0	11 350.0	30 500.0
制造费用	2 358.0	2 807.0	3 552.0	4 023.0	12 740.0
销售及管理费用(表 6-7)	4 300.0	4 300.0	4 300.0	4 300.0	17 200.0
购买设备	3 000.0				3 000.0
所得税	3 000.0	3 000.0	3 000.0	3 000.0	12 000.0
支出合计	22 785.5	22 027.0	26 037.0	32 403.0	103 252.5
现金多余或不足	9 514.5	14 687.5	16 650.5	27 047.5	23 047.5
加:向银行借款(1 000 元的倍数)	4 000.0				4 000.0
减:还银行的借款(1 000 元的倍数)				4 000.0	4 000.0
借款利息				400.0	400.0
期末现金余额(最低 13 000 元)	13 514.5	14 687.5	16 650.5	22 647.5	22 647.5

在现金预算的编制完成后,结合所有预算的情况,汇总预算期内全部收入和费用,进而编制预计利润表,列示预算期的经营成果,反映企业预期的盈利水平。

最后,编制预计资产负债表。预计资产负债表是全面预算编制的终点,用于综合反映企业在预算期期末各项资产、负债和所有者权益的财务状况。在编制预计资产负债表时,需要综合前面预算的资料和实际资产负债表的情况。

在全面预算中,各预算表之间相互关联,生产预算要根据销售预算进行编制。料、工、费的预算需根据生产预算来编制,同时,料、工、费的预算又可汇总编制产品成本预算。现金预算来源于经营预算中现金收入和支出的部分,预计利润表是汇总各项预算中的收入和费用支出而编制的,预计资产负债表在编制时也需要参考其他预算所提供的资料。

 考一考

(多项选择题)下列选项中,以专门决策预算为编制预算的依据的有(　　)。

A. 产品成本预算　　　　　　　　　　B. 预计资产负债表

C. 现金预算　　　　　　　　　　　　D. 销售预算

【正确答案】　BC

【答案解析】　现金预算依据专门决策预算预估预算期内的部分现金收支情况,预计资产负债表依据专门决策预算预估预算期内的固定资产新增等情况。

(单项选择题)可供使用现金和现金支出的差额是(　　)。

A. 期初现金余额　　　　　　　　　　B. 期末现金余额

C. 现金筹措与运用　　　　　　　　　D. 现金余缺

【正确答案】　D

【答案解析】　现金余缺＝可供使用现金－现金支出合计。

模 块 测 试

一、单项选择题

1. 与传统定期预算方法相比,滚动预算方法的缺点是(　　)。

A. 预算工作量大　　B. 透明度低　　　　C. 及时性差　　　　D. 连续性弱

2. 下列各项中,没有直接在现金预算中得到反映的是(　　)。

A. 期初期末现金余额　　　　　　　　B. 现金筹措及运用

C. 预算期产量和销量　　　　　　　　D. 预算期现金余缺

3. 以预算期正常的、可实现的某一业务量水平为唯一基础来编制预算的方法称为(　　)。

A. 零基预算　　　　B. 定期预算　　　　C. 静态预算　　　　D. 流动预算

4. 在采用定额控制方式实施财务控制时,对约束性指标应选择的控制标准是(　　)。

A. 弹性控制标准　　　　　　　　　　B. 平均控制标准

C. 最高控制标准　　　　　　　　　　D. 最低控制标准

5. 下列项目中,原本属于经营预算,但其需要根据现金预算的相关数据来编制,因此被纳入财务预算的是(　　)。

A. 财务费用预算　　　　　　　　　　B. 预计利润表

C. 销售费用预算　　　　　　　　　　D. 预计资产负债表

6. 下列各项中,不能纳入企业现金预算范围的是(　　)。

A. 经营性现金支出　　　　　　　　　B. 资本化借款利息

C. 经营性现金收入　　　　　　　　　D. 资本性现金支出

7. 不受现有费用项目和开支水平限制,并能够克服增量预算方法缺点的预算方法是(　　)。

A. 弹性预算方法   B. 固定预算方法

C. 零基预算方法   D. 滚动预算方法

8. 假定某期现金预算出现了正值的现金收支差额,且超过额定的期末现金余额时,单纯从财务预算调剂现金余缺的角度看,该期不宜采用的措施是(   )。

A. 偿还部分借款利息   B. 偿还部分借款本金

C. 抛售短期有价证券   D. 购入短期有价证券

9. 下列各项中,不属于财务预算内容的是(   )。

A. 预计资产负债表   B. 现金预算

C. 预计利润表   D. 销售预算

10. 下列各项中,不属于滚动预算方法的是(   )。

A. 逐年滚动方式   B. 逐季滚动方式

C. 逐月滚动方式   D. 混合滚动方式

二、多项选择题

1. 下列各项中,属于滚动预算优点的有(   )。

A. 透明度高   B. 及时性强   C. 连续性好   D. 对比性强

2. 下列项目中,属于直接人工预算的内容有(   )。

A. 预计生产量   B. 单位产品耗用工时

C. 人工总工时   D. 人工总成本

3. 在编制现金预算的过程中,可作为其编制依据的有(   )。

A. 经营预算   B. 预计利润表

C. 预计资产负债表   D. 特种决策预算

4. 生产预算是编制(   )的依据。

A. 直接材料预算   B. 直接人工预算

C. 产品成本预算   D. 现金预算

5. 下列预算中,能够既反映经营业务又反映现金收支内容的有(   )。

A. 销售预算   B. 生产预算

C. 直接材料预算   D. 制造费用预算

6. 产品生产成本预算,是(   )预算的汇总。

A. 销售及管理费用预算   B. 直接材料预算

C. 直接人工预算   D. 制造费用预算

7. 在编制生产预算时,计算某种产品预计生产量应考虑的因素包括(   )。

A. 预计材料采购量   B. 预计产品销售量

C. 预计期初产品存货量   D. 预计期末产品存货量

8. 在编制现金预算时,计算某期现金余缺时必须考虑的因素有(   )。

A. 期初现金余额   B. 期末现金余额

C. 当期现金支出   D. 当期现金收入

9. 企业预算最主要的两大特征为(   )。

A. 数量化   B. 表格化   C. 可伸缩性   D. 可执行性

10. 全面预算具体包括(   )。

A. 经营预算　　　　B. 总预算　　　　C. 生产预算　　　　D. 特种决策预算

11. 下列各项中,属于现金支出预算内容的有(　　)。

A. 直接材料　　　　　　　　　　B. 直接人工

C. 购置固定资产　　　　　　　　D. 制造费用

12. 下列各项中,属于定期预算缺点的有(　　)。

A. 盲目性　　　　B. 编制工作量大　　　　C. 不变性　　　　D. 间断性

三、判断题

1. 预算管理是从编制生产预算开始的。（　　）

2. 销售量和单价预测的准确性,直接影响企业预算管理的质量。（　　）

3. 在编制制造费用预算时,企业应将固定资产折旧费剔除。（　　）

4. 销售及管理费用预算是根据生产预算来编制的。（　　）

5. 预算管理是关于企业在未来一定期间内财务状况、经营成果和现金收支等价值指标的各种预算的总称。（　　）

6. 能够克服固定预算缺点的预算方法是滚动预算。（　　）

7. 在编制零基预算时,我们应以企业现有的费用水平为基础。（　　）

8. 永续预算能够使预算期间与会计年度相配合,便于考核预算的执行结果。（　　）

9. 特种决策预算包括经营决策预算和投资决策预算,一般情况下,特种决策预算的数据要纳入经营预算和现金预算。（　　）

10. 生产预算是日常业务预算中唯一仅以实物量作为计量单位的预算,不直接涉及现金收支。（　　）

11. 增量预算法是在基期成本费用水平的基础上,结合预算期业务量及有关降低成本的措施,通过调整有关原有成本项目而编制预算的一种方法。（　　）

12. 产品生产成本预算不能作为编制现金预算的依据。（　　）

13. 销售预算是编制生产预算的基础。（　　）

14. 在编制定期预算时,预算期必须与会计年度口径一致。（　　）

15. 在编制制造费用预算时,将制造费用预算扣除折旧后,调整为现金收支的费用。（　　）

16. 企业财务管理部门负责预算管理的编制、执行、分析和考核工作,并对预算执行结果承担直接责任。（　　）

17. 财务预算能够综合反映各项业务预算和各项专门决策预算。（　　）

四、实务题

1. 宏天公司根据销售预测,对甲产品 2×24 年度的销售量做出如下预计:第一季度为 5 000 件,第二季度为 6 000 件,第三季度为 8 000 件,第四季度为 7 000 件,每个季度的期末存货量应为下一季度预计销售量的 10%。该公司年初存货量为 750 件,年末存货量为 600 件,单位产品材料消耗定额为 5 小时/件,单位工时的工资额为 0.6 元。

要求:根据以上资料,编制该公司的生产预算和直接人工预算。

2. 麦格公司在预算年度 2×24 年只生产销售一种产品,销售单价为 90 元。经预测,预算年度内各季度的销售量分别为 1 100 件、1 600 件、2 000 件、1 500 件。按往年的经验,销售货款在当季可收到 60%,其余 40% 的货款在下一季度收回。该公司 2×23 年年末的应收账款余额为 45 000 元。

要求：根据以上资料，编制麦格公司 2×24 年度的销售预算和现金收入计算表。

3. 南苑公司只生产销售 A 产品，年最大生产量为 3 000 件。在现有生产技术水平条件下，年固定制造费用总额为 300 000 元(其中：办公费 100 000 元，折旧费 180 000 元，租赁费 20 000 元)。每件 A 产品的变动成本为 36 元，其构成如下：直接材料 150 元，直接人工 100 元，变动制造费用 110 元(其中：间接材料 40 元，间接人工 50 元，动力费 20 元)。

要求：按年产量 1 500 件、2 000 件、2 500 件、3 000 件的间隔，编制南苑公司的弹性生产成本预算表。

4. 甲公司内部一车间为成本中心，生产 A 产品，预算产量为 7 000 件，单位成本为 50 元；实际产量为 8 000 件，单位成本为 45 元。

要求：试计算成本中心的责任成本变动额和变动率。

模块 7

财 务 控 制

[考核目标]

1. 认知财务控制的概念和特征。
2. 掌握财务控制的基础。
3. 掌握财务控制的作用和原则。
4. 掌握财务控制的方式。
5. 掌握成本中心的业绩考核指标。
6. 掌握利润中心的业绩考核指标。
7. 掌握投资中心的业绩考核指标。

[实践目标]

1. 能够理解财务控制的概念和方式。
2. 能够完成成本中心的业绩考核。
3. 能够完成利润中心的业绩考核。
4. 能够完成投资中心的业绩考核。

[素质目标]

1. 培养学生严密的逻辑思维能力。
2. 培养学生收集和处理信息的能力。
3. 培养学生对重大决策严谨分析的职业态度。

[知识点思维导图]

财务控制
- 财务控制的认知——概念、特征、基础、作用、原则、方式
- 财务控制的实施
  - 责任中心的认知
  - 成本中心的业绩考核
  - 利润中心的业绩考核
  - 投资中心的业绩考核

任务 7.1　财务控制的认知

活动 7.1.1　财务控制的概念和特征

一、财务控制的概念

7-1-1 | **思政案例**
企业要重视完善
内部管理制度，
规范财务管理，
健全完善监督
管理制度（案例
内容、案例讨论）

　　财务控制是指企业按照一定的程序和方法，协调并指导各部门、单位的财务活动，对资金的取得、投放、使用及收益分配的过程和结果进行衡量与校正，确保企业及其内部机构和人员全面落实及实现财务预算，从而实现企业总体目标的过程。财务控制的任务就是通过调节、沟通和合作，将个别分散的财务行动整合统一起来，追求企业短期或长期的财务目标。

二、财务控制的特征

（一）以价值控制为手段

　　财务控制以实现财务预算为目标。财务预算所包括的现金预算、预计利润表和预计资产负债表都是以价值形式予以反映的，因此，财务控制必须借助价值手段进行。

（二）以综合经济业务为控制对象

　　企业财务控制以价值为手段，可以将不同岗位、不同部门、不同层次的业务活动综合起来进行控制。

（三）以日常现金流量控制为主要内容

　　日常的财务活动过程表现为组织现金流量的过程，因此，控制现金流量成为企业日常财务控制的主要内容。在财务控制过程中，企业要以现金预算为依据，通过编制现金流量表来考核评价现金流量运行状况。

活动 7.1.2　财务控制的基础

　　财务控制的基础是进行财务控制所必须具备的基本条件。它主要包括以下几个方面。

一、组织保证

　　财务控制的首要基础是围绕控制目标建立有效的组织机构、合理的组织分工、完善的责任制度，以保证控制的有效性。

二、预算保证

　　面向整个企业的财务预算是控制企业经济活动的重要依据。因此，财务控制应以健全的财务预算为依据。财务预算要分解落实到各个责任中心，责任中心可以按照财务预算进行业务活动和财务活动的控制，并对预算执行情况及时进行反映，发现实际情况与预算的偏差要分

析原因,及时调整。

三、会计信息

准确、及时、真实的会计信息是财务控制实施过程中的基本保障。

四、信息反馈系统

财务控制是一个动态的控制过程,信息反馈系统可以对各责任中心执行预算的情况进行动态跟踪监控,以便于不断调整预算执行的偏差。

五、激励制度

激励制度是保证控制系统长期有效运行的重要因素。激励制度的设计应注意结合各责任中心的预算目标,体现公平、合理和有效的原则,形成完整的考评机制。

(多项选择题)财务控制的基础是进行财务控制所必须具备的基本条件,其主要包括(　　)。

A. 组织保证　　　　B. 预算保证　　　　C. 会计信息　　　　D. 信息反馈系统

E. 激励制度

【正确答案】　ABCDE

【答案解析】　财务控制的基础主要包括五个方面:①组织保证。②预算保证。③会计信息。④信息反馈系统。⑤激励制度。

活动 7.1.3　财务控制的作用和原则

一、财务控制的作用

财务控制在企业的经济控制系统中,能起到保证、促进、监督和协调的作用,是最具有连续性、系统性和综合性的控制子系统。财务预测、决策和预算可以为财务控制指明方向,提供依据和规划措施;财务控制可以确保有关财务目标和规划得以落实。

二、财务控制的原则

(一)目的性原则

财务控制作为一种财务管理职能,必须具有明确的目的性,为企业的理财目标服务。

(二)经济性原则

实施财务控制总是有一定的成本发生,企业应该根据其财务目标,有效地组织日常的财务控制,且只有财务控制的收益大于成本时,相关财务控制措施才是必要的、可行的。

(三)目标管理及责任原则

企业的目标管理要求将财务预算层层分解,明确规定有关单位和个人应该承担的责任、控制义务及其应该享有的相应权利,使财务控制目标和相应的管理措施落到实处,作为考核的依据。

（四）及时性原则

财务控制的及时性是指及时发现偏差,并能及时采取措施加以纠正。

（五）客观性原则

管理者对绩效的评价工作应当客观公正,防止主观片面。

（六）协调性原则

财务控制的各种手段在功能、作用、方向和范围方面不能相互掣肘,而应相互配合,在单位内部形成合力,产生协同效应。

（七）例外管理原则

企业日常财务控制涉及企业经营的各个方面。财务管理人员要将注意力集中在那些重要的、不正常的、不符合常规的预算执行差异上。

 **考一考**

（判断题）财务控制作为一种财务管理职能,必须确保企业及其内部机构和人员全面落实及实现财务预算,从而实现企业总体目标。　　　　　　　　　　　　　　　（　　）

【正确答案】　√

【答案解析】　财务控制是企业按照一定的程序和方法,协调并指导各部门、单位的财务活动,对资金的取得、投放、使用及收益分配过程和结果进行衡量与校正,确保企业及其内部机构和人员全面落实及实现财务预算,从而实现企业总体目标的过程。财务控制的任务就是通过调节、沟通和合作,使个别分散的财务行动整合统一起来,追求企业短期或长期的财务目标。

（判断题）财务控制在企业的经济控制系统中,能起到保证、促进、监督和协调的作用,必须不计成本地全面落实。　　　　　　　　　　　　　　　　　　　　　　（　　）

【正确答案】　×

【答案解析】　实施财务控制总是有一定的成本发生,企业应该根据其财务目标,有效地组织日常的财务控制,且只有财务控制的收益大于成本时,相关财务控制措施才是必要的、可行的。

活动 7.1.4　财务控制的方式

一、财务控制的组织建立、制度制定

（一）财务控制的授权

财务控制的授权是指授予对某一大类业务或某项具体业务的决策做出决定的权力。财务控制的授权通常包括一般授权和特别授权两种方式。其中,一般授权主要是对日常业务活动的授权,它通常以管理部门文件的形式,规定一般性交易办理的条件、范围和对该交易的责任关系;特别授权适用于管理当局认为个别交易必须经批准的情况,如对于对外投资、资产处置、资金调度、资产重组、收购兼并、担保抵押、财务承诺、关联交易等重要经济业务事项的决策权,以及超过一般授权限制的常规交易等,它只涉及特定的经济业务处理的具体条件及有关具体人员,且应保持在较高管理层手中。

一个企业的财务控制的授权应做到：企业所有人员不经合法授权，不能行使相应权力；不经合法授权，任何人不能审批；有权授权的人则应在规定的权限范围内行事，不得越权授权；企业的所有业务未经授权不能执行。企业应当规定每一类经济业务的审批程序，以便按照程序审批，避免越级审批、违规审批。

（二）职务分离控制

职务分离控制是指对处理某种经济业务所涉及的职责分派给不同的人员，使每个人的工作都是对其他有关人员工作的一种自动检查。职务分离的主要目的是预防和及时发现职工在履行职责过程中产生错误和舞弊行为。

常见的不相容职务包括：业务授权与执行职务相分离；业务执行与记录职务相分离；财产保管与记录职务相分离；经营责任与记账责任相分离；财产保管与财产核对职务相分离；对一项经济业务处理的全过程的各个步骤也要分派给不同的部门和人员来负责。

财务分离控制要求做到任何业务尤其是货币资金收支业务的全过程，不能由某一个岗位或某一个人包办；经济业务的责任转移环节不能由某一个岗位单独办理；某一个岗位履行职责情况绝不能由其自己说了算；财务权力的行使必须接受定期独立审查。

（三）全面预算控制

全面预算控制是指以全面预算为手段，对企业财务收支和现金流量所进行的控制。全面预算的主要环节有：建立预算体系，包括确定预算目标、标准和程序；预算的编制和审定；预算指标的下达及相关责任人或部门的落实；预算执行的授权；预算执行过程的监督；预算差异的分析与调整；预算业绩的考核。

（四）财产保全控制

财产保全控制是最传统的财务控制方法。其具体包括以下内容：

（1）限制接触财产。限制非授权人接触某项资产，建立必要的防护措施，确保资产的安全完整。通常，纳入严格限制接触的资产有：现金和易变现资产（如股票、债券等有价证券、存货），以及重要的票据（如支票）、个人的印章等。

（2）定期盘点清查。不应由担任保管或担任经济业务记录的人员单独进行盘点和账实核对。企业可以采取全面清查的方式核实资产，也可以采用局部清查的方式盘点重要的物资。从控制效果上看，企业采用永续盘存制记录下的盘点比采用定期盘存制的盘点效果更好。

（3）记录保护。即严格限制接近会计记录与业务记录的人员，对重要的数据资料应当备份。

（4）财产保险。通过对资产投保（如火灾险、盗窃险、责任险等），增加实物受损补偿机会。

（5）财产记录监控。建立资产个体档案，对资产增减变动及时全面予以记录。加强财产所有权证的管理，保证企业资产账实的一致性。

（五）独立检查控制

独立检查控制又称内部稽核，是指由业务执行者以外的人员对已执行的业务的正确性所进行的验证。独立检查控制包括凭证与凭证、凭证与账簿、账簿与账簿、账簿与报表、账簿与实物之间的核对，也包括对一些计算表、汇总表、分析表的复核。

一个有效的独立检查控制应当满足三个条件：一是检查工作由一个和原业务活动、记录、保管相独立的人员来执行；二是不管是采用全部复核还是抽样复核，复核工作须经常进行;三是错误和例外须迅速地传达给有关人员以便更正。重复犯错或重大错误必须向相应的管理层报告。

（六）业绩评价控制

业绩评价控制是指将实际业绩与其评价标准,如前期业绩、预算和外部基准尺度进行比较,对营运业绩等所进行的评价并实施奖惩。财务控制的最终效率取决于是否有切实可行的奖罚制度,以及是否严格执行这一制度。

奖罚制度及其报告包括以下内容:

（1）奖罚制度必须结合各责任中心的预算目标制定,体现公平、合理、有效的原则。

（2）要形成严格的考评机制。是否奖罚取决于考评的结果,考评是否正确直接影响奖罚制度的效力。严格的考评机制包括建立考评机构、确定考评程序、审查考评数据、依照制度进行考评和执行考评结果。

（3）要把过程考核与结果考核结合起来,把即时奖罚与期间奖罚结合起来。这一方面要求在财务控制过程中随时考核各责任中心的责任目标和执行情况,并根据考核结果当即奖罚;另一方面要求一定时期终了（一般为年度）,根据财务预算的执行结果,对各责任中心进行全面考评,并进行相应的奖罚。

考一考

（判断题）财务控制要实现职务分离控制,职务分离的主要目的是预防和及时发现职工在履行职责过程中产生错误和舞弊行为。　　　　　　　　　　　　　　　　（　　）

【正确答案】 √

【答案解析】 职务分离控制是指将处理某种经济业务所涉及的职责分派给不同的人员,使每个人的工作都是对其他有关人员的工作的一种自动检查。职务分离的主要目的是预防和及时发现职工在履行职责过程中产生的错误和舞弊行为。

（判断题）财务控制的最终效率取决于是否有切实可行的奖罚制度,以及是否严格执行这一制度。　　　　　　　　　　　　　　　　　　　　　　　　　　　（　　）

【正确答案】 √

【答案解析】 业绩评价控制是指将实际业绩与其评价标准（如前期业绩、预算和外部基准尺度）进行比较,对营运业绩等所进行的评价并实施奖惩。财务控制的最终效率取决于是否有切实可行的奖罚制度,以及是否严格执行这一制度。

二、财务控制的成本控制

（一）财务控制的成本控制的认知

成本是企业为了实现企业经营目标而发生的价值牺牲。它既包括营业成本、期间费用等当期费用,也包括经营过程中发生的最终将计入各期费用的经营费用等。

企业当期发生的支出包括费用性支出、非费用性支出。经营费用是经营过程中发生的费用性支出,它发生于经营过程的各方面、各环节,是企业当期发生支出的主要部分。经营费用本质上是经营过程中发生的最终应当计入费用要素的各种支出,它通过成本费用等账户的汇集、分配、计算、结转等加工处理而计入各期费用要素。

成本费用即成本性质的费用,也即将要记入某个成本计算对象账户的费用。成本费用有多种,以工业企业为例,有材料采购中的成本费用、生产过程中的成本费用、设备安装中发生的成本费用等。分别对它们进行成本费用的核算,企业可以确定应该计入材料采购成本、产品生产成本、设备购置成本的数额,从而确定库存材料、产成品、固定资产等资产的成本。可见,经营费用在发生后,经过成本费用归集,形成各种资产的成本,将或早或晚被确认为费用要素。

费用要素中的各项费用是企业为了实现本期目标而发生的价值牺牲。会计上的费用要素是企业在日常活动中发生的、会导致所有者权益减少的、与向所有者分配利润无关的经济利益的总流出。计入当期的费用要素主要包括"主营业务成本""税金及附加""销售费用""管理费用""财务费用""其他业务成本"等账户汇集的数据。作为与收入相配比的费用要素的各个项目,其核算的真实、公允对确定财务成果具有十分重要的意义;其控制效果对企业提高经济效益亦具有十分重要的意义。

(二) 成本控制的方法

1. 绝对成本控制法

绝对成本控制法是指把成本支出控制在一个绝对的金额中的一种成本控制方法。

标准成本和预算控制是绝对成本控制的主要方法。

2. 相对成本控制法

相对成本控制法是指企业为了增加利润,从产量、成本和收入三者的关系来控制成本的一种成本控制方法。

实行这种成本控制,一方面可以了解企业在多大的销量下实现收入与成本的平衡;另一方面可以知道当企业的销量达到多少时,企业的利润最高。所以,相对成本控制法是一种更行之有效的方法,它不仅是基于实时实地的管理思想,更是从前瞻性的角度,服务于企业战略发展的管理需要。

3. 全面成本控制法

全面成本控制法是指对企业生产经营所有过程中发生的全部成本、成本形成中的全过程、企业内所有员工参与的一种成本控制方法。

企业应围绕财富最大化这一目标,根据自身的具体实际情况和特点,建立管理信息系统和成本控制模式,确定以成本控制方法、管理重点、组织结构、管理风格、奖惩办法等相结合的全面成本控制体系,实施目标管理与科学管理相结合的全面成本控制制度。

4. 定额法

定额法是指以事先制定的产品定额成本为标准,在生产费用发生时,及时提供实际发生的费用与定额费用的差异额,让管理者及时采取措施,控制生产费用的发生额,并且根据定额和差异额计算产品实际成本的一种成本计算和控制的方法。

5. 成本控制即时化法

成本控制即时化法是指通过现场施工管理人员每天下班前记录当天发生的人工、材料、机械使用数量与工程完成数量,经过项目经理或者交接班人员的抽检合格,并经过计算机软件的比较和分析,得出成本指标是否实现及其原因的一种成本管理方法。

6. 标准成本法

标准成本法是西方管理会计的重要组成部分。它是指以预先制定的标准成本为基础,用标准成本与实际成本进行比较,核算和分析成本差异的一种产品成本计算方法,也是加强成本控制、评价经济业绩的一种成本控制制度。

7. 经济采购批量法

经济采购批量法是指在一定时期内进货总量不变的条件下,使买价、采购费用和储存费用总和最小的一种确定采购批量的方法。在实践中,控制存货成本的常用方法是,通过合理的进货批量和进货时间,使存货的成本总和保持最低水平。

8. 本量利分析法

本量利分析法是在成本性态分析和变动成本法的基础上发展起来的,主要研究成本、销售数量、价格和利润之间数量关系的方法。它是企业进行预测、决策、计划和控制等经营活动的重要工具,也是管理会计的一项基础内容。

9. 线性规划法

线性规划法是在第二次世界大战中发展起来的一种重要的数量方法,是企业进行总产量计划时常用的一种定量方法。线性规划是运筹学的一个最重要的分支,它在理论上最完善,实际应用得最广泛。它主要用于研究有限资源的最佳分配问题,即如何对有限的资源做出最佳方式的调配和最有利的使用,以便最充分地发挥资源的效能去获取最佳的经济效益。

10. 价值工程法

价值工程法是指通过集体智慧和有组织的活动对产品或服务进行功能分析,使目标以最低的总成本(寿命周期成本),可靠地实现产品或服务的必要功能,从而提高产品或服务的价值的一种成本计算方法。

11. 成本企划法

成本企划法是流行于日本企业的一种成本管理模式,其实质是成本的前馈控制。成本企划法不同于传统的成本反馈控制方法,它不是先确定一定的方法和步骤,根据实际结果偏离目标值的情况和外部环境变化采取相应的对策,调整先前的方法和步骤,而是针对未来的必达目标,据此对目前的方法与步骤进行弹性调整,是一种先导性和预防性的控制方法。

12. 目标成本法

目标成本法是日本制造业创立的成本管理方法,它以给定的竞争价格为基础决定产品的成本,以保证实现预期的利润。该方法先确定客户会为产品/服务付多少钱,再回过头来设计能够产生期望利润水平的产品/服务和运营流程。

 考一考

(判断题)绝对成本控制法是把成本支出控制在一个绝对的金额中的一种成本控制方法。定额法是绝对成本控制的主要方法。　　　　　　　　　　　　　　　　　(　　)

【正确答案】　×

【答案解析】　绝对成本控制法是把成本支出控制在一个绝对的金额中的一种成本控制方法。标准成本和预算控制是绝对成本控制法的主要方法。

(判断题)目标成本法以计划成本为基础决定产品的成本,以保证实现预期的利润。(　　)

【正确答案】　×

【答案解析】　目标成本法以给定的竞争价格为基础决定产品的成本,以保证实现预期的利润。该方法即首先确定客户会为产品/服务付多少钱,其次再回过头来设计能够产生期望利

润水平的产品/服务和运营流程。

三、财务控制的预算控制

（一）财务控制的预算控制的认知

中国古语有："凡事预则立,不预则废。"这句话同样适用于企业。许多著名国际企业集团的成功经验之一就是进行了全面预算控制（即财务控制的预算控制）。随着我国加入 WTO,越来越多的企业意识到全面预算控制的重要性,开始在企业经营管理中积极推行。

财务控制的预算控制是指企业根据预算规定的收入与支出标准检查和监督各个部门的生产经营活动的控制。其作用是保证各种活动或各个部门在充分达成既定目标,实现利润的过程中对经营资源的利用,使费用支出受到严格有效的约束。其预算内容包括收入预算、支出预算、现金预算、资金支出预算和生产负债预算等方面。

财务控制的预算控制是现代化企业不可或缺的一种重要管理模式。它主要通过业务、资金、信息、人才的整合,明确适度的分权授权、战略驱动的业绩评价等,来实现企业的资源合理配置并真实地反映出企业的实际需要,进而对作业协同、战略贯彻、经营现状与价值增长等方面的最终决策提供支持。就像美国著名管理学家戴维·奥利所指出的那样,全面预算管理是为数不多的几个能把组织的所有关键问题融合于一个体系之中的管理控制方法之一。

（二）财务控制的预算控制的内容

企业财务控制的预算控制包括以下内容：

（1）经营预算：具体包括销售预算、生产费用预算、材料采购预算、人工预算、期间费用预算、单位成本预算等。其中,销售预算是各种预算的编制起点,它构成生产费用预算、期间费用预算、现金预算和资本预算的编制基础。

（2）投资预算：具体反映何时投资、投资多少、资金来源和投资收益等。

（3）财务预算：包括现金预算、预计利润表、预计资产负债表。其中,现金预算是销售预算、生产费用预算、期间费用预算和资本预算中有关现金收支的汇总；预计利润表要根据销售预算、生产费用预算、期间费用预算、现金预算编制；预计资产负债表要根据期初资产负债表和销售费用、生产费用、资本等预算编制。

其中,经营预算和投资预算必须以货币形式反映在财务预算中。

 考一考

（判断题）财务控制的预算控制以预计生产量为起点。　　　　　　　　　　（　）

【正确答案】　×

【答案解析】　财务控制的预算控制以预计销售量为起点。

（判断题）财务预算的内容一般包括编制现金预算、预计利润表和预计资产负债表。（　　）

【正确答案】　√

【答案解析】　财务预算是集中反映未来一定期间（预算年度）现金收支、经营成果和财务状况的预算。财务预算的内容一般包括编制现金预算、预计利润表和预计资产负债表。

四、财务控制的风险控制

(一) 风险控制的认知

风险控制是指风险管理者采取各种措施和方法,消灭或减少风险事件发生的各种可能性,或风险控制者减少风险事件发生时造成的损失。

风险总是存在的,管理者应采取各种措施减小风险事件发生的可能性,或者把可能的损失控制在一定的范围内,以避免在风险事件发生时带来的难以承担的损失。

(二) 风险控制的基本方法

风险控制一般有风险回避、损失控制、风险转移和风险自留四种基本方法。

1. 风险回避

风险回避是指投资主体有意识地放弃风险行为,完全避免特定的损失风险。简单的风险回避是一种最消极的风险处理办法,因为投资者在放弃风险行为的同时,往往也放弃了潜在的目标收益。所以,企业一般只有在以下情况下才会采用这种方法:

(1) 投资主体对风险极端厌恶。

(2) 存在可实现同样目标的其他方案,其风险更低。

(3) 投资主体无能力消除或转移风险。

(4) 投资主体无能力承担该风险,或承担风险得不到足够的补偿。

2. 损失控制

损失控制不是放弃风险,而是制订计划和采取措施降低损失的可能性或者是减少实际损失。损失控制的阶段包括事前、事中和事后三个阶段。事前控制主要是为了降低损失的概率,事中和事后的控制主要是为了减少实际发生的损失。

3. 风险转移

风险转移是指通过契约,将让渡人的风险转移给受让人承担的行为。通过风险转移过程,经济主体的风险程度有时可大大降低。风险转移的主要形式有合同转移和保险转移。

(1) 合同转移。通过签订合同,企业可以将部分或全部风险转移给一个或多个其他参与者。

(2) 保险转移。保险是使用最为广泛的风险转移方式。

4. 风险自留

风险自留即风险承担。也就是说,如果损失发生,经济主体将以当时可利用的任何资金进行支付。风险自留包括无计划自留、有计划自我保险两种形式。

(1) 无计划自留。它是指风险损失发生后从收入中支付,即不是在损失前做出资金安排。当经济主体没有意识到风险并认为损失不会发生时,或将意识到的与风险有关的最大可能损失显著低估时,就会采用无计划保留方式承担风险。一般来说,无计划自留应当谨慎使用,因为如果实际总损失远远大于预计损失,将引起资金周转困难。

(2) 有计划自我保险。它是指可能的损失发生前,通过做出各种资金安排以确保损失出现后能及时获得资金以补偿损失。有计划自我保险主要通过建立风险预留基金的方式来实现。

(三) 财务风险的认知

财务风险是指企业在整个财务活动过程中,由于各种不确定性导致企业蒙受损失的机会和可能。企业的财务风险贯穿生产经营的整个过程,其可分为筹资风险、投资风险、资金回收风险和收益分配风险四个方面。

　　财务风险的主要特征表现在:一是客观性。即财务风险处处存在,时时存在。也就是说,财务风险不以人的意志为转移,人们无法回避它,也无法消除它,只能通过各种技术手段来应对风险,进而避免风险。二是全面性。即财务风险存在于企业财务管理工作的各个环节,在资金筹集、运用、积累、分配等财务活动中均会产生财务风险。三是不确定性。即财务风险在一定条件下、一定时期内有可能发生,也有可能不发生。四是收益与损失共存性。即风险与收益成正比,风险越大,收益越高;反之,收益就越低。

(四) 财务风险控制的方法

　　(1) 适度负债,合理安排资本结构,确保财务结构平衡。企业要正确把握负债的量与度,息税前利润率大于负债成本率是企业负债经营的先决条件。

　　(2) 适度利用财务杠杆作用,合理控制财务杠杆的副作用。

　　(3) 合理安排资本结构,实现资金成本最低化。企业必须权衡财务风险和资本成本的关系,确定最优的资本结构。

　　(4) 建立企业全面预算制度,正确预测现金流量情况。全面预算制度是协调的工具、控制的标准、考核的依据,是推行控股企业内部管理规范化和科学化的基础,也是促进企业各级经营管理人员自我约束、自我发展能力培养的有效机制。因为预算涉及企业现金收支的各个方面和各个环节,所以它对风险可以产生一种系统性的控制。在全面预算的基础上,准确编制现金流量预算,这是企业加强财务管理、有效防范财务风险工作中特别重要的一环。

　　(5) 加强资产管理,提高营运能力,增强盈利水平是防范财务风险的保证与标志。企业资产对负债能力有两方面的影响:一是短期影响,即企业资产的变现能力对偿债能力的影响。企业资产的变现能力,尤其是流动资产的变现能力,直接影响可用现金流量的多少,决定企业负债能力的高低。二是长期影响,即企业资产营利能力对负债能力的影响,企业资产的营利能力直接影响到企业整体盈利水平,而保持高盈利水平往往是企业负债能力高、财务风险相对低的有效保证和标志。因此,加强企业资产管理,提高资产营运能力,对一个企业的负债能力来讲是极其重要的。

　　(6) 运用多种财务策略,尽可能减少风险损失。在对风险的预测和分析的基础上,企业应坚持尽可能减少和降低风险费用损失的原则,针对不同的情况采取相应的措施:①风险接受策略。企业可以依据稳健性原则建立起"坏账准备金"制度,依据需要设立专项储备或提取风险基金;为应对市场变化,企业还应有一定数量的保险库存。②风险回避策略。对于超过企业承受能力的风险和风险较明显且影响因素很难控制的生产经营项目,企业的决策者应根据自身的经营特点和财力,正确权衡收益和风险的得失,或采取回避政策,或制定出正确的判断标准,求得风险取舍的最佳选择。③风险分散策略。多元化经营是现代企业分散风险的重要方法。其理论依据在于,不同行业或产品的利润率、更新换代周期是独立的、不完全相关的,所以经营多种产业、多种产品在时间、空间和损益上是相互补充和抵销的。一般而言,财力雄厚、技术和管理水平较高的大型企业更愿意采用这种方法。

　　(7) 树立风险意识,构建起健全、有效的财务风险控制机制。树立风险意识,正确承认风险,是建立有效的风险防范机制、应对风险的前提。构建完善的财务控制机制是降低财务风险的关键所在。①建立起财务风险的全过程控制机制。即企业应对风险采取事前、事中、事后的控制,从决策、实施到评价进行有效、全面的监控。②建立和完善财务风险预警机制。企业应建立财务风险预警系统,对资本营运过程进行跟踪、监督,对财务会计报告和财务指标进行分析,一旦发现某种异常征兆就着手应变,以避免或减少风险损失。③实行全员风险管理,健全风险控制的动力机制。企业应实行全员风险管理,将风险机制引入企业内部,使管理者、员工、企业共同承担风险责任,做到责、权、利三位一体,对每项存在风险的财务活动实行责任制。

财务风险是不可回避的,其成因的复杂性、效用的双重性要求我们积极规避财务风险,提升企业盈利能力,熟练掌握财务风险控制的途径和手段。

企业的财务风险实际上是一把"双刃剑"。一方面,它给企业带来损失,威胁企业的发展甚至是生存;另一方面,在经济国际化、科学技术进步、市场经济瞬息万变的大环境中,它也给一部分企业的发展创造了空间,带来了机遇,这是市场竞争的结果。

7-1-2　思政案例
企业要重视完善内部管理制度,规范财务管理,健全完善监督管理制度(案例解析)

考一考

(判断题)经济主体可以通过签订保险合同的方式实现风险转移。　　　　　　　(　　　)

【正确答案】 √

【答案解析】 风险转移是指通过契约,将让渡人的风险转移给受让人承担的行为。通过风险转移过程,经济主体的风险程度有时可大大降低。风险转移的主要形式有合同转移和保险转移。①合同转移。通过签订合同,企业可以将部分或全部风险转移给一个或多个其他参与者。②保险转移。保险是使用最为广泛的风险转移方式。

任务 7.2　财务控制的实施

7-2-1　思政案例
小型企业内部控制规范(案例内容、案例讨论)

财务控制作为现代企业管理水平的重要标志,它运用特定的方法、措施和程序,通过规范化的控制手段,对企业的财务活动进行控制和监督。财务控制是企业的中枢控制,企业生产经营的所有活动最终都会以各种财务信息反映出来,因此,企业必须建立全方位的财务控制体系。

企业财务管理及控制体系必须能覆盖企业生产经营的全过程,渗透企业的研发、采购、生产、营销和风险控制的各个环节和各个领域,只有这样才能实时收集企业各方面的信息,只有掌握全面真实的信息,才有可能对其加以调节和控制。

活动 7.2.1　责任中心的认知

责任中心是指企业内部承担一定经济责任,并拥有相应管理权限和享受相应利益的责任单位。科学地划分不同责任层次,建立分工明确,相互关系协调的责任中心体系,是推动责任会计制度并确保其有效运作的关键,也是财务控制得以有效实施的重要保障。

一、责任中心的条件

(1)有承担经济责任的主体,即有一个明确的责任者。

(2)具有相对独立的资金运动,即存在一个承担经济责任的客观对象。

（3）可以合理确定经济绩效，即具有考核经济责任的基本标准。

（4）具有明确的职责和权限，且具有承担经济责任的基本条件。

二、责任中心的特征

（1）责任中心是一个职责、权利相统一的实体。

（2）责任中心具有承担经济责任的条件。它有两方面的含义：一是责任中心具有履行经济责任中各条款的行为能力；二是责任中心具有一旦不能履行经济责任，能对其后果承担责任的能力。

（3）责任中心所承担的责任和可行使的权利都应是可控的。责任中心各部门人员间的权责与绩效是分明的且可循的，每个责任中心都能独立完成工作，这样一旦出现问题，是哪个责任中心的责任就一目了然了。

（4）责任中心具有相对独立的经营业务和财务收支活动。

（5）责任中心具有独立核算、业绩评价的能力。

（6）各责任中心之间既有合作又有竞争。

由于责任中心掌握了相当大的自主权，则责任中心内部是否进行了正确的授权就变得十分关键了，未能合理授权的责任中心实质上变成了职能中心，不利于调动全员的积极性。

按其责任和控制范围的大小，责任中心可分为成本中心、利润中心和投资中心。

活动 7.2.2　成本中心的业绩考核

一个责任中心，如果不形成或者不考核其收入，而着重考核其所发生的成本和费用，这类中心称为成本中心。成本中心的职责是用一定的成本去完成规定的具体任务。

成本中心往往是没有收入的。例如，一个生产车间的产成品和半成品并不是由自己销售，没有销售职能，也就没有货币收入。有的成本中心可能有少量收入，但不成为主要的考核内容。例如，生产车间可能会取得少量外协加工收入，但这不是它的主要职能，不是考核车间的主要内容。

一个成本中心可以由若干个更小的成本中心组成。任何发生成本的责任领域，都可以确定为成本中心。大的成本中心可能是一个分公司，小的成本中心可能是一台卡车和两个司机组成的单位。

一、成本中心的特点

（1）成本中心只考核成本费用而不考核收益。成本中心不具备经营权和销售权，一般不会形成收入，所以考核内容不包括收益。

（2）成本中心只对可控成本负责。

凡是责任中心能够控制的各种耗费，称为可控成本；凡是责任中心不能控制的各种耗费，称为不可控成本。可控成本应同时具备以下四个条件：第一，可以预计；第二，可以计量；第三，可以施加影响；第四，可以落实责任。成本中心只对可控成本承担责任。

（3）成本中心只对责任成本进行考核和控制。责任成本是各成本中心当期确定或发生的各项可控成本之和。

二、成本中心的类型

成本中心有标准成本中心和费用中心两种类型。

（一）标准成本中心

标准成本中心是指那些生产的产品稳定而明确，并且已经知道单位产品所需投入量的责任中心。标准成本中心的基本特点有：①产出能够计量。②投入产出之间存在函数关系。

通常，标准成本中心的典型代表是制造业工厂、车间、工段、班组等。在生产制造活动中，每个产品都可以有明确的原材料、人工和间接制造费用的数量标准和价格标准。实际上，任何一种重复性活动都可以建立标准成本中心，只要这种活动能够计量产出的实际数量，并且能够说明投入和产出之间可望达到的函数关系。

（二）费用中心

费用中心是指那些产出物不能用财务指标来衡量，或者投入和产出之间没有密切关系的责任中心。费用中心的基本特点有：①产出不能用财务指标来衡量。②投入与产出之间的关系不密切。费用中心包括一般行政管理部门（如会计、人事、劳资、计划等）、研究开发部门（如设备改造、新产品研制等）和某些销售部门（如广告、宣传、仓储等）。

三、成本中心的考核指标

（一）标准成本

一般说来，标准成本中心的考核指标是既定产品质量和数量条件下的标准成本。标准成本中心不对生产能力的利用程度负责，而只对既定产量的投入量承担责任。如果采用全额成本法，成本中心不对闲置能量的差异负责，而需对固定成本的其他差异承担责任。

如果标准成本中心的产品没有达到规定的质量，或没有按计划生产，则会对其他单位产生不利的影响。因此，标准成本中心必须按规定的质量、时间标准和计划产量来进行生产。

（二）费用预算

费用中心的业绩涉及预算、工作质量和服务水平。工作质量和服务水平的量化很困难，并且与费用支出关系密切。

通常，企业使用费用预算来评价费用中心的成本控制业绩。在考核预算完成情况时，企业要利用有经验的专业人员对费用中心的工作质量和服务水平做出有根据的判断，并对费用中心的控制业绩做出客观评价。

四、责任成本

责任成本是以具体的责任中心（如部门、单位或个人）为对象，以其承担的责任为范围所归集的成本，也就是特定责任中心的全部可控成本。

（一）可控成本与不可控成本

可控成本是指在特定时期内特定责任中心能够直接控制其发生的成本。可控成本总是针对特定责任中心来说的。可控成本的确定原则有：①假如某责任中心通过自己的行动能有效地影响一项成本的数额，那么该中心就要对这项成本负责。②假如某责任中心有权决定是否使用某种资产或劳务，它就应对这些资产或劳务的成本负责。③某管理人员虽然不直接决定某项成本，但是上级要求他参与有关事项，从而对该项成本的支出施加了重要影响，则他对该

成本也要承担责任。

一项成本对某个责任中心来说是可控的,对另外的责任中心则是不可控的。例如,耗用材料的进货成本,采购部门可以控制,使用材料的生产单位则不能控制。有些成本对于下级单位来说是不可控的,而对于上级单位来说则是可控的。例如,车间主任不能控制自己的工资(尽管它通常要计入车间成本),而他的上级则可以控制。

区分可控成本和不可控成本,还要考虑成本发生的时间范围。一般说来,在消耗或支付的当期成本是可控的,一旦消耗或支付后成本就不再可控了。有些成本是以前决策的结果,如折旧费、租赁费等,在添置设备和签订租约时其成本曾经是可控的,而使用设备或执行契约后成本就已无法控制了。

(二)可控成本与直接成本、变动成本

直接成本和间接成本的划分依据,是成本的可追溯性。可追溯到个别产品或部门的成本是直接成本;由几个产品或部门共同引起的成本是间接成本。对生产的基层单位来说,大多数直接材料和直接人工是可控制的,但也有部分是不可控的。例如,工长的工资可能是直接成本,但工长无法改变自己的工资,对他来说该成本是不可控的。最基层无法控制大多数的间接成本,但有一部分是可控的。例如,机物料的消耗可能是间接计入产品的,但机器操作工却可以控制它。

变动成本和固定成本的划分依据,是成本依产量变动的特性。随产量正比例变动的成本,称为变动成本;在一定幅度内不随产量变动而基本上保持不变的成本,称为固定成本。与产量无关的广告费、科研开发费、教育培训费等酌量性固定成本都是可控的。

(三)责任成本、变动(边际)成本和制造成本

责任成本、变动(边际)成本和制造成本三种不同成本计算方法的主要区别有:

(1)核算的目的不同。计算责任成本是为了评价成本控制业绩;计算产品的变动成本是为了经营决策;计算产品的制造成本是为了按会计准则确定存货成本和期间损益。

(2)成本计算对象不同。责任成本以责任中心为成本计算的对象;变动成本计算和制造成本计算以产品为成本计算的对象。

(3)成本的范围不同。责任成本计算的范围是各责任中心的可控成本;变动成本计算的范围是一定时期随业务量变动而变动的成本,包括直接材料、直接人工和全部制造费用,有时还包括变动的管理费用;制造成本计算的范围是产品的所有制造成本。

(4)共同费用在成本对象间分摊的原则不同。责任成本法是介于制造成本法和变动成本法之间的一种成本方法,亦称"局部吸收成本法"或"变动成本和吸收成本法结合的成本方法"。责任成本法按可控原则把成本归属不同责任中心,谁能控制谁负责,不仅可控的变动间接费要分配给责任中心,可控的固定间接费也要分配给责任中心;制造成本按受益原则归集和分摊变动成本。

(四)责任成本与标准成本、目标成本

责任成本的重点是事后的计算、评价和考核,它是责任会计的重要内容之一,而标准成本和目标成本主要强调事先的成本计算。标准成本在制定时是分产品进行的,事后对差异进行分析时才判别责任归属。目标成本管理要求在事先规定目标时就考虑责任归属,并按责任归属收集和处理实际数据。不论是使用目标成本还是标准成本作为控制依据,事后的评价与考核都要求核算责任成本。

（五）制造费用的归属和分摊方法

将发生的直接材料和人工费用归属于不同的责任中心通常比较容易,而制造费用的归属则比较困难。为此,企业需要仔细研究各项消耗和责任中心的因果关系,采用不同的分配方法。制造费用的归属和分摊一般依次按下述五个步骤来处理:

（1）直接计入责任中心。企业将可以直接判别责任归属的费用项目,直接列入应负责的成本中心。例如,对于机物料消耗、低值易品的领用等,在发生时,企业可判别耗用的成本中心,并直接计入相应的责任中心。

（2）按责任基础分配。对于不能直接归属于责任中心的费用,企业优先采用责任基础分配。有些费用虽然不能直接归属于特定成本中心,但它们的数额受成本中心的控制,能找到合理依据来分配,如动力费、维修费等。如果成本中心能自己控制使用量,可以根据其用量来分配,分配时要使用固定的内部结算价格,防止供应部门的责任向使用部门转嫁。

（3）按受益基础分配。有些费用不是专门属于某个责任中心的,也不宜用责任基础分配,但与各中心的受益有关,可按受益基础分配,如按装机功率分配电费等。

（4）归入某一个特定的责任中心。有些费用既不能用责任基础分配,也不能用受益基础分配,则考虑将其归属于一个特定的责任中心。例如,车间的运输费用和试验检验费用,难以分配到生产班组,不如建立专门的成本中心,由其控制此项成本,不向各班组分配。

（5）不能归属于任何责任中心的固定成本,不进行分摊。例如,车间厂房的折旧是以前决策的结果,短期内无法改变,可暂时不加控制,作为不可控费用。

【例 7-1】　新华公司生产 A、B 两个产品,该公司有生产车间、修理车间、管理部门三个成本中心。假设新华公司的折旧费分别为:生产车间 18 000 元,修理车间 5 000 元,管理部门 2 000 元;水电费分别为:生产车间 10 000 元,修理车间 5 000 元,管理部门 4 000 元。2×24 年,新华公司将发生的成本费用按产品归集产品成本,其结果如表 7-1 所示。试按成本中心为该公司归集责任成本。

表 7-1　　　　　　　　　　　　按产品归集产品成本计算表　　　　　　　　　　　单位:元

项目	A 产品	B 产品	合计
直接材料	30 000	50 000	80 000
直接人工	25 000	35 000	60 000
制造费用:间接材料	10 000	5 000	15 000
间接人工	2 000	4 000	6 000
管理人员工资	7 500	6 500	14 000
折旧费	15 000	10 000	25 000
水电费	10 000	9 000	19 000
合计	99 500	119 500	219 000

解　由表 7-1 可知,A 产品的生产成本为 99 500 元,B 产品的生产成本为 119 500 元。

按成本中心归集的责任成本如表 7-2 所示。

表 7-2 　　　　　　　　按成本中心归集的责任成本计算表　　　　　　　　单位：元

成本项目	生产车间	修理车间	管理部门	合计
直接材料	80 000			80 000
直接人工	60 000			60 000
制造费用:间接材料		15 000		15 000
间接人工		6 000		6 000
管理人员工资			14 000	14 000
折旧费	18 000	5 000	2 000	25 000
水电费	10 000	5 000	4 000	19 000
合计	168 000	31 000	20 000	219 000

则：成本中心——生产车间的责任成本为 168 000 元；

　　成本中心——修理车间的责任成本为 31 000 元；

　　成本中心——管理部门的责任成本为 20 000 元。

五、成本中心业绩考核

（一）成本中心的成本计算

责任成本是各成本中心当期确定或发生的各项可控成本之和。它又可分为预算责任成本和实际责任成本两种。前者是指由预算分解确定的各责任中心应承担的责任成本；后者是指各责任中心从事业务活动实际发生的责任成本。

企业对成本费用进行控制,应以各成本中心的预算责任成本为依据,确保实际责任成本不会超过预算责任成本;对成本中心进行考核,应通过各成本中心的实际责任成本与预算责任成本进行比较,确定其成本控制的绩效,并采取相应的奖惩措施。

（二）成本中心的考核指标

成本中心的考核指标主要采用相对指标和比较指标,具体包括成本(费用)变动额和成本(费用)变动率两个指标。其计算公式为：

$$成本(费用)变动额＝实际责任成本(费用)－预算责任成本(费用)$$

$$成本(费用)变动率＝成本(费用)变动额÷预算责任成本(费用)×100\%$$

7-2-2　思政案例
小型企业内部控制
规范（案例解析）

【例 7-2】　某企业内部一车间为成本中心,生产甲产品,预测产量为 1 000 件,单位成本为 50 元,实际产量为 1 200 件,实际单位成本(费用)为 45 元。试计算该成本中心的成本变动额与成本变动率。

解　成本变动额＝45×1 200－50×1 000＝4 000(元)

　　成本变动率＝ 4 000÷(50×1 000)×100％＝8％

　　计算结果表明,该成本中心的成本变动额为 40 000 元,成本变动率为 8％。

（单项选择题）责任中心的类型不包括（　　）中心。

A. 成本　　　　　　　B. 费用　　　　　　　C. 利润　　　　　　　D. 投资

【正确答案】　B

【答案解析】　责任中心是一个职责、权利相统一的实体。按其责任和控制范围的大小,责任中心可分为成本中心、利润中心和投资中心。

（单项选择题）成本中心只对可控（　　）进行控制和考核。

A. 实际成本　　　　　B. 标准成本　　　　　C. 责任成本　　　　　D. 酌量成本

【正确答案】　C

【答案解析】　成本中心只考核成本费用而不考核收益,成本中心只对可控成本负责,成本中心只对责任成本进行考核和控制。

（多项选择题）成本中心是指能够对（　　）控制的责任中心。

A. 成本　　　　　　　B. 费用　　　　　　　C. 收入　　　　　　　D. 利润

【正确答案】　AB

【答案解析】　一个责任中心,如果不形成或者不考核其收入,而着重考核其所发生的成本和费用,这类中心称为成本中心。成本中心的职责是用一定的成本去完成规定的具体任务。

活动 7.2.3　利润中心的业绩考核

一、利润中心的确定

一个责任中心如果能同时控制生产和销售,既要对成本负责又要对收入负责,但没有责任或没有权力决定该中心资产投资的水平,只能根据其利润的多少来评价该中心的业绩,那么,该中心被称为利润中心。

从根本目的上看,利润中心是指管理人员有权对其供货的来源和市场的选择进行决策的单位。当某个责任中心被同时赋予生产和销售职能时,该中心的自主权就会显著地增加,管理人员能够决定生产什么,如何生产,产品质量的水平,价格的高低,销售的办法,以及生产资源如何在不同产品之间进行分配等。这种具有几乎全部经营决策权的责任中心,可以被确定为利润中心。

利润中心与成本中心相比,其权利和责任都相对较大。它不仅要绝对地降低成本,而且更要寻求收入的增长,并使之超过成本的增长。换言之,利润中心对成本的控制是联系着收入进行的,它强调相对成本的节约。

利润中心往往处于企业内部的较高层次,如分厂、分店、分公司,一般具有独立的收入来源或能视同一个有独立收入的部门,并且还具有独立的经营权。利润中心一般出现在大型分散式经营的组织中,小企业很难或不必采用分散式组织结构,如果大企业采用集权式管理组织结构,也不会使下级具有如此广泛的决策权。

二、利润中心的类型

（一）自然利润中心

自然利润中心是指可以直接对外销售产品并取得收入的利润中心。这种利润中心本身直接面向市场，具有产品销售权、价格制定权、材料采购权和生产决策权。它虽然是企业内的一个部门，但其功能同独立企业相近。最典型的形式就是公司的事业部，每个事业部均有销售、生产、采购的职能，有很大的独立性，能独立地控制成本、取得收入。这些事业部就是自然的利润中心。

（二）人为利润中心

人为利润中心是指只对责任单位提供产品或劳务而取得"内部销售收入"的利润中心。这种利润中心一般不直接对外销售产品，而在企业内部按照内部转移价格出售产品。企业成立人为利润中心应具备两个条件：一是该中心可以向其他责任中心提供产品（含劳务）；二是该中心能为该中心的产品确定合理的内部转移价格，以实现公平交易，等价交换。人为利润中心应具备相对独立的经营权，即能自主决定本利润中心的产品品种（含劳务）、产品质量、作业方法、人员调配、资金使用等。

工业企业的大多数成本中心都可以转化为人为利润中心。例如，大型钢铁公司分成采矿、炼铁、炼钢、轧钢等几个部门，这些生产部门的产品主要在公司内部转移，仅少量对外销售，或者全部对外销售由专门的销售机构完成，这些生产部门可视为利润中心，并称为人为利润中心。又如，企业内部的辅助部门（包括修理、供电、供水、供气等部门）可以按固定的价格向生产部门收费，它们也可以确定为人为利润中心。

三、内部转移价格

利润中心的考核指标主要是利润。为计量一个利润中心的利润，分散经营的组织单位在相互提供产品或劳务时，需要制定一个内部转移价格。对于提供产品或劳务的生产部门而言，内部转移价格表示收入；对于使用这些产品或劳务的购买部门而言，内部转移价格则表示成本。

内部转移价格通常有以下几种。

（一）市场价格

在中间产品存在完全竞争市场的情况下，市场价格减去对外的销售费用，是理想的转移价格。以市场价格为基础的转移价格，通常会低于市场价格，两者的差额反映与外销有关的销售费，以及交货、保修等成本，因此，企业可以鼓励中间产品的内部转移。如果不考虑其他更复杂的因素，购买部门应当选择从内部取得产品，而不是从外部采购。

如果生产部门在采用这种转移价格的情况下不能长期获利，企业最好是停止生产此产品而到外部去采购；同样，如果购买部门从外部采购而不能长期获利，则应停止购买并进一步加工此产品，同时应尽量向外部市场销售这种产品。这样做，对企业总体是有利的。

（二）以市场为基础的协商价格

如果中间产品存在非完全竞争的外部市场，企业可以采用协商的办法确定转移价格，即双方部门经理就转移中间产品的数量、质量、时间和价格进行协商并设法取得一致意见。

协商转移价格仍被广泛采用，它的好处是有一定的弹性，可以照顾双方利益并得到双方认可。少量的外购或外卖是有益的,它可以保证得到合理的外部价格信息,为协商双方提供一个可供参考的基准。

(三)变动成本加固定费用转移价格

这种方法要求中间产品的转移用单位变动成本来定价,与此同时,企业还应向购买部门收取固定费用,作为长期以低价获得中间产品的一种补偿。这样一来,生产部门便有机会通过每期收取固定费用来补偿其固定成本并获得利润;购买部门每期支付特定数额的固定费用之后,对于购入的产品只需支付变动成本,通过边际成本等于边际收入的原则来选择产量水平,可以使其利润达到最优水平。

按照这种方法,供应部门收取的固定费用总额为期间固定成本预算额与必要的报酬之和,它按照各购买部门的正常需要量比例分配给购买部门。此外,企业还应为单位产品确定标准的变动成本,按购买部门的实际购入量计算变动成本总额。

(四)全部成本转移价格

以全部成本或者以全部成本加上一定利润作为内部转移价格,是无法采用前述方法转移价格时才会采取的转移价格形式。它既不是业绩评价的良好尺度,也不能引导部门经理做出有利于企业的明智决策。它的唯一优点是简单。只有在无法采用其他形式转移价格时,企业才考虑使用全部成本加成法来制定转移价格。

四、利润中心业绩考核

(一)利润中心的成本计算

利润中心对利润负责,必然要考核和计算成本,以便正确计算利润,作为对利润中心业绩评价与考核的可靠依据。利润中心的成本计算通常有两种方式可供选择:

(1)利润中心只计算可控成本,不分担不可控成本,亦即不分摊共同成本。这种方式主要适用于共同成本难以合理分摊或无须进行共同成本分摊的场合。按照这种方式计算出的盈利不是通常意义上的利润,而是相当于边际贡献总额。企业各利润中心的边际贡献总额之和,减去未分配的共同成本,经调整后才是企业的利润总额。采用这种成本计算方式的"利润中心",实质上已不是完整和原来意义上的利润中心,而是边际贡献中心。人为利润中心适合采用这种计算方式。

(2)利润中心不仅计算可控成本,也计算不可控成本。这种方式适合于共同成本易于合理分摊或不存在共同成本分摊的场合。利润中心在计算时,如果采用变动成本法,应先计算出边际贡献,再减去固定成本,这才是税前利润;如果采用完全成本法,利润中心可以直接计算出税前利润。各利润中心的税前利润之和就是全企业的利润总额。自然利润中心适合采取这种计算方式。

(二)利润中心的考核指标

利润中心的考核指标为利润,通过比较一定时期实际实现利润与责任预算所确定的利润,可以评价其责任中心的业绩。在评价利润中心业绩时,企业至少有三种选择,即边际贡献、部门可控边际贡献、部门税前经营利润。

1. 边际贡献

其计算公式为:

$$边际贡献＝销售收入－销货成本－变动费用$$

仅以边际贡献作为业绩评价依据不够全面,因为部门可以控制某些固定成本,并且在固定成本和变动成本的划分上有一定的选择余地。因此,业绩评价至少应包括可控制的固定成本。

2. 部门可控边际贡献

其计算公式为:

$$部门可控边际贡献＝边际贡献－可控固定成本$$

以部门可控边际贡献作为业绩评价依据比较客观,它反映了部门在权限和控制范围内有效使用资源的能力。

3. 部门税前经营利润

其计算公式为:

$$部门税前经营利润＝部门可控边际贡献－不可控固定成本$$

以部门税前经营利润作为业绩评价依据,更适合评价该部门对企业利润和管理费用的贡献。

尽管利润指标具有综合性,但仍然需要一些非货币的衡量方法作为补充,包括生产率、市场地位、产品质量、职工态度、社会责任、短期目标与长期目标等。

【例7-3】 利润中心 2×24 年的销售收入 10 000 元,已销产品的变动成本和变动销售费用为 5 000 元,可控固定成本为 1 000 元,不可控固定成本为 1 500 元。试计算该利润中心的部门可控边际贡献。

解 部门可控边际贡献＝边际贡献－可控固定成本

＝销售收入－销货成本－变动费用－可控固定成本

＝10 000－5 000－1 000＝4 000(元)

 考一考

(单项选择题)利润中心与成本中心相比,( )。

A. 成本中心权利和责任都相对较大　　　B. 成本中心要降低成本

C. 利润中心寻求收入的增长　　　D. 成本中心能独立地控制成本并取得收入

【正确答案】 C

【答案解析】 利润中心与成本中心相比,其权利和责任都相对较大,它不仅要绝对地降低成本,而且更要寻求收入的增长,并使之超过成本的增长。换言之,利润中心对成本的控制是联系着收入进行的,它强调相对成本的节约。

7-3 教学案例
连续五年财务造假!虚增利润超100亿元! 这家企业的"天价收入"竟是"无中生有"

 考一考

(单项选择题)以产品在企业内部流转而取得的"内部销售收入"为特征的利润中心是( )。

A. 自然利润中心　　B. 人为利润中心　　C. 投资中心　　　D. 成本中心

【正确答案】 B

【答案解析】 人为利润中心是指只对责任单位提供产品或劳务而取得"内部销售

收入"的利润中心。这种利润中心一般不直接对外销售产品,而是主要在企业内部按照内部转移价格出售产品。

活动 7.2.4　投资中心的业绩考核

投资中心是指既对成本、收入和利润负责,又对投资效果负责的责任中心。投资中心拥有的自主权不仅包括制定价格、确定产品和生产方法等短期经营决策权,而且包括投资规模和投资类型等投资决策权。

一、投资中心与利润中心的区别

投资中心不仅能控制除公司分摊管理费用外的全部成本和收入,而且能控制占用的资产,因此,不仅要衡量其利润,而且要衡量其资产并把利润与其所占用的资产联系起来。它与利润中心的区别主要体现在两个方面。

（一）权利不同

利润中心没有投资决策权,它只是在企业投资形成后进行具体的经营;而投资中心则不仅在产品生产和销售上享有较大的自主权,而且能相对独立地运用所掌握的资产,有权构建或处理固定资产,扩大或缩减现有的生产能力。

（二）考核办法不同

考核利润中心业绩时,无需考虑投资多少或占用资产的多少,即不进行投入产出的比较;而考核投资中心业绩时,必须将所获得的利润与所占用的资产进行比较。

投资中心是企业最高层次的责任中心,它在企业内部具有最大的决策权,也承担最大的责任。投资中心的管理特征是较高程度的分权管理。一般而言,大型集团所属的子公司、分公司、事业部往往都是投资中心。在组织形式上,成本中心一般不是独立法人,利润中心可以是独立法人也可以不是独立法人,而投资中心一般是独立法人。

二、投资中心业绩考核

为了准确地计算各投资中心的经济效益,应对各投资中心共同使用的资产划定界限,对共同发生的成本按适当的标准进行分配,各投资中心之间相互调剂使用的现金、存货、固定资产等,均应计息清偿,实行有偿使用。在此基础上,应根据投资中心按投入产出之比进行业绩评价与考核的要求,除考核利润指标外,更需要计算、分析利润与投资额之间关系的指标,这些业绩考核指标通常有投资报酬率、剩余收益和经济增加值三种。

（一）投资报酬率

投资报酬率是最常见的考核投资中心业绩的指标。这里所说的投资报酬率是部门税前经营利润除以该部门所拥有的平均净经营资产额。其计算公式为:

$$部门投资报酬率＝部门税前经营利润÷部门平均净经营资产×100\%$$

【例 7-4】　新华公司有 A 和 B 两个部门,相关经营数据如表 7-3 所示。公司要求的税前投资报酬率为 11%。

表7-3	相关经营数据	单位:元
项目	A部门	B部门
部门税前经营利润	108 000	90 000
所得税(税率为25%)	27 000	22 500
部门税后经营利润	81 000	67 500
平均经营资产	900 000	600 000
平均经营负债	50 000	40 000
平均净经营资产(投资资本)	850 000	560 000

要求:

(1) 分别计算 A 部门和 B 部门的投资报酬率。

(2) 假设 B 部门面临一个投资方案(投资额为 100 000 元,每年部门税前经营利润为 13 000 元,投资报酬率为 13%)。如果该公司采用投资报酬率作为业绩评价标准,B 部门的经理是否会采纳该投资方案? 从公司角度进行决策,应否采纳该投资方案?

(3) 假设 B 部门面临一个减资方案(经营资产减资 50 000 元,每年税前经营利润减少 6 500 元,税前投资报酬率为 13%)。如果该公司采用投资报酬率作为业绩评价标准,B 部门的经理是否会采纳该减资方案? 从公司角度进行决策,应否采纳该减资方案?

解 (1) A 部门投资报酬率=108 000÷850 000×100%=12.71%

B 部门投资报酬率= 90 000÷560 000×100%=16.07%

(2) 采纳该投资方案后的投资报酬率=(90 000+13 000)÷(560 000+100 000)×100%=15.61%

投资报酬率下降 0.46%(16.07%−15.61%),因此,B 部门的经理不会采纳该投资方案。

该项投资报酬率高于公司要求的税前投资报酬率(13%),因此从公司角度进行决策,应该采纳该投资方案。

(3) 采纳该减资方案后的投资报酬率 =(90 000−6 500)÷(560 000−50 000)×100%=16.37%

投资报酬率提高 0.3%(16.37%−16.07%),因此,B 部门的经理会采纳该减资方案。

该资产报酬率高于公司要求的税前投资报酬率(13%),因此从公司角度进行决策,应该采纳该减资方案。

投资报酬率是被广泛采用的评价投资中心业绩的指标。总的来说,投资报酬率的主要优点是能促使管理者像控制费用一样控制资产占用或投资额的多少,综合反映一个投资中心的全部经营成果。投资报酬率是根据现有的会计资料计算的,比较客观,可用于部门之间和不同行业之间的比较。部门投资报酬率可以分解为投资周转率和部门税前经营利润率两者的乘积,并可进一步分解为资产的明细项目和收支的明细项目,从而对整个部门经营状况做出评价。以投资报酬率作为评价投资中心经营业绩的尺度,可以正确引导投资中心的经营管理行为,使其行为长期化。

投资报酬率指标的不足:通货膨胀会使企业资产账面价值失真、失实,于是,企业常常出现折旧少计、利润多计的情况,这样计算出来的投资报酬率往往无法揭示投资中心的实际经营能力。投资中心会放弃高于资本成本而低于目前部门投资报酬率的机会,或者减少投资报酬率较低但资金成本较高的某些资产,使部门的业绩获得较好评价,却伤害了企业整体的利益。

（二）剩余收益

剩余收益是一个绝对数指标，是指投资中心获得的利润扣减其最低投资收益后的余额。其中，最低投资收益是投资中心的投资额（或资金占用额）按规定或预期的最低报酬率计算的收益。在以剩余收益作为考核指标时，所采用的规定或预期最低投资报酬率的高低对剩余收益的影响很大，通常可用企业的平均利润率（或加权平均利润率）作为基准收益率。剩余收益的计算公式为：

$$剩余收益＝部门税前经营利润－部门平均净经营资产×规定或预期的最低报酬率$$

以剩余收益作为投资中心经营业绩评价指标，各投资中心只要投资利润率大于规定或预期的最低投资报酬率，该项投资（或资产占用）便是可行的。

【例 7-5】　利华公司有 A、B 两个部门，两个部门相关经营数据如表 7-4 所示。A、B 部门要求的税前报酬率分别为 10％和 12％。

表 7-4　　　　　　　　　　　A、B 部门相关经营数据　　　　　　　　　　　单位：元

项目	A 部门	B 部门
部门税前经营利润	108 000	90 000
平均净经营资产（投资资本）	850 000	560 000

要求：

（1）试计算 A、B 部门的剩余收益。

（2）假设 B 部门面临一个投资方案（投资额为 100 000 元，每年部门税前经营利润为 13 000 元，投资报酬率为 13％）。如果该公司采用剩余收益作为业绩评价标准，B 部门的经理是否会采纳该投资方案？

（3）假设 B 部门面临一个减资方案（经营资产减资 50 000 元，每年税前经营利润减少 6 500 元，税前投资报酬率为 13％）。如果该公司采用剩余收益作为业绩评价标准，B 部门的经理是否会采纳该减资方案？

解　（1）A 部门剩余收益＝108 000－850 000×10％＝23 000（元）

　　　　　　B 部门剩余收益＝90 000－560 000×12％＝22 800（元）

（2）采纳投资方案后的剩余收益＝（90 000＋13 000）－（560 000＋100 000）×12％＝23 800（元）

剩余收益增加 1 000 元（23 800－22 800），因此，B 部门的经理会采纳该投资方案。

（3）采纳减资方案后的剩余收益＝（90 000－6 500）－（560 000－50 000）×12％＝22 300（元）

剩余收益减少 500 元（22 800－22 300），因此，B 部门的经理会放弃减资方案。

剩余收益指标具有以下三个特点：

（1）体现投入产出关系。减少投资（或降低资产占用）同样可以达到增加剩余收益的目的，因而其与投资利润率一样，剩余收益指标也可以用于全面评价与考核投资中心的业绩。

（2）避免本位主义。剩余收益指标避免了投资中心狭隘的本位倾向，即单纯追求投资利润而放弃一些有利可图的投资项目。这是因为以剩余收益作为衡量投资中心工作成果的尺度，投资中心将尽量提高剩余收益，即只要有利于增加剩余收益绝对额，投资行为就是可取的，而不只是尽量提高利润率。

（3）允许调整资本成本。在使用剩余收益指标时，企业可以对不同部门或者不同资产规

定不同的资本成本,使剩余收益这个指标更加灵活。

剩余收益是绝对指标,不便于不同部门之间的比较。规模大的部门容易获得较大的剩余收益,而它们的投资报酬率并不一定很高。因此,许多企业在使用这一指标时,事先建立与部门资产结构相适应的剩余收益预算,然后通过实际与预算的对比来评价部门业绩。

(三)经济增加值

经济增加值是评价企业经营业绩的重要评价指标。经济增加值是剩余收益的一种特殊的计算方法,它根据经过调整的经营利润和部门投资计算剩余经营收益。经济增加值的计算公式为:

$$经济增加值＝调整后的税后净经营利润－资本占用×加权平均资本成本$$

其中,税后净经营利润等于净利润加上债务利息支出;资本占用是指投资者和债权人投入企业经营的资本账面价值,包括金融债务和股权;加权平均资本成本是指企业的金融债务资本和股权资本的加权平均资本成本,金融债务资本成本可以银行贷款利率为基准调整确定,股权资本成本一般利用资本资产定价模型确定。

经济增加值的计算方法与剩余收益相似,它从两个不同角度扩展了传统的剩余收益指标。第一,必须对基于公认会计准则的会计利润进行调整,这是因为在经济增加值的计算中要计量权益资本成本,这部分资本成本要从利润中扣除。因此,式中的净经营利润小于利润表中的经营净利润,需要做出调整。第二,出于业绩评价的考虑,在有些情况下需要对利润表中的会计利润做出调整,如公认会计准则要求企业将每年用于研究和开发的费用从收益中加以抵减,这一做法可能会造成片面追求短期效果的管理人员减少研发方面的投资,因而,在计算"调整后的税后净经营利润"时,应将当年已冲减收益的研发费用加回去,并将之视为一项需要摊销的资产,一般在 5 年内摊销完毕。因此,式中的资本占用应包括未摊销完的研发费用。

【例 7-6】 金星公司有 A 和 B 两个部门,两部门相关经营数据如表 7-5 所示。假设公司适用的所得税税率为 25％,加权平均税后资本成本为 9％,并假设该公司没有需要调整的项目。试计算其两部门的经济增加值。

表 7-5　　　　　　　　　**A 和 B 两部门相关经营数据**　　　　　　　　单位:元

项目	A 部门	B 部门
部门税前经营利润	108 000	90 000
平均净经营资产(投资资本)	850 000	560 000

解　A 部门经济增加值＝108 000×(1−25％)−850 000×9％＝4 500(元)

B 部门经济增加值＝90 000×(1−25％)−560 000×9％＝17 100(元)

经济增加值指标可以评价投资中心为股东创造的财富。若某一投资中心的经济增加值为负数,则意味着股东财富减少。此时,企业管理当局应考虑如何提高经济增加值,以实现股东价值最大化。提高经济增加值的途径一般有两个:一是增加贡献毛益(提高售价或降低成本);二是增加资产集约度。

经济增加值和剩余收益都与投资报酬率相联系。剩余收益旨在设定部门投资的最低报酬率,防止部门利益伤害整体利益;而经济增加值旨在赚取超过资本成本的报酬,促使股东财富最大化。

成本中心、利润中心和投资中心三种类型的责任中心是根据其控制区域和权责范围的大小划分的,但它们各自不是孤立存在的,每个责任中心应承担相应的责任。最基层的成本中心应就其经营的可控成本向其上层成本中心负责;上一层的成本中心应就其本身的可控成本和下层转来的责任成本一并向利润中心负责;利润中心应就其本身经营的收入、成本(含下层转来成本)和利润(或边际贡献)向投资中心负责;投资中心最终就其经管的投资利润率和剩余收益向总经理和董事会负责。所以,企业各种类型和层次的责任中心形成一个"连锁责任"网络,这就促使每个责任中心为保证经营目标一致而协调运转。

 **考一考**

(单项选择题)下列各项中,不属于利润中心考核范围,而是投资中心考核范围的是(   )。

A. 成本费用　　　　B. 收入　　　　　　C. 利润　　　　　　D. 投资效果

【正确答案】 D

【答案解析】 考核利润中心业绩时,无须考虑投资多少或占用资产的多少,即不进行投入产出的比较;而考核投资中心业绩时,必须将所获得的利润与所占用的资产进行比较。

模 块 测 试

一、单项选择题

1. 责任中心的类型不包括(   )。

A. 成本中心　　　　B. 费用中心　　　　C. 利润中心　　　　D. 投资中心

2. 财务控制是一种利用(   )进行的综合控制。

A. 价值形式　　　　B. 货币计量　　　　C. 实物形式　　　　D. 劳动形式

3. 财务控制可分为事前控制、事中控制和事后控制,是按照(   )来进行分类的。

A. 控制主体　　　　B. 控制依据　　　　C. 控制时序　　　　D. 控制对象

4. 成本中心只对可控(   )进行控制和考核。

A. 实际成本　　　　B. 标准成本　　　　C. 责任成本　　　　D. 酌量成本

5. 成本中心的责任成本是指该中心的(   )。

A. 可控成本之和　　B. 产品成本　　　　C. 固定成本　　　　D. 不可控成本之和

6. 以产品在企业内部流转而取得的"内部销售收入"为特征的利润中心是(   )。

A. 自然利润中心　　B. 人为利润中心　　C. 投资中心　　　　D. 成本中心

7. 当利润中心不计算共同成本或不可控成本时,其考核指标是(   )。

A. 利润中心边际贡献总额　　　　　　　B. 利润中心负责人可控利润总额

C. 利润中心可控利润总额　　　　　　　D. 企业利润总额

8. 利润中心的考核范围不包括(   )。

A. 成本费用　　　　B. 收入　　　　　　C. 利润　　　　　　D. 投资效率

9. 利润中心与成本中心相比,(   )。

A. 成本中心权利和责任都相对较大　　　B. 成本中心要降低成本

C. 利润中心寻求收入的增长　　　　　　D. 成本中心能独立地控制成本并取得收入

10. 在投资中心的主要考核指标中,能使个别投资中心的利润与整个企业的利益统一起来的指标是(   )。

A. 投资利润率　　　B. 剩余收益　　　　C. 利润总额　　　　D. 可控成本

二、多项选择题

1. 投资报酬率是广泛采用的评价投资中心业绩的指标,它的特点表现在( )。

A. 能反映投资中心的综合获利能力

B. 具有横向可比性

C. 可以作为选择投资机会的依据,有利于调整资产的存量,优化资源配置

D. 会造成投资中心的近期目标与整个长远目标相背离

2. 剩余收益作为衡量投资中心工作成果的尺度,它的特点表现在( )。

A. 体现了投入与产出的关系,与投资利润率一样,该指标也可以用于全面评价与考核投资中心的业绩

B. 会造成投资中心的近期目标与整个长远目标相背离

C. 避免了投资中心狭隘的本位倾向

D. 克服投资利润率的一些缺陷

3. 各层次的责任中心的关系为( )。

A. 成本中心是最基层的,它应就其经营的可控成本向其上层成本中心负责

B. 上层的成本中心应就其本身的可控成本和下层转来的责任成本并向更高层的利润中心负责

C. 利润中心应就其本身经营的收入、成本(含下层转来成本)和利润(或边际贡献)向最高层的投资中心负责

D. 投资中心最终就其经营管理的投资利润率和剩余收益向总经理和董事长负责

4. 下列对内部转移价格的表述中,合理的有( )。

A. 采用市场价格作为内部转移价格时,应尽可能使各责任中心进行内部转让,除非责任中心有充分理由说明对外交易比内部转让更为有利

B. 当产品或劳务没有适当的市价时,可采用协商价格的方式来确定,形成企业内部的模拟"公允市价",并以此作为计价的基础

C. 双重价格的好处是既可较好满足供应方和使用方的不同需要,也能激励双方在经营上充分发挥其主动性和积极性

D. 标准变动成本以产品(在产品)或劳务的标准变动成本作为内部转移价格

5. 成本中心是指能够对( )控制的责任中心。

A. 成本　　　　　B. 费用　　　　　C. 收入　　　　　D. 利润

6. 适合建立费用中心进行成本控制的单位有( )。

A. 生产企业的车间　　　　　　　　　B. 辅助生产车间

C. 销售部门　　　　　　　　　　　　D. 行政管理部门

7. 成本中心的业绩,可以通过( )来考核。

A. 责任成本降低额　　　　　　　　　B. 标准成本降低额

C. 变动成本降低率　　　　　　　　　D. 责任成本降低率

8. 下列各项中,不属于责任成本基本特征的有( )。

A. 可以预计　　　　B. 可以计量　　　　C. 可以控制　　　　D. 可以对外报告

9. 责任中心的特征包括( )。

A. 责任中心是责、权、利相结合的实体

B. 责任中心具有承担经济责任的条件

C. 责任中心所承担的责任和行使的权利都应是可控的

D. 责任中心具有独立的经营业务和财务收支活动

10. 宜作为考核利润中心负责人业绩指标的有(　　)。

A. 利润中心边际贡献　　　　　　　B. 企业利润总额

C. 利润中心负责人可控利润　　　　D. 利润中心可控利润

三、判断题

1. 成本中心是权力最小、应用范围最小的中心。　　　　　　　　　　　　(　　)

2. 企业内部凡有成本发生,需要对成本承担责任的,并能实施成本控制的单位,都可以成为成本中心。　　　　　　　　　　　　　　　　　　　　　　　　　　　　(　　)

3. 某项成本就某一责任中心来看是不可控的,而对另一个责任中心可能是可控的。(　　)

4. 属于某成本中心的各项可控成本之和就构成该成本中心的责任成本。　　(　　)

5. 成本中心是对成本费用承担责任的责任中心,它绝对不会形成可以在财务会计中确认和计量的收入,因而不对收入、利润或投资承担责任。　　　　　　　　　　　　(　　)

6. 自然利润中心直接面对市场,具有产品销售权、价格制定权、材料采购权和生产决策权。　　　　　　　　　　　　　　　　　　　　　　　　　　　　　　　　(　　)

7. 自然利润中心是企业内部的一个部门,其功能同独立企业相同,能独立地控制成本并取得收入。　　　　　　　　　　　　　　　　　　　　　　　　　　　　　　(　　)

8. 人为利润中心不仅计算可控成本,也计算不可控成本。　　　　　　　　(　　)

9. 自然利润中心只计算可控成本,不分担不可控成本,即不分摊共同成本。　(　　)

10. 针对利润中心经理人员的业绩评价指标应采用可控利润。　　　　　　(　　)

四、实务题

1. 天利公司的机器加工车间为成本中心,生产女士袜子,计划产量为 2 000 件,单位成本为 10 元;实际产量为 2 500 件,单位成本为 9.5 元。

要求:计算该成本中心的成本变动额和成本变动率。

2. 天利公司的一分厂是人为利润中心,本期实现内部销售收入 200 000 元,销售变动成本为 105 000 元,该中心负责人可控固定成本为 50 000 元,中心负责人不可控的且应由该中心负担的固定成本为 10 000 元。

要求:计算该人为利润中心实际考核指标。

3. 红光集团公司下设 A、B 两个投资中心,A 投资中心的投资金额为 500 万元,投资利润率为 12%;B 投资中心的投资利润率为 15%,剩余收益为 30 万元;集团公司要求的平均投资利润率为 10%。集团公司决定追加投资 200 万元;若投向 A 投资中心,每年增加利润 25 万元;若投向 B 投资中心,每年增加利润 30 万元。

要求:

(1) 计算追加投资前 A 投资中心的剩余收益。

(2) 计算追加投资前 B 投资中心的投资额。

(3) 计算追加投资前集团公司的投资利润率。

(4) 若 A 投资中心接受追加投资,计算其剩余收益和投资利润率。

(5) 若 B 投资中心接受追加投资,计算其剩余收益和投资利润率。

(6) 从集团公司角度来看,其应向谁追加投资?

附表 1

复利终值

期数	1%	2%	3%	4%	5%	6%	7%	8%	9%	10%	11%	12%	13%	14%	15%
1	1.0100	1.0200	1.0300	1.0400	1.0500	1.0600	1.0700	1.0800	1.0900	1.1000	1.1100	1.1200	1.1300	1.1400	1.1500
2	1.0201	1.0404	1.0609	1.0816	1.1025	1.1236	1.1449	1.1664	1.1881	1.2100	1.2321	1.2544	1.2769	1.2996	1.3225
3	1.0303	1.0612	1.0927	1.1249	1.1576	1.1910	1.2250	1.2597	1.2950	1.3310	1.3676	1.4049	1.4429	1.4815	1.5209
4	1.0406	1.0824	1.1255	1.1699	1.2155	1.2625	1.3108	1.3605	1.4116	1.4641	1.5181	1.5735	1.6305	1.6890	1.7490
5	1.0510	1.1041	1.1593	1.2167	1.2763	1.3382	1.4026	1.4693	1.5386	1.6105	1.6851	1.7623	1.8424	1.9254	2.0114
6	1.0615	1.1262	1.1941	1.2653	1.3401	1.4185	1.5007	1.5869	1.6771	1.7716	1.8704	1.9738	2.0820	2.1950	2.3131
7	1.0721	1.1487	1.2299	1.3159	1.4071	1.5036	1.6058	1.7138	1.8280	1.9487	2.0762	2.2107	2.3526	2.5023	2.6600
8	1.0829	1.1717	1.2668	1.3686	1.4775	1.5938	1.7182	1.8509	1.9926	2.1436	2.3045	2.4760	2.6584	2.8526	3.0590
9	1.0937	1.1951	1.3048	1.4233	1.5513	1.6895	1.8385	1.9990	2.1719	2.3579	2.5580	2.7731	3.0040	3.2519	3.5179
10	1.1046	1.2190	1.3439	1.4802	1.6289	1.7908	1.9672	2.1589	2.3674	2.5937	2.8394	3.1058	3.3946	3.7072	4.0456
11	1.1157	1.2434	1.3842	1.5395	1.7103	1.8983	2.1049	2.3316	2.5804	2.8531	3.1518	3.4786	3.8359	4.2262	4.6524
12	1.1268	1.2682	1.4258	1.6010	1.7959	2.0122	2.2522	2.5182	2.8127	3.1384	3.4985	3.8960	4.3345	4.8179	5.3503
13	1.1381	1.2936	1.4685	1.6651	1.8856	2.1329	2.4098	2.7196	3.0658	3.4523	3.8833	4.3635	4.8980	5.4924	6.1528
14	1.1495	1.3195	1.5126	1.7317	1.9799	2.2609	2.5785	2.9372	3.3417	3.7975	4.3104	4.8871	5.5348	6.2613	7.0757
15	1.1610	1.3459	1.5580	1.8009	2.0789	2.3966	2.7590	3.1722	3.6425	4.1772	4.7846	5.4736	6.2543	7.1379	8.1371
16	1.1726	1.3728	1.6047	1.8730	2.1829	2.5404	2.9522	3.4259	3.9703	4.5950	5.3109	6.1304	7.0673	8.1372	9.3576
17	1.1843	1.4002	1.6528	1.9479	2.2920	2.6928	3.1588	3.7000	4.3276	5.0545	5.8951	6.8660	7.9861	9.2765	10.7613
18	1.1961	1.4282	1.7024	2.0258	2.4066	2.8543	3.3799	3.9960	4.7171	5.5599	6.5436	7.6900	9.0243	10.5752	12.3755
19	1.2081	1.4568	1.7535	2.1068	2.5270	3.0256	3.6165	4.3157	5.1417	6.1159	7.2633	8.6128	10.1974	12.0557	14.2318
20	1.2202	1.4859	1.8061	2.1911	2.6533	3.2071	3.8697	4.6610	5.6044	6.7275	8.0623	9.6463	11.5231	13.7435	16.3665
21	1.2324	1.5157	1.8603	2.2788	2.7860	3.3996	4.1406	5.0338	6.1088	7.4002	8.9492	10.8038	13.0211	15.6676	18.8215
22	1.2447	1.5460	1.9161	2.3699	2.9253	3.6035	4.4304	5.4365	6.6586	8.1403	9.9336	12.1003	14.7138	17.8610	21.6447
23	1.2572	1.5769	1.9736	2.4647	3.0715	3.8197	4.7405	5.8715	7.2579	8.9543	11.0263	13.5523	16.6266	20.3616	24.8915
24	1.2697	1.6084	2.0328	2.5633	3.2251	4.0489	5.0724	6.3412	7.9111	9.8497	12.2392	15.1786	18.7881	23.2122	28.6252
25	1.2824	1.6406	2.0938	2.6658	3.3864	4.2919	5.4274	6.8485	8.6231	10.8347	13.5855	17.0001	21.2305	26.4619	32.9190
26	1.2953	1.6734	2.1566	2.7725	3.5557	4.5494	5.8074	7.3964	9.3992	11.9182	15.0799	19.0401	23.9905	30.1666	37.8568
27	1.3082	1.7069	2.2213	2.8834	3.7335	4.8223	6.2139	7.9881	10.2451	13.1100	16.7387	21.3249	27.1093	34.3899	43.5353
28	1.3213	1.7410	2.2879	2.9987	3.9201	5.1117	6.6488	8.6271	11.1671	14.4210	18.5799	23.8839	30.6335	39.2045	50.0656
29	1.3345	1.7758	2.3566	3.1187	4.1161	5.4184	7.1143	9.3173	12.1722	15.8631	20.6237	26.7499	34.6158	44.6931	57.5755
30	1.3478	1.8114	2.4273	3.2434	4.3219	5.7435	7.6123	10.0627	13.2677	17.4494	22.8923	29.9599	39.1159	50.9502	66.2118

系数表

16%	17%	18%	19%	20%	21%	22%	23%	24%	25%	26%	27%	28%	29%	30%
1.1600	1.1700	1.1800	1.1900	1.2000	1.2100	1.2200	1.2300	1.2400	1.2500	1.2600	1.2700	1.2800	1.2900	1.3000
1.3456	1.3689	1.3924	1.4161	1.4400	1.4641	1.4884	1.5129	1.5376	1.5625	1.5876	1.6129	1.6384	1.6641	1.6900
1.5609	1.6016	1.6430	1.6852	1.7280	1.7716	1.8158	1.8609	1.9066	1.9531	2.0004	2.0484	2.0972	2.1467	2.1970
1.8106	1.8739	1.9388	2.0053	2.0736	2.1436	2.2153	2.2889	2.3642	2.4414	2.5205	2.6014	2.6844	2.7692	2.8561
2.1003	2.1924	2.2878	2.3864	2.4883	2.5937	2.7027	2.8153	2.9316	3.0518	3.1758	3.3038	3.4360	3.5723	3.7129
2.4364	2.5652	2.6996	2.8398	2.9860	3.1384	3.2973	3.4628	3.6352	3.8147	4.0015	4.1959	4.3980	4.6083	4.8268
2.8262	3.0012	3.1855	3.3793	3.5832	3.7975	4.0227	4.2593	4.5077	4.7684	5.0419	5.3288	5.6295	5.9447	6.2749
3.2784	3.5115	3.7589	4.0214	4.2998	4.5950	4.9077	5.2389	5.5895	5.9605	6.3528	6.7675	7.2058	7.6688	8.1573
3.8030	4.1084	4.4355	4.7854	5.1598	5.5599	5.9874	6.4439	6.9310	7.4506	8.0045	8.5948	9.2234	9.8925	10.6045
4.4114	4.8068	5.2338	5.6947	6.1917	6.7275	7.3046	7.9259	8.5944	9.3132	10.0857	10.9153	11.8059	12.7614	13.7858
5.1173	5.6240	6.1759	6.7767	7.4301	8.1403	8.9117	9.7489	10.6571	11.6415	12.7080	13.8625	15.1116	16.4622	17.9216
5.9360	6.5801	7.2876	8.0642	8.9161	9.8497	10.8722	11.9912	13.2148	14.5519	16.0120	17.6053	19.3428	21.2362	23.2981
6.8858	7.6987	8.5994	9.5964	10.6993	11.9182	13.2641	14.7491	16.3863	18.1899	20.1752	22.3588	24.7588	27.3947	30.2875
7.9875	9.0075	10.1472	11.4198	12.8392	14.4210	16.1822	18.1414	20.3191	22.7374	25.4207	28.3957	31.6913	35.3391	39.3738
9.2655	10.5387	11.9737	13.5895	15.4070	17.4494	19.7423	22.3140	25.1956	28.4217	32.0301	36.0625	40.5648	45.5875	51.1859
10.7480	12.3303	14.1290	16.1715	18.4884	21.1138	24.0856	27.4462	31.2426	35.5271	40.3579	45.7994	51.9230	58.8079	66.5417
12.4677	14.4265	16.6722	19.2441	22.1861	25.5477	29.3844	33.7588	38.7408	44.4089	50.8510	58.1652	66.4614	75.8621	86.5042
14.4625	16.8790	19.6733	22.9005	26.6233	30.9127	35.8490	41.5233	48.0386	55.5112	64.0722	73.8698	85.0706	97.8622	112.4554
16.7765	19.7484	23.2144	27.2516	31.9480	37.4043	43.7358	51.0737	59.5679	69.3889	80.7310	93.8147	108.8904	126.2422	146.1920
19.4608	23.1056	27.3930	32.4294	38.3376	45.2593	53.3576	62.8206	73.8641	86.7362	101.7211	119.1446	139.3797	162.8524	190.0496
22.5745	27.0336	32.3238	38.5910	46.0051	54.7637	65.0963	77.2694	91.5915	108.4202	128.1685	151.3137	178.4060	210.0796	247.0645
26.1864	31.6293	38.1421	45.9233	55.2061	66.2641	79.4175	95.0413	113.5735	135.5253	161.4924	192.1683	228.3596	271.0027	321.1839
30.3762	37.0062	45.0076	54.6487	66.2474	80.1795	96.8894	116.9008	140.8312	169.4066	203.4804	244.0538	292.3003	349.5935	417.5391
35.2364	43.2973	53.1090	65.0320	79.4968	97.0172	118.2050	143.7880	174.6306	211.7582	256.3853	309.9483	374.1444	450.9756	542.8008
40.8742	50.6578	62.6686	77.3881	95.3962	117.3909	144.2101	176.8593	216.5420	264.6978	323.0450	393.6344	478.9049	581.7585	705.6410
47.4141	59.2697	73.9490	92.0918	114.4755	142.0429	175.9364	217.5369	268.5121	330.8722	407.0373	499.9157	612.9982	750.4685	917.3333
55.0005	69.3455	87.2598	109.5893	137.3706	171.8719	214.6424	267.5704	332.9550	413.5903	512.8670	634.8924	784.6377	968.1044	1192.5333
63.8004	81.1342	102.9666	130.4112	164.8447	207.9651	261.8637	329.1115	412.8642	516.9879	646.2124	806.3140	1004.3363	1248.8546	1550.2933
74.0085	94.9271	121.5005	155.1893	197.8136	251.6377	319.4737	404.8072	511.9516	646.2349	814.2276	1024.0187	1285.5504	1611.0225	2015.3813
85.8499	111.0647	143.3706	184.6753	237.3763	304.4816	389.7579	497.9129	634.8199	807.7936	1025.9267	1300.5038	1645.5046	2078.2190	2619.9956

附表 2

复利现值

期数	1%	2%	3%	4%	5%	6%	7%	8%	9%	10%	11%	12%	13%	14%	15%
1	0.990 1	0.980 4	0.970 9	0.961 5	0.952 4	0.943 4	0.934 6	0.925 9	0.917 4	0.909 1	0.900 9	0.892 9	0.885	0.877 2	0.869 6
2	0.980 3	0.961 2	0.942 6	0.924 6	0.907	0.89	0.873 4	0.857 3	0.841 7	0.826 4	0.811 6	0.797 2	0.783 1	0.769 5	0.756 1
3	0.970 6	0.942 3	0.915 1	0.889	0.863 8	0.839 6	0.816 3	0.793 8	0.772 2	0.751 3	0.731 2	0.711 8	0.693 1	0.675	0.657 5
4	0.961	0.923 8	0.888 5	0.854 8	0.822 7	0.792 1	0.762 9	0.735	0.708 4	0.683	0.658 7	0.635 5	0.613 3	0.592 1	0.571 8
5	0.951 5	0.905 7	0.862 6	0.821 9	0.783 5	0.747 3	0.713	0.680 6	0.649 9	0.620 9	0.593 5	0.567 4	0.542 8	0.519 4	0.497 2
6	0.942	0.888	0.837 5	0.790 3	0.746 2	0.705	0.666 3	0.630 2	0.596 3	0.564 5	0.534 6	0.506 6	0.480 3	0.455 6	0.432 3
7	0.932 7	0.870 6	0.813 1	0.759 9	0.710 7	0.665 1	0.622 7	0.583 5	0.547	0.513 2	0.481 7	0.452 3	0.425 1	0.399 6	0.375 9
8	0.923 5	0.853 5	0.789 4	0.730 7	0.676 8	0.627 4	0.582	0.540 3	0.501 9	0.466 5	0.433 9	0.403 9	0.376 2	0.350 6	0.326 9
9	0.914 3	0.836 8	0.766 4	0.702 6	0.644 6	0.591 9	0.543 9	0.500 2	0.460 4	0.424 1	0.390 9	0.360 6	0.332 9	0.307 5	0.284 3
10	0.905 3	0.820 3	0.744 1	0.675 6	0.613 9	0.558 4	0.508 3	0.463 2	0.422 4	0.385 5	0.352 2	0.322	0.294 6	0.269 7	0.247 2
11	0.896 3	0.804 3	0.722 4	0.649 6	0.584 7	0.526 8	0.475 1	0.428 9	0.387 5	0.350 5	0.317 3	0.287 5	0.260 7	0.236 6	0.214 9
12	0.887 4	0.788 5	0.701 4	0.624 6	0.556 8	0.497	0.444	0.397 1	0.355 5	0.318 6	0.285 8	0.256 7	0.230 7	0.207 6	0.186 9
13	0.878 7	0.773	0.681	0.600 6	0.530 3	0.468 8	0.415	0.367 7	0.326 2	0.289 7	0.257 5	0.229 2	0.204 2	0.182 1	0.162 5
14	0.87	0.757 9	0.661 1	0.577 5	0.505 1	0.442 3	0.387 8	0.340 5	0.299 2	0.263 3	0.232	0.204 6	0.180 7	0.159 7	0.141 3
15	0.861 3	0.743	0.641 9	0.555 3	0.481	0.417 3	0.362 4	0.315 2	0.274 5	0.239 4	0.209	0.182 7	0.159 9	0.140 1	0.122 9
16	0.852 8	0.728 4	0.623 2	0.533 9	0.458 1	0.393 6	0.338 7	0.291 9	0.251 9	0.217 6	0.188 3	0.163 1	0.141 5	0.122 9	0.106 9
17	0.844 4	0.714 2	0.605	0.513 4	0.436 3	0.371 4	0.316 6	0.270 3	0.231 1	0.197 8	0.169 6	0.145 6	0.125 2	0.107 8	0.092 9
18	0.836	0.700 2	0.587 4	0.493 6	0.415 5	0.350 3	0.295 9	0.250 2	0.212	0.179 9	0.152 8	0.13	0.110 8	0.094 6	0.080 8
19	0.827 7	0.686 4	0.570 3	0.474 6	0.395 7	0.330 5	0.276 5	0.231 7	0.194 5	0.163 5	0.137 7	0.116 1	0.098 1	0.082 9	0.070 3
20	0.819 5	0.673	0.553 7	0.456 4	0.376 9	0.311 8	0.258 4	0.214 5	0.178 4	0.148 6	0.124	0.103 7	0.086 8	0.072 8	0.061 1
21	0.811 4	0.659 8	0.537 5	0.438 8	0.358 9	0.294 2	0.241 5	0.198 7	0.163 7	0.135 1	0.111 7	0.092 6	0.076 8	0.063 8	0.053 1
22	0.803 4	0.646 8	0.521 9	0.422	0.341 8	0.277 5	0.225 7	0.183 9	0.150 2	0.122 8	0.100 7	0.082 6	0.068	0.056	0.046 2
23	0.795 4	0.634 2	0.506 7	0.405 7	0.325 6	0.261 8	0.210 9	0.170 3	0.137 8	0.111 7	0.090 7	0.073 8	0.060 1	0.049 1	0.040 2
24	0.787 6	0.621 7	0.491 9	0.390 1	0.310 1	0.247	0.197 1	0.157 7	0.126 4	0.101 5	0.081 7	0.065 9	0.053 2	0.043 1	0.034 9
25	0.779 8	0.609 5	0.477 6	0.375 1	0.295 3	0.233	0.184 2	0.146	0.116	0.092 3	0.073 6	0.058 8	0.047 1	0.037 8	0.030 4
26	0.772	0.597 6	0.463 7	0.360 7	0.281 2	0.219 8	0.172 2	0.135 2	0.106 4	0.083 9	0.066 3	0.052 5	0.041 7	0.033 1	0.026 4
27	0.764 4	0.585 9	0.450 2	0.346 8	0.267 8	0.207 4	0.160 9	0.125 2	0.097 6	0.076 3	0.059 7	0.046 9	0.036 9	0.029 1	0.023
28	0.756 8	0.574 4	0.437 1	0.333 5	0.255 1	0.195 6	0.150 4	0.115 9	0.089 5	0.069 3	0.053 8	0.041 9	0.032 6	0.025 5	0.02
29	0.749 3	0.563 1	0.424 3	0.320 7	0.242 9	0.184 6	0.140 6	0.107 3	0.082 2	0.063	0.048 5	0.037 4	0.028 9	0.022 4	0.017 4
30	0.741 9	0.552 1	0.412	0.308 3	0.231 4	0.174 1	0.131 4	0.099 4	0.075 4	0.057 3	0.043 7	0.033 4	0.025 6	0.019 6	0.015 1

系数表

16%	17%	18%	19%	20%	21%	22%	23%	24%	25%	26%	27%	28%	29%	30%
0.862 1	0.854 7	0.347 5	0.840 3	0.833 3	0.826 4	0.819 7	0.813	0.806 5	0.8	0.793 7	0.787 4	0.781 3	0.775 2	0.769 2
0.743 2	0.730 5	0.718 2	0.706 2	0.694 4	0.683	0.671 9	0.661	0.650 4	0.64	0.629 9	0.62	0.610 4	0.600 9	0.591 7
0.640 7	0.624 4	0.608 6	0.593 4	0.578 7	0.564 5	0.550 7	0.537 4	0.524 5	0.512	0.499 9	0.488 2	0.476 8	0.465 8	0.455 2
0.552 3	0.533 7	0.515 8	0.498 7	0.482 3	0.466 5	0.451 4	0.436 9	0.423	0.409 6	0.396 8	0.384 4	0.372 5	0.361 1	0.350 1
0.476 1	0.456 1	0.437 1	0.419	0.401 9	0.385 5	0.37	0.355 2	0.341 1	0.327 7	0.314 9	0.302 7	0.291	0.279 9	0.269 3
0.410 4	0.389 8	C.370 4	0.352 1	0.334 9	0.318 6	0.303 3	0.288 8	0.275 1	0.262 1	0.249 9	0.238 3	0.227 4	0.217	0.207 2
0.353 8	0.333 2	0.313 9	0.295 9	0.279 1	0.263 3	0.248 6	0.234 8	0.221 8	0.209 7	0.198 3	0.187 7	0.177 6	0.168 2	0.159 4
0.305	0.284 8	0.266	0.248 7	0.232 6	0.217 6	0.203 8	0.190 9	0.178 9	0.167 8	0.157 4	0.147 8	0.138 8	0.130 4	0.122 6
0.263	0.243 4	0.225 5	0.209	0.193 8	0.179 9	0.167	0.155 2	0.144 3	0.134 2	0.124 9	0.116 4	0.108 4	0.101 1	0.094 3
0.226 7	0.208	0.191 1	0.175 6	0.161 5	0.148 6	0.136 9	0.126 2	0.116 4	0.107 4	0.099 2	0.091 6	0.084 7	0.078 4	0.072 5
0.195 4	0.177 8	0.161 9	0.147 6	0.134 6	0.122 8	0.112 2	0.102 6	0.093 8	0.085 9	0.078 7	0.072 1	0.066 2	0.060 7	0.055 8
0.168 5	0.152	0.137 2	0.124	0.112 2	0.101 5	0.092	0.083 4	0.075 7	0.068 7	0.062 5	0.056 8	0.051 7	0.047 1	0.042 9
0.145 2	0.129 9	0.116 3	0.104 2	0.093 5	0.083 9	0.075 4	0.067 8	0.061	0.055	0.049 6	0.044 7	0.040 4	0.036 5	0.033
0.125 2	0.111	0.098 5	0.087 6	0.077 9	0.069 3	0.061 8	0.055 1	0.049 2	0.044	0.039 3	0.035 2	0.031 6	0.028 3	0.025 4
0.107 9	0.094 9	0.083 5	0.073 6	0.064 9	0.057 3	0.050 7	0.044 8	0.039 7	0.035 2	0.031 2	0.027 7	0.024 7	0.021 9	0.019 5
0.093	0.081 1	0.070 8	0.061 8	0.054 1	0.047 4	0.041 5	0.036 4	0.032	0.028 1	0.024 8	0.021 8	0.019 3	0.017	0.015
0.080 2	0.069 3	0.06	0.052	0.045 1	0.039 1	0.034	0.029 6	0.025 8	0.022 5	0.019 7	0.017 2	0.015	0.013 2	0.011 6
0.069 1	0.059 2	0.050 8	0.043 7	0.037 6	0.032 3	0.027 9	0.024 1	0.020 8	0.018	0.015 6	0.013 5	0.011 8	0.010 2	0.008 9
0.059 6	0.050 6	0.043 1	0.036 7	0.031 3	0.026 7	0.022 9	0.019 6	0.016 8	0.014 4	0.012 4	0.010 7	0.009 2	0.007 9	0.006 8
0.051 4	0.043 3	0.036 5	0.030 8	0.026 1	0.022 1	0.018 7	0.015 9	0.013 5	0.011 5	0.009 8	0.008 4	0.007 2	0.006 1	0.005 3
0.044 3	0.037	0.030 9	0.025 9	0.021 7	0.018 3	0.015 4	0.012 9	0.010 9	0.009 2	0.007 8	0.006 6	0.005 6	0.004 8	0.004
0.038 2	0.031 6	0.026 2	0.021 8	0.018 1	0.015 1	0.012 6	0.010 5	0.008 8	0.007 4	0.006 2	0.005 2	0.004 4	0.003 7	0.003 1
0.032 9	0.027	0.022 2	0.018 3	0.015 1	0.012 5	0.010 3	0.008 6	0.007 1	0.005 9	0.004 9	0.004 1	0.003 4	0.002 9	0.002 4
0.028 4	0.023 1	0.018 8	0.015 4	0.012 6	0.010 3	0.008 5	0.007	0.005 7	0.004 7	0.003 9	0.003 2	0.002 7	0.002 2	0.001 8
0.024 5	0.019 7	0.016	0.012 9	0.010 5	0.008 5	0.006 9	0.005 7	0.004 6	0.003 8	0.003 1	0.002 5	0.002 1	0.001 7	0.001 4
0.021 1	0.016 9	0.013 5	0.010 9	0.008 7	0.007	0.005 7	0.004 6	0.003 7	0.003	0.002 5	0.002	0.001 6	0.001 3	0.001 1
0.018 2	0.014 4	0.011 5	0.009 1	0.007 3	0.005 8	0.004 7	0.003 7	0.003	0.002 4	0.001 9	0.001 6	0.001 3	0.001	0.000 8
0.015 7	0.012 3	0.009 7	0.007 7	0.006 1	0.004 8	0.003 8	0.003	0.002 4	0.001 9	0.001 5	0.001 2	0.001	0.000 8	0.000 6
0.013 5	0.010 5	0.008 2	0.006 4	0.005 1	0.004	0.003 1	0.002 5	0.002	0.001 5	0.001 2	0.001	0.000 8	0.000 6	0.000 5
0.011 6	0.009	0.007	0.005 4	0.004 2	0.003 3	0.002 6	0.002	0.001 6	0.001 2	0.001	0.000 8	0.000 6	0.000 5	0.000 4

附表 3

年金终值

期数	1%	2%	3%	4%	5%	6%	7%	8%	9%	10%	11%	12%	13%	14%	15%
1	1.000 0	1.000 0	1.000 0	1.000 0	1.000 0	1.000 0	1.000 0	1.000 0	1.000 0	1.000 0	1.000 0	1.000 0	1.000 0	1.000 0	1.000 0
2	2.010 0	2.020 0	2.030 0	2.040 0	2.050 0	2.060 0	2.070 0	2.080 0	2.090 0	2.100 0	2.110 0	2.120 0	2.130 0	2.140 0	2.150 0
3	3.030 1	3.060 4	3.090 9	3.121 6	3.152 5	3.183 6	3.214 9	3.246 4	3.278 1	3.310 0	3.342 1	3.374 4	3.406 9	3.439 6	3.472 5
4	4.060 4	4.121 6	4.183 6	4.246 5	4.310 1	4.374 6	4.439 9	4.506 1	4.573 1	4.641 0	4.709 7	4.779 3	4.849 8	4.921 1	4.993 4
5	5.101 0	5.204 0	5.309 1	5.416 3	5.525 6	5.637 1	5.750 7	5.866 6	5.984 7	6.105 1	6.227 8	6.352 8	6.480 3	6.610 1	6.742 4
6	6.152 0	6.308 1	6.468 4	6.633 0	6.801 9	6.975 3	7.153 3	7.335 9	7.523 3	7.715 6	7.912 9	8.115 2	8.322 7	8.535 5	8.753 7
7	7.213 5	7.434 3	7.662 5	7.898 3	8.142 0	8.393 8	8.654 0	8.922 8	9.200 4	9.487 2	9.783 3	10.089 0	10.404 7	10.730 5	11.066 8
8	8.285 7	8.583 0	8.892 3	9.214 2	9.549 1	9.897 5	10.259 8	10.636 6	11.028 5	11.435 9	11.859 4	12.299 7	12.757 3	13.232 8	13.726 8
9	9.368 5	9.754 6	10.159 1	10.582 8	11.026 6	11.491 3	11.978 0	12.487 6	13.021 0	13.579 5	14.164 0	14.775 7	15.415 7	16.085 3	16.785 8
10	10.462 2	10.949 7	11.463 9	12.006 1	12.577 9	13.180 8	13.816 4	14.486 6	15.192 9	15.937 4	16.722 0	17.548 7	18.419 7	19.337 3	20.303 7
11	11.566 8	12.168 7	12.807 8	13.486 4	14.206 8	14.971 6	15.783 6	16.645 5	17.560 3	18.531 2	19.561 4	20.654 6	21.814 3	23.044 5	24.349 3
12	12.682 5	13.412 1	14.192 0	15.025 8	15.917 1	16.869 9	17.888 5	18.977 1	20.140 7	21.384 3	22.713 2	24.133 1	25.650 2	27.270 7	29.001 7
13	13.809 3	14.680 3	15.617 8	16.626 8	17.713 0	18.882 1	20.140 6	21.495 3	22.953 4	24.522 7	26.211 6	28.029 1	29.984 7	32.088 7	34.351 9
14	14.947 4	15.973 9	17.086 3	18.291 9	19.598 6	21.015 1	22.550 5	24.214 9	26.019 2	27.975 0	30.094 9	32.392 6	34.882 7	37.581 1	40.504 7
15	16.096 9	17.293 4	18.598 9	20.023 6	21.578 6	23.276 0	25.129 0	27.152 1	29.360 9	31.772 5	34.405 4	37.279 7	40.417 5	43.842 4	47.580 4
16	17.257 9	18.639 3	20.156 9	21.824 5	23.657 5	25.672 5	27.888 1	30.324 3	33.003 4	35.949 7	39.189 9	42.753 3	46.671 7	50.980 4	55.717 5
17	18.430 4	20.012 1	21.761 6	23.697 5	25.840 4	28.212 9	30.840 2	33.750 2	36.973 7	40.544 7	44.500 8	48.883 7	53.739 1	59.117 6	65.075 1
18	19.614 7	21.412 3	23.414 4	25.645 4	28.132 4	30.905 7	33.999 0	37.450 2	41.301 3	45.599 2	50.395 9	55.749 7	61.725 1	68.394 1	75.836 4
19	20.810 9	22.840 6	25.116 9	27.671 2	30.539 0	33.760 0	37.379 0	41.446 3	46.018 5	51.159 1	56.939 5	63.439 7	70.749 4	78.969 2	88.211 8
20	22.019 0	24.297 4	26.870 4	29.778 1	33.066 0	36.785 6	40.995 5	45.762 0	51.160 1	57.275 0	64.202 8	72.052 4	80.946 8	91.024 9	102.443 6
21	23.239 2	25.783 3	28.676 5	31.969 2	35.719 3	39.992 7	44.865 2	50.422 9	56.764 5	64.002 5	72.265 1	81.698 7	92.469 9	104.768 4	118.810 1
22	24.471 6	27.299 0	30.536 8	34.248 0	38.505 2	43.392 3	49.005 7	55.456 8	62.873 3	71.402 7	81.214 3	92.502 6	105.491 0	120.436 0	137.631 6
23	25.716 3	28.845 0	32.452 9	36.617 9	41.430 5	46.995 8	53.436 1	60.893 3	69.531 9	79.543 0	91.147 9	104.602 9	120.204 8	138.297 0	159.276 4
24	26.973 5	30.421 9	34.426 5	39.082 6	44.502 0	50.815 6	58.176 7	66.764 8	76.789 8	88.497 3	102.174 2	118.155 2	136.831 5	158.658 6	184.167 8
25	28.243 2	32.030 3	36.459 3	41.645 9	47.727 1	54.864 5	63.249 0	73.105 9	84.700 9	98.347 1	114.413 3	133.333 9	155.619 6	181.870 8	212.793 0
26	29.525 6	33.670 9	38.553 0	44.311 7	51.113 5	59.156 4	68.676 5	79.954 4	93.324 0	109.181 8	127.998 8	150.333 9	176.850 1	208.332 7	245.712 0
27	30.820 9	35.344 3	40.709 6	47.084 2	54.669 1	63.705 8	74.483 8	87.350 8	102.723 1	121.099 9	143.078 6	169.374 0	200.840 6	238.499 3	283.568 8
28	32.129 1	37.051 2	42.930 9	49.967 6	58.402 6	68.528 1	80.697 7	95.338 8	112.968 2	134.209 9	159.817 3	190.698 9	227.949 9	272.889 2	327.104 1
29	33.450 4	38.792 2	45.218 9	52.966 3	62.322 7	73.639 8	87.346 5	103.965 9	124.135 4	148.630 9	178.397 2	214.582 8	258.583 4	312.093 7	377.169 7
30	34.784 9	40.568 1	47.575 4	56.084 9	66.438 8	79.058 2	94.460 8	113.283 2	136.307 5	164.494 0	199.020 9	241.332 7	293.199 2	356.786 8	434.745 1

系数表

16%	17%	18%	19%	20%	21%	22%	23%	24%	25%	26%	27%	28%	29%	30%
1.0000	1.0000	1.0000	1.0000	1.0000	1.0000	1.0000	1.0000	1.0000	1.0000	1.0000	1.0000	1.0000	1.0000	1.0000
2.1600	2.1700	2.1800	2.1900	2.2000	2.2100	2.2200	2.2300	2.2400	2.2500	2.2600	2.2700	2.2800	2.2900	2.3000
3.5056	3.5389	3.5724	3.6061	3.6400	3.6741	3.7084	3.7429	3.7776	3.8125	3.8476	3.8829	3.9184	3.9541	3.9900
5.0665	5.1405	5.2154	5.2913	5.3680	5.4457	5.5242	5.6038	5.6842	5.7656	5.8480	5.9313	6.0156	6.1008	6.1870
6.8771	7.0144	7.1542	7.2966	7.4416	7.5892	7.7396	7.8926	8.0484	8.2070	8.3684	8.5327	8.6999	8.8700	9.0431
8.9775	9.2068	9.4420	9.6830	9.9299	10.1830	10.4423	10.7079	10.9801	11.2588	11.5442	11.8366	12.1359	12.4423	12.7560
11.4139	11.7720	12.1415	12.5227	12.9159	13.3214	13.7396	14.1708	14.6153	15.0735	15.5458	16.0324	16.5339	17.0506	17.5828
14.2401	14.7733	15.3270	15.9020	16.4991	17.1189	17.7623	18.4300	19.1229	19.8419	20.5876	21.3612	22.1634	22.9953	23.8577
17.5185	18.2847	19.0859	19.9234	20.7989	21.7139	22.6700	23.6690	24.7125	25.8023	26.9404	28.1287	29.3692	30.6639	32.0150
21.3215	22.3931	23.5213	24.7089	25.9587	27.2738	28.6574	30.1128	31.6434	33.2529	34.9449	36.7235	38.5926	40.5564	42.6195
25.7329	27.1999	28.7551	30.4035	32.1504	34.0013	35.9620	38.0388	40.2379	42.5661	45.0306	47.6388	50.3985	53.3178	56.4053
30.8502	32.8239	34.9311	37.1802	39.5805	42.1416	44.8737	47.7877	50.8950	54.2077	57.7386	61.5013	65.5100	69.7800	74.3270
36.7862	39.4040	42.2187	45.2445	48.4966	51.9913	55.7459	59.7788	64.1097	68.7596	73.7506	79.1066	84.8529	91.0161	97.6250
43.6720	47.1027	50.8180	54.8409	59.1959	63.9095	69.0100	74.5280	80.4961	86.9495	93.9258	101.4654	109.6117	118.4108	127.9125
51.6595	56.1101	60.9653	66.2607	72.0351	78.3305	85.1922	92.6694	100.8151	109.6868	119.3465	129.8611	141.3029	153.7500	167.2863
60.9250	66.6488	72.9390	79.8502	87.4421	95.7799	104.9345	114.9834	126.0108	138.1085	151.3766	165.9236	181.8677	199.3374	218.4722
71.6730	78.9792	87.0680	96.0218	105.9306	116.8937	129.0201	142.4295	157.2534	173.6357	191.7345	211.7230	233.7907	258.1453	285.0139
84.1407	93.4056	103.7403	115.2659	128.1167	142.4413	158.4045	176.1883	195.9942	218.0446	242.5855	269.8882	300.2521	334.0074	371.5180
98.6032	110.2846	123.4135	138.1664	154.7400	173.3540	194.2535	217.7116	244.0328	273.5558	306.6577	343.7580	385.3227	431.8696	483.9734
115.3797	130.0329	146.6280	165.4180	186.6880	210.7584	237.9893	268.7853	303.6006	342.9447	387.3887	437.5726	494.2131	558.1118	630.1655
134.8405	153.1385	174.0210	197.8474	225.0256	256.0176	291.3469	331.6059	377.4648	429.6809	489.1098	556.7173	633.5927	720.9642	820.2151
157.4150	180.1721	206.3448	236.4385	271.0307	310.7813	356.4432	408.8753	469.0563	538.1011	617.2783	708.0309	811.9987	931.0438	1067.2796
183.6014	211.8013	244.4868	282.3618	326.2369	377.0454	435.8607	503.9166	582.6298	673.6264	778.7707	900.1993	1040.3583	1202.0465	1388.4635
213.9776	248.8076	289.4945	337.0105	392.4842	457.2249	532.7501	620.8174	723.4610	843.0329	982.2511	1144.2531	1332.6586	1551.6400	1806.0026
249.2140	292.1049	342.6035	402.0425	471.9811	554.2422	650.9551	764.6054	898.0916	1054.7912	1238.6363	1454.2014	1706.8031	2002.6156	2348.8033
290.0883	342.7627	405.2721	479.4306	567.3773	671.6330	795.1653	941.4647	1114.6336	1319.4890	1561.6818	1847.8358	2185.7079	2584.3741	3054.4443
337.5024	402.0323	479.2211	571.5224	681.8528	813.6759	971.1016	1159.0016	1383.1457	1650.3612	1968.7191	2347.7515	2798.7061	3334.8426	3971.7776
392.5028	471.3778	566.4809	681.1116	819.2233	985.5479	1185.7440	1426.5719	1716.1007	2063.9515	2481.5860	2982.6444	3583.3438	4302.9470	5164.3109
456.3032	552.5121	669.4475	811.5228	984.0680	1193.5129	1447.6077	1755.6835	2128.9648	2580.9394	3127.7984	3788.9583	4587.6801	5551.8016	6714.6042
530.3117	647.4391	790.9480	966.7122	1181.8816	1445.1507	1767.0813	2160.4907	2640.9164	3227.1743	3942.0260	4812.9771	5873.2306	7162.8241	8729.9855

附表 4

年金现值

期数	1%	2%	3%	4%	5%	6%	7%	8%	9%	10%	11%	12%	13%	14%	15%
1	0.990 1	0.980 4	0.970 9	0.961 5	0.952 4	0.943 4	0.934 6	0.925 9	0.917 4	0.909 1	0.900 9	0.892 9	0.885	0.877 2	0.869 6
2	1.970 4	1.941 6	1.913 5	1.886 1	1.859 4	1.833 4	1.808	1.783 3	1.759 1	1.735 5	1.712 5	1.690 1	1.668 1	1.646 7	1.625 7
3	2.941	2.883 9	2.828 6	2.775 1	2.723 2	2.673	2.624 3	2.577 1	2.531 3	2.486 9	2.443 7	2.401 8	2.361 2	2.321 6	2.283 2
4	3.902	3.807 7	3.717 1	3.629 9	3.546	3.465 1	3.387 2	3.312 1	3.239 7	3.169 9	3.102 4	3.037 3	2.974 5	2.913 7	2.855
5	4.853 4	4.713 5	4.579 7	4.451 8	4.329 5	4.212 4	4.100 2	3.992 7	3.889 7	3.790 8	3.695 9	3.604 8	3.517 2	3.433 1	3.352 2
6	5.795 5	5.601 4	5.417 2	5.242 1	5.075 7	4.917 3	4.766 5	4.622 9	4.485 9	4.355 3	4.230 5	4.111 4	3.997 5	3.888 7	3.784 5
7	6.728 2	6.472	6.230 3	6.002 1	5.786 4	5.582 4	5.389 3	5.206 4	5.033	4.868 4	4.712 2	4.563 8	4.422 6	4.288 3	4.160 4
8	7.651 7	7.325 5	7.019 7	6.732 7	6.463 2	6.209 8	5.971 3	5.746 6	5.534 8	5.334 9	5.146 1	4.967 6	4.798 8	4.638 9	4.487 3
9	8.566	8.162 2	7.786 1	7.435 3	7.107 8	6.801 7	6.515 2	6.246 9	5.995 2	5.759	5.537	5.328 2	5.131 7	4.946 4	4.771 6
10	9.471 3	8.982 6	8.530 2	8.110 9	7.721 7	7.360 1	7.023 6	6.710 1	6.417 7	6.144 6	5.889 2	5.650 2	5.426 2	5.216 1	5.018 8
11	10.367 6	9.786 9	9.252 6	8.760 5	8.306 4	7.886 9	7.498 7	7.139	6.805 2	6.495 1	6.206 5	5.937 7	5.686 9	5.452 7	5.233 7
12	11.255 1	10.575 3	9.954	9.385 1	8.863 3	8.383 8	7.942 7	7.536 1	7.160 7	6.813 7	6.492 4	6.194 4	5.917 6	5.660 3	5.420 6
13	12.133 7	11.348 4	10.635	9.985 6	9.393 6	8.852 7	8.357 7	7.903 8	7.486 9	7.103 4	6.749 9	6.423 5	6.121 8	5.842 4	5.583 1
14	13.003 7	12.106 2	11.296 1	10.563 1	9.898 6	9.295	8.745 5	8.244 2	7.786 2	7.366 7	6.981 9	6.628 2	6.302 5	6.002 1	5.724 5
15	13.865 1	12.849 3	11.937 9	11.118 4	10.379 7	9.712 2	9.107 9	8.559 5	8.060 7	7.606 1	7.190 9	6.810 9	6.462 4	6.142 2	5.847 4
16	14.717 9	13.577 7	12.561 1	11.652 3	10.837 8	10.105 9	9.446 6	8.851 4	8.312 6	7.823 7	7.379 2	6.974	6.603 9	6.265 1	5.954 2
17	15.562 3	14.291 9	13.166 1	12.165 7	11.274 1	10.477 3	9.763 2	9.121 6	8.543 6	8.021 6	7.548 8	7.119 6	6.729 1	6.372 9	6.047 2
18	16.398 3	14.992	13.753 5	12.659 3	11.689 6	10.827 6	10.059 1	9.371 9	8.755 6	8.201 4	7.701 6	7.249 7	6.839 9	6.467 4	6.128
19	17.226	15.678 5	14.323 8	13.133 9	12.085 3	11.158 1	10.335 6	9.603 6	8.950 1	8.364 9	7.839 3	7.365 8	6.938	6.550 4	6.198 2
20	18.045 6	16.351 4	14.877 5	13.590 3	12.462 2	11.469 9	10.594	9.818 1	9.128 5	8.513 6	7.963 3	7.469 4	7.024 8	6.623 1	6.259 3
21	18.857	17.011 2	15.415	14.029 2	12.821 2	11.764 1	10.835 5	10.016 8	9.292 2	8.648 7	8.075 1	7.562	7.101 6	6.687	6.312 5
22	19.660 4	17.658	15.936 9	14.451 1	13.163	12.041 6	11.061 2	10.200 7	9.442 4	8.771 5	8.175 7	7.644 6	7.169 5	6.742 9	6.358 7
23	20.455 8	18.292 2	16.443 6	14.856 8	13.488 6	12.303 4	11.272 2	10.371 1	9.580 2	8.883 2	8.266 4	7.718 4	7.229 7	6.792 1	6.398 8
24	21.243 4	18.913 9	16.935 5	15.247	13.798 6	12.550 4	11.469 3	10.528 8	9.706 6	8.984 7	8.348 1	7.784 3	7.282 9	6.835 1	6.433 8
25	22.023 2	19.523 5	17.413 1	15.622 1	14.093 9	12.783 4	11.653 6	10.674 8	9.822 6	9.077	8.421 7	7.843 1	7.33	6.872 9	6.464 1
26	22.795 2	20.121	17.876 8	15.982 8	14.375 2	13.003 2	11.825 8	10.81	9.929	9.160 9	8.488 1	7.895 7	7.371 7	6.906 1	6.490 6
27	23.559 6	20.706 9	18.327	16.329 6	14.643	13.210 5	11.986 7	10.935 2	10.026 6	9.237 2	8.547 8	7.942 6	7.408 6	6.935 2	6.513 5
28	24.316 4	21.281 3	18.764 1	16.663 1	14.898 1	13.406 2	12.137 1	11.051 1	10.116 1	9.306 6	8.601 6	7.984 4	7.441 2	6.960 7	6.533 5
29	25.065 8	21.844 4	19.188 5	16.983 7	15.141 1	13.590 7	12.277 7	11.158 4	10.198 3	9.369 6	8.650 1	8.021 8	7.470 1	6.983	6.550 9
30	25.807 7	22.396 5	19.600 4	17.292	15.372 5	13.764 8	12.409	11.257 8	10.273 7	9.426 9	8.693 8	8.055 2	7.495 7	7.002 7	6.566

系数表

16%	17%	18%	19%	20%	21%	22%	23%	24%	25%	26%	27%	28%	29%	30%
0.8621	0.8547	0.8475	0.8403	0.8333	0.8264	0.8197	0.813	0.8065	0.8	0.7937	0.7874	0.7813	0.7752	0.7692
1.6052	1.5852	1.5656	1.5465	1.5278	1.5095	1.4915	1.474	1.4568	1.44	1.4235	1.4074	1.3916	1.3761	1.3609
2.2459	2.2096	2.1743	2.1399	2.1065	2.0739	2.0422	2.0114	1.9813	1.952	1.9234	1.8956	1.8684	1.842	1.8161
2.7982	2.7432	2.6901	2.6386	2.5887	2.5404	2.4936	2.4483	2.4043	2.3616	2.3202	2.28	2.241	2.2031	2.1662
3.2743	3.1993	3.1272	3.0576	2.9906	2.926	2.8636	2.8035	2.7454	2.6893	2.6351	2.5827	2.532	2.483	2.4356
3.6847	3.5892	3.4976	3.4098	3.3255	3.2446	3.1669	3.0923	3.0205	2.9514	2.885	2.821	2.7594	2.7	2.6427
4.0386	3.9224	3.8115	3.7057	3.6046	3.5079	3.4155	3.327	3.2423	3.1611	3.0833	3.0087	2.937	2.8682	2.8021
4.3436	4.2072	4.0776	3.9544	3.8372	3.7256	3.6193	3.5179	3.4212	3.3289	3.2407	3.1564	3.0758	2.9986	2.9247
4.6065	4.4506	4.303	4.1633	4.031	3.9054	3.7863	3.6731	3.5655	3.4631	3.3657	3.2728	3.1842	3.0997	3.019
4.8332	4.6586	4.494	4.3389	4.1925	4.0541	3.9232	3.7993	3.6819	3.5705	3.4648	3.3644	3.2689	3.1781	3.0915
5.0286	4.8364	4.656	4.4865	4.3271	4.1769	4.0354	3.9018	3.7757	3.6564	3.5435	3.4365	3.3351	3.2388	3.1473
5.1971	4.9884	4.7932	4.6105	4.4392	4.2784	4.1274	3.9852	3.8514	3.7251	3.6059	3.4933	3.3868	3.2859	3.1903
5.3423	5.1183	4.9095	4.7147	4.5327	4.3624	4.2028	4.053	3.9124	3.7801	3.6555	3.5381	3.4272	3.3224	3.2233
5.4675	5.2293	5.0081	4.8023	4.6106	4.4317	4.2646	4.1082	3.9616	3.8241	3.6949	3.5733	3.4587	3.3507	3.2487
5.5755	5.3242	5.0916	4.8759	4.6755	4.489	4.3152	4.153	4.0013	3.8593	3.7261	3.601	3.4834	3.3726	3.2682
5.6685	5.4053	5.1624	4.9377	4.7296	4.5364	4.3567	4.1894	4.0333	3.8874	3.7509	3.6228	3.5026	3.3896	3.2832
5.7487	5.4746	5.2223	4.9897	4.7746	4.5755	4.3908	4.219	4.0591	3.9099	3.7705	3.64	3.5177	3.4028	3.2948
5.8178	5.5339	5.2732	5.0333	4.8122	4.6079	4.4187	4.2431	4.0799	3.9279	3.7861	3.6536	3.5294	3.413	3.3037
5.8775	5.5845	5.3162	5.07	4.8435	4.6346	4.4415	4.2627	4.0967	3.9424	3.7985	3.6642	3.5386	3.421	3.3105
5.9288	5.6278	5.3527	5.1009	4.8696	4.6567	4.4603	4.2786	4.1103	3.9539	3.8083	3.6726	3.5458	3.4271	3.3158
5.9731	5.6648	5.3837	5.1268	4.8913	4.675	4.4756	4.2916	4.1212	3.9631	3.8161	3.6792	3.5514	3.4319	3.3198
6.0113	5.6964	5.4099	5.1486	4.9094	4.69	4.4882	4.3021	4.13	3.9705	3.8223	3.6844	3.5558	3.4356	3.323
6.0442	5.7234	5.4321	5.1668	4.9245	4.7025	4.4985	4.3106	4.1371	3.9764	3.8273	3.6885	3.5592	3.4384	3.3254
6.0726	5.7465	5.4509	5.1822	4.9371	4.7128	4.507	4.3176	4.1428	3.9811	3.8312	3.6918	3.5619	3.4406	3.3272
6.0971	5.7662	5.4669	5.1951	4.9476	4.7213	4.5139	4.3232	4.1474	3.9849	3.8342	3.6943	3.564	3.4423	3.3286
6.1182	5.7831	5.4804	5.206	4.9563	4.7284	4.5196	4.3278	4.1511	3.9879	3.8367	3.6963	3.5656	3.4437	3.3297
6.1364	5.7975	5.4919	5.2151	4.9636	4.7342	4.5243	4.3316	4.1542	3.9903	3.8387	3.6979	3.5669	3.4447	3.3305
6.152	5.8099	5.5016	5.2228	4.9697	4.739	4.5281	4.3346	4.1566	3.9923	3.8402	3.6991	3.5679	3.4455	3.3312
6.1656	5.8204	5.5098	5.2292	4.9747	4.743	4.5312	4.3371	4.1585	3.9938	3.8414	3.7001	3.5687	3.4461	3.3317
6.1772	5.8294	5.5168	5.2347	4.9789	4.7463	4.5338	4.3391	4.1601	3.995	3.8424	3.7009	3.5693	3.4466	3.3321